AF427394

「外高联」

与

八九中国民运

NAFUS and the 1989 Chinese Democracy Movement

The National Autonomous Federation of Provincial University Students

王 醒 ／著

By Wang Xing

「外高联」与八九中国民运
NAFUS and the 1989 Chinese Democracy Movement
    · *The National Autonomous Federation of Provincial University Students*
作者：王 醒 (Wang Xing)

公益捐赠声明 (Donation Statement)：
本书所有销售管理和利润将全部捐赠给「外高联同学研究会」(NAFUS Alumni Research Association)，用于支持八九民运史实研究及相关公益事业。

出版者：外高联同学研究会
Publisher：NAFUS Alumni Research Association
出版者官方网站 (Publisher's Website)：www.NAFUS89.com
版权许可与销售咨询 (Permissions & Sales Inquiries) / 请直接联系作者 (Please contact the author directly at：NAFUS8901@gmail.com)
组织全称 (Organization Full Name)：外地高校学生自治联合会
National Autonomous Federation of Provincial University Students (NAFUS)

国际标准书号（ISBN）：
Paperback（平装版）： 979-8-9958516-4-6
Hardcover（精装版）： 979-8-9958516-3-9
eBook（电子书） ： 979-8-9958516-2-2
ISBN Holder: NAFUS Alumni Research Association
美国国会图书馆控制号 (LCCN)：2026910844

版次：2026 年 4 月 第 1 版 第 1 次印刷
Edition：April 2026 First Edition
发行渠道：亚马逊(Amazon) / 谷歌图书(Google Books)
Printed in the United States of America
字数：255 千字
定价：$22.00 美元

作者介绍

王　醒：金融家+AI 与科学家+战略学者（哥伦比亚大学和伦敦大学 SOAS 访问学者）/中国社会与自由民主人权运动同学。

曾任：八九中国民主运动【外地高校学生自治联合会副主席（副总指挥）兼秘书长，天安门广场临时指挥部秘书长，1991 年创立的中华进步同盟创始联席主席】；二十一世纪初，作为民营金融机构负责人、民营企业家和金融家代表被金融行业推选担任【中国证券业协会副会长，中国保险创新智库联盟理事长，中国资产管理联谊会执行会长，中国私募投资基金联合会副会长，中国金融合力扶贫行动理事长】。长期遭受中共当局政治、经济刑事、行政迫害，五起五落，历经魔难！

2022-2026 年旅居英美，主持发起筹备、成立"中国外高联同学研究会""中华民营企业家国际联合会（筹）"。

思与行：书写历史为正本清源，总结经验教训。现实与未来目标：构建新战略和科学技术格局，凝聚价值观共识，团结海内外华人和国际社会所有进步力量。秉持自由民主人权普世价值和自由市场经济文明准则，倡导和践行中华优秀传统文明与西方主流文明的"中西融合"——解决华人困境，解决中国问题，促进人类正义事业与文明发展进步。

作者联系邮箱：wxabousa@gmail.com

《「外高联」与八九中国民运》首次向世界披露十九项"八九中国民运"相关重大史实：

一、 外地高校学生自治联合会（简称"外高联"）成立组建、运作和组织体系及核心、骨干成员。

二、 天安门广场临时指挥部成立组建、运作和组织体系及核心成员。

三、 外地高校学生 500 多名（天津地区）参加了最初的绝食请愿活动，连胜德是主要组织者。

四、 北京戒严最初四天最关键时期，成千上万支学生纠察队阻拦军队进京壮举内情。同时策略性上书和公开致信邓小平。

五、 学生市民成功阻截军队戒严推进，争得赵紫阳最后抗衡中共"顽固派"机会。

六、 天安门广场指挥部"48 小时"之变，与保卫天安门广场指挥部成立及其与"北高联""外高联"关系是影响和决定了学运民运发展历史的关键点。

七、 "天安门三壮士"砸污毛像事件相关事实与澄清。

八、 所谓"绑架柴玲事件"相关事实真相与澄清。

九、 1989 年 6 月 1 日"外高联"发布《爱国民主运动胜利撤出天安门广场宣言书》，实施撤出天安门广场努力史实详情。

十、 "外高联"持续与中国红十字会协调、谈判，争取对参加学运同学的医疗、卫生和人道主义救护。并通过中国红十字会向中共当局和戒严指挥部申明取消北京戒严，停止军队开进北京城，防止大规模人道灾难发生。

十一、 1989 年 6 月 4 日至 8 日，"外高联"作为学运主要组织对北京市协和医院等四所医院死伤人员实地调查、取证，开展抗暴斗争实况。

十二、 全国外地学运民运概况与遭受迫害状况，全国各地参加、支持八九学运民运的学生、民众与估算统计。

十三、秦城监狱关押的外高联指挥部成员及常委等几十位主要
成员/秦城监狱关押的四名女生学生领袖详情。

十四、对抗中共审查，"背铐"待遇酷刑！折磨致重病。

十五、柏林墙倒塌与齐奥塞斯库夫妇被处死"乐翻秦城"。

十六、1991年"外高联"负责人作为主要主导力量参与发起组
建「中华进步同盟」，最早组党抗争，继续民主事业。

十七、为纪念"八九六四"二周年，1991年5月底，刚从秦城
监狱出狱的王醒代表"外高联"，和"北高联"代表熊焱
接受英国BBC电视台专访，明确表明八九学生运动是爱
国运动，呼吁中共当局释放因参与八九学运而被关押的
学生和民众。

十八、王醒作为八九民运"留守"中国境内的代表性人物，长期
遭受中共多轮次政治、经济刑事迫害，逆境成为金融家+
战略学者！五起五落、百炼成钢、传奇人生。

十九、以八九民运主要学生组织为中心撰写本纪实专著，作出
"八九中国民运的历史评价，得失总结与使命"。

序　言

还原八九民运主要组织的全貌与历史

黎安友（Andrew J. Nathan）

对于1989年发源于北京的"八九六四"民主运动的过程及随后的军事镇压，历史学家们已经有了详尽的了解。当时的外国记者通过电视和报纸报道了相关事件；外国学者见证并记录了这些过程；一些学生领袖后来也出版了他们的经历回忆录。赵紫阳是中共中央总书记，在危机期间因愿意与学生妥协而被清洗，他在软禁期间录制的磁带中描述了他对事件的看法（这些录音后来被整理出版）；他的保守派对手、时任总理李鹏也写下了他的回忆。一位使用笔名"张良"的中国官员出版了两卷内部文件，描述了危机期间中共权力核心——中南海内发生的情况。我与林培瑞（Perry Link）共同编辑并出版了这些文件的译选本，即《天安门文件》。

然而讽刺的是，尽管学生们是在公开场合——甚至是在国际电视新闻广播的注视下——进行示威和绝食，但直到今天，我们对他们如何进行自我组织、如何合作以及如何内斗的了解，远不如对中南海红墙内领导人的辩论和决策了解得多。

王醒先生的八九纪实专著重要回忆录在三十七年后问世，正好填补了这一空白。1989年4月15日北京学生民主运动开始时，王醒是一名19岁的大一年级学生，担任哈尔滨工业大学航天学院88级大班长。起初，北京以外的学生远距离观察着这场运动。本书通过详实的视角，概述了运动初期北京以外一些地区学生运动的情况。

在那个阶段，只有少数外地学生前往首都支持示威者。但当北京学生于5月13日发起绝食以迫使政府对话时，外地学生开始大规模涌入北京支持绝食者。王醒和来自哈尔滨各大学的同学代表团也在其中。正如王醒在书中所述，在戒严令前后，天安门广场挤满了学生以及来自社会各界的支持者，有几天总数都超过一百万人。

此时，北京各大学的学生已经建立了一个组织来统筹北京市和天安门广场部分活动，并协调政治立场，即"北京高校学生自治联合会"（简称"北高联"）。戒严前还有"绝食团"组织。当大量外地学生涌入北京，催生了管理外地学生露营区和运动的组织需求。在与"北高联"领导人会谈后，来自外省市 192 所高校代表团通过会议决定，宣布成立"外地赴京高校学生自治指挥中心"（简称"外高联"）。他们推举天津中国民航学院的学生领袖连胜德担任总指挥，王醒担任秘书长和副总指挥。

这些年轻学生展现了卓越的组织能力，他们模仿自己的大学及在日常生活中见过的组织，建立了有效的组织结构。"外高联"设立了秘书处、卫生部、外联部、宣传部和组织部等。最初，王醒作为秘书长协助总指挥管理工作。随后，在 5 月 19 日，"北高联"与"外高联"共同成立了第一个天安门广场指挥部——"天安门广场临时指挥部"，作为双方的派出执行机构，任命王醒兼任秘书长。

本书描述了管理来自外省市 300 多所高校，与北京市高校一起在天安门广场露营请愿、绝食、示威和一百万示威者参与的真实情形。临时指挥部维持秩序、接受捐款并将其用于物资采购、管理通过广播站表达学生诉求、将病弱学生送往医院，并接待前来支持的公众人物和支持者。其中一位是王醒所在大学的前校长（李昌）委托校友告诉王醒，学生们是爱国的，做的是正确的事。

作为外高联的组成部分，第四章总结汇编了全国外地高校的学生自治会等组织及学运民运概况。第五章总结介绍了"北高联"体系及天安门广场指挥部等机构历史沿革。第六章介绍了支持学生的其他组织，包括首都各界爱国维宪联席会议、工自联、北京知识界联合会，以及香港市民支援爱国民主运动联合会。

王醒被证明是一位认真的记录者。作为外高联副主席和联秘书长，他做了详尽的笔记；后来在秦城监狱期间，他也做了进一步的记录。他还凭借对人物和事件生动详尽的记忆，为我们提供了外高联所有领袖的姓名、年龄、籍贯和学校背景，以及广场上关键事件的准确日期和细节。

在这些关键事件中，包括戒严最初的四天，他们组织了成千上万支学生纠察队和北京市民共同成功阻挡了军队进京的壮举。天安门广场临时指挥部利用广播站协调学生的行动，并分发口罩和纱布等，以防部队使用催泪瓦斯。后来，当三名湖南青年向天安门广场的毛泽东画像投掷颜料时，王醒澄清"外高联"领袖并未参与将其定性为"特务"并移交警方的错误决定。他还作为被邀请参会的见证者身份，目击描述了几位北京学生领袖因运动组织及资金问题发生争执的场面——即所谓的"绑架柴玲事件"，驳斥了"外高联"应对此负责的指控，并澄清了"外高联"并未参与其中的事实。

1989 年 5 月 25 日，王醒主持了"外高联"改组，促使"外高联"定位和扩展成为了全国性学生自治组织（不含北京市高校），更名为"外地高校学生自治联合会"，王醒仍继续担任副主席（副总指挥）兼秘书长/执委。在之后的几天，"外高联"主要学生领袖们逐渐意识到，此前分裂的中共领导层已在"必要时动用武力驱逐学生"的决策上达成统一。王醒强调，外高联领袖支持和采取了行动让学生有策略的与和平的撤离天安门广场，并在各自学校和全国继续开展"爱国民主运动"的计划。但其他一些学生领袖反对这一计划，担心政府会进行秋后算账等。在关于如何行动的权力博弈中，撤离未能实现。6 月 4 日凌晨军队进入并开枪时，很多学生仍留在广场上。

王醒本人当晚不在广场。此前由于过度劳累导致的急性心肌炎复发，他被其他学生送往医院救治。听到枪声后，他和同学们试图冲回天安门广场，但遇到了封锁线。王醒在书中纪实性性地描述了当天混乱的北京。

王醒报告称，在那悲剧性的一天之后，他和"外高联"其他领袖连续几天骑车走访了北京协和、同仁等多家医院开展伤亡情况的探望，实地取证，调查死伤人数。他们在每家医院都看到了两三百名死者和数百名伤者——伤亡人数远超中国当局承认的数字。

王醒和一些同学们在北京坚持抗争到 6 月 8 日，之后，包括王醒在内的许多学生领袖被捕，并被关押到中国著名的政治监狱——秦城监狱。本书首次披露了数十名被囚的外高联领袖名单，其中包括被关押在"秦城监狱"的四名女学生领袖。书中描述了学生如何接受审讯，以及遭受"背铐"酷刑的经历。然而，学生们发现了一种沟通方式：通过敲击墙壁产生节奏来传递信息（节奏启缘于崔健支持改革的赞歌《一无所有》），这种被称为"秦城密码"的方法在狱中广泛流传。

书的后半部分记录了王醒在天安门事件后，作为"留守"中国大陆的八九同学非凡经历，他将其描述为"五起五落"的过程。与天安门事件后的许多进步知识分子一样，王醒选择"下海"经商并取得了可观的成功。但警方一直对他保持严密监控。每当海外民主人士联系他或寄来小额资金时，或者当一群八九同道聚集在他身边时，警察就会干预他的生意，并多次遭受政治、经济双重迫害。凭借毅力、智慧和韧性，王醒在经商和对民主变革的承诺上都坚持了下来，决定出版这本书正是这种承诺的体现。

王醒在自序中说我指导了他的研究，这太客气了。他的项目完全依靠他亲身经历和自己的记录、记忆与研究，以及对事件的敏锐理解。我微薄的贡献只是邀请他作为访问学者在哥伦比亚大学度过二年，并鼓励他完成这一有价值的研究课题。他为我们理解 20 世纪中国历史的一个关键事件提供了不可缺乏的贡献。在英文译本中，本书还将有助于国际学界理解一般社会运动——它们如何形成、如何组织，以及如何处理内部纠纷。最重要的是，这本书展示了社会运动及其领袖如何在失败后依然坚守。

自　序

1．本书是根据我在秦城监狱期间写的外高联与八九民运大事备忘为基础。

2．我在出狱后，1990 年下半年至 1999 年之间断断续续写了一些回忆录部分，是我当年在参与八九民运期间，我自己亲身经历的，既有豪情万丈、冲锋无畏，也有责任、理性与当下的自身局限，但是，这正是当年我们八九一代经历的最真实的历史写照。

3．自八九年以来，我为对八九历史的责任与情结，本着从"外高联"组织上做一个客观、公正的八九历史记载与交代，作为向"外高联"和八九民主运动及参加者的纪念和致敬！

4．从组织的方面来写出外高联与八九中国民运的纪实，这是还原历史和正本清源的必要责任和使命。是以组织为中心，不是以个人为中心来研究和记录，更不是以利益为考量和中心的文字堆积。

5．我作为八九民运诸多事件的当事人、见证人，本专著内容主要是历史事实，也有我在此期间的心路历程，以及认识方面和价值判断方面的分析评价。同时，我于 2024 年起在纽约哥伦比亚大学专门立项《外高联与八九中国民运》课题，由著名政治学和中国问题专家黎安友教授指导。在本专著的研究撰写过程中，查阅很多相关历史资料，访谈交流了一些八九当年关键当事人。

6．正本清源，填补八九史实空白：

本书首次详述了代表全国数百所高校、数百万学子的组织——"外地高校学生自治联合会"（外高联）为核心组织视角，向世界深度披露了十九项关于八九中国民运的重大史实。内容涵盖"外高联"，以及与"北高联"联合建立派出执行机构——"天安门广场临时指挥部"——两大组织的成立、组建运作及主要成员，戒严初期组织成千上万支学生纠察队阻截军队进城的壮举内情，并对"天安门广场 48

小时之变"对运动全局的影响、"绑架柴玲"等关键争议事件进行了事实澄清。本书旨在正本清源，还原这场全民爱国民主运动的主要组织和事件全貌与真实历史。

7. 见证极端境遇，纪实血色青春：

作为八九民运的核心组织者与秦城囚徒，本书详尽记录了从天安门广场抗争到狱中魔难的真实历程。首次向世界披露了大量被官方掩盖的历史真相细节：不仅包含了六四镇压后冒死潜入协和医院等各大医院进行死伤人员的实地调查、取证实况，更首次公开了被关押在秦城监狱的几十位学生领袖（含四位女学生领袖）名单、高强度审讯及残酷"背铐"酷刑、折磨重病实录，以及抗争智慧的结晶"秦城密码"。

8. 八九"留守者"的抗争，五起五落魔难传奇：

我以自身为案例，记述八九一代"留守人质"在中国境内遭受长达数十年政治、经济双重迫害下的"五起五落"人生，呈现了在魔难中坚守的"八九一代"生存意志的真实写照。通过经济自立实现人格独立，迎难而上有所作为。我以自身经历和实践希望可以证明：民主的火种不仅播撒于海外，更在中国的社会肌理中顽强跳动，生生不息。

9. 总结历史得失，承载历史使命：

本书对八九民运的定性、时期阶段划分及世界历史地位作出了系统性的学术评价，填补了研究空白。它不仅是一部负责任的纪实文献，更是对八九一代历史使命的深刻凝练——通过追查真相与总结经验教训，为未来中国的自由民主人权事业提供战略导引。我由衷地希望本书能够助益国人凝聚普世价值观共识，团结海内外进步力量，将这段被掩盖的历史转化为推动人类社会文明发展与解决中国问题的持续动力。

10. 三十七年以来，关于"外高联"的历史记述和专门介绍非常之少，且一些人通过各种媒体和记述有些不真实的表述，让世人产生一些疑惑，这非常有必要以正视听，还原历史真实模样。

11．为什么在六四之后"外高联"相关情况公开资讯较少？主要因为：

（1）"外高联"最初成立时有过记者会，再之后一直在"做事"，而极少去刻意开个记者会什么的对外宣传。

（2）六四镇压后，"外高联"主要负责人连胜德、王醒在 1989 年 6 月 9 日就被中共当局抓捕、关押，因此中共于 6 月 12 日发布的通缉令中没有对"外高联"主要负责人的"宣传"。

（3）"外高联"主要负责人大多数在八九年中共镇压中被抓捕、关押，主要关押在秦城监狱，当时和后来很少有逃亡海外的，因此没有及时在海外进行外高联相关情况的宣讲、披露。多年以来，当年的"外高联"主要成员绝大多数是留在国内，受到中共当局长期的政治、刑事、行政等各种迫害，不方便在国内外公开八九民运当年相关情况。

12.寄期望于《外高联与八九中国民运》专著能作为八九民运的一部纪实性文献，还原八九民运相关史实真相，以及那些参与八九民运，没有流亡海外，"留守"中国境内的同学、同道几十年来境遇、抗争进行案例解析等，希望可以填补八九民运研究的空白，总结出有益的经验和教训，对历史做出负责任的交代，对未来中国自由民主人权事业的推进和实现做出贡献！

目　　录

第一章

八九民运发生历史背景与初期活动

第一节　八九中国民运发生历史背景综述

自中国共产党 1949 建立中华人民共和国政权，中华大地和人民历经深重劫难。中国自 1978 年开始的改革开放，到 1989 年初历经十年改革开放后，在 1989 年发生了当代中国历史上和世界历史上空前的、最大规模的，以学生为主体的非暴力抗争全国民主运动。

八九中国民主运动的发生在世界范围的背景简述：

一、国际共产主义运动的日渐衰落和自救变革；

二、西方自由民主世界经济、政治、文化、技术等日益进步与自由民主人权文明成就斐然；

三、第三波民主化浪潮使葡萄牙、西班牙等众多国家成功转型为民主社会国家，以及波兰团结工会为自由民主化抗争取得的一定成功，激励着包括中国在内的未自由民主国家的人民。共产主义国家阵营的民众普遍对其制度失去信心，导致共产主义国家整体呈现严重危局和自由民主化发展趋势。

八九中国民主运动的发生在中国内部的背景简述：

一、自 1949 年中国共产党夺取政权和建立中华人民共和国起，历经三反五反、公私合营、大跃进、人民公社运动、反右运动、十年文化大革命时期等重大政治社会运动，这些带给中国和中华民族极其深重的灾难，也同时使中国人民不断觉醒和埋下抗争的种子；

二、1976 年的天安门事件，1979 年民主墙事件，是中共建政后发生的中国两次重大的自由民主抗争运动；

三、1978 年 5 月以"关于真理标准问题"的讨论开始的思想解放运动，对人身和思想的自由，提出了建立"社会主义民主和法治"要求。

四、1980 年的北京人大代表选举是一次具有时代象征意义。中共为"坚持四基本原则"于 1983 年进行"清除精神污染运动"，1986 年安徽及上海等地的争取自由民主的学潮，1987 年的中共进行"反对资产阶级自由化运动"，致使人民的思想和言论自由受到进一步的压制。但是，共产党的意识形态已经受到挑战和呈现衰落。

五、中共为自救和自身进步希望进行经济改革的同时，尝试进行政治改革，并开展了一些探索，有一定的宽松气候和环境，中共党内、体制内存在政治上的全面改革改良的开明派。包括中共在 1988 年左右开展与社会各界的对话政策及活动，社会上涌现出一些自由、进步小团体；中国改革开放以后，中国的国家与社会关系发生了一系列深刻变化。

六、颇具民主思想和民主行为的胡耀邦逝世，引发社会对胡耀邦之死的质疑，以及重新评价其功绩要求，在全国形成借悼念胡耀邦之际的抗争舆论与广泛活动，成为八九民主运动的导火索；

七、学生对国家政治、经济、社会、教育，以及分配不公等问题的不满，以"反贪污腐败、反官倒"的口号形式，表达思想上和政治权利上的长期压制使得人们寻找释放的机会，挑战权威。

八、广大学生对自由民主人权意识增强，西方自由民主思潮影响作用，希望推进中国社会文明发展进步，极具家国情怀的紧迫感和献身精神；

九、中国知识分子（包括体制内和体制外）中的部分进步精英对学生的影响和支持；

十、中共内部对改革目标的不同，学生及社会各界对改革目标的追求不同。

第二节　八九学运前期活动简述

悼念胡耀邦引发学潮，政府"四·二六"社论诬陷学生动乱对话无诚意

1989 年 4 月 15 日，北京发生了悼念胡耀邦大规模活动，消息很快传到全国各地。4 月 18 日他们向全国人民代表大会常务委员会提出了"七条"请愿书，内容如下：

1. 公正评价胡耀邦的政绩，肯定民主自由的宽松的政治环境；

2. 彻底否定"清除精神污染"与"反自由化"运动，并为这次运动中蒙受不白之冤的人平反；

3. 要求党和国家领导人及其子女向全国人民公布其财产状况；

4. 允许民办报纸，开放报禁，制定新闻法；5. 增加教育经费，提高知识分子的待遇；

6. 取消北京人大常委会违反宪法而制定的限制游行的"十条"；

7. 对此次活动作出公开的报道，见诸党政机关报。

至 4 月 26 日前，学生运动以北京为中心，北京大学于 4 月 19 日率先成立北京大学学生自治会筹备委员会，清华大学等高校陆续成立了学生自治会。4 月 22 日北京各大高校数万名学生聚集在天安门广场悼念胡耀邦，这一天正是胡耀邦追悼会和遗体告别仪式。在同学们向中央和全国人大的民主改革请愿书没有被搭理，政府没有能按照之前与学生组织者达成胡耀邦灵车绕天安门广场一周，学生进行送别悼念这样兑现，导致学生方面与政府对立升级，北京全市高校继续全市统一罢课。4 月 23 日，北京高校学生自治临时联合会成立，这是北京市高校学生自治组织进行整合，进一步组织化的升级行动，团结、领导学生运动的标志性事件。

此时的中国各界之所以如此大规模悼念胡耀邦，主要是源于胡耀邦执政时期的印象和他为人为政的清流品格，对其政治遗产的理

解，是在全国开展的关于思想解放的大讨论和对冤假错案的大规模平反。胡耀邦相继为 300 多万蒙受冤屈的干部平反昭雪，为 55 万"右派分子"摘帽正名，把 1 亿人从黑五类的牢笼中解救出来，从而中国得以迅速从文革的浩劫中走出来，胡耀邦在思想上和组织上为中国改革开放进行了充分准备，清除了很多障碍。广大学生和人民当然还记得胡耀邦是因为对所谓 86、87 年学潮和反资产阶级自由化不力，而被中共邓小平、陈云等极左派元老废黜、下课总书记职务的。

4 月 26 日，中共通过人民日报对学生进行威胁恐吓，并诬陷学生运动是动乱的"四·二六"社论出台后，引发广大学生强烈愤慨和社会各界的不满。第二天爆发了以北京为中心的四二七大游行，受到北京市民的热烈支持。全国大部分省市的高校和部分民众都不同程度的做出声援响应行动，迅速传导和形成全国学生运动。学生们要求中共当局撤回"四·二六"社论，承认学生爱国民主运动。中共当局对此不予理睬，并宣布学生运动中成立的学生组织为非法组织。4 月 29 日，中共委派国务院发言人袁木、国家教委副主任何昌东、以及袁立本、陆宇澄与北京市 16 所高校的 45 名代表进行了所谓第一次对话。这些高校的代表绝大多数主要是官方的全国学联、北京市学联组织的亲政府的原学生会组织的学生代表，只有北大郭海峰、北师大吾尔开希和政法大学周勇军、郭恒忠是参加了学生运动的代表人物。政府方面没有响应学运组织代表提出的承认北高联，政府应该与北高联或者专门的学生运动代表对话团进行对话解决问题，以及有学生代表提出的"打倒腐败""言论自由"和"新华门事件"等问题没有被政府对话成员进行积极响应，这些引发了广大学生的强烈不满。

中国政府拒绝承认学生运动的合法性，拒绝真正的对话并继续恐吓施压，导致之后爆发北京三十万人的"五四"大游行，全国多地高校学生响应，并举行声援示威游行。赵紫阳会见亚洲银行代表的讲话"在民主与法制轨道上解决问题"，显示赵希望缓和局势和一定程度肯定学生爱国热情意涵，但中共政府内部斗争，当局之后并无实际动作。因政府拖延与学生对话团进行对话，坚持"四·二六"社论污蔑学生运动是动乱，学生运动发展方向和基本诉求实现已经处在关键转折点。

学生绝食请愿升级行动引发全国各地声援和抗议浪潮

以北京为主，在全国范围内，在前期采用游行集会、静坐、对话、罢课等抗议形式都尝试无效了，北高联部分负责人王丹、吾尔开希、马少芳等以个人名义和北京部分高校学生自治组织代表王文等十一人经多次研讨，经北高联宣传部支持和确认，决定发起绝食请愿活动，并通过使用北高联的外联部系统进行联系发动各高校，北京的北大、北师大等高校学生报名参加绝食的有二千多人，于 5 月 13 日开始在北京天安门广场举行了大规模学生绝食请愿抗议，发表《绝食宣言》，希望能够打动政府的良知，唤起全国广大民众支持和世界关注。绝食请愿首先提出主要的两项要求：一是政府迅速与学生对话；二是正面肯定这次学生运动是爱国运动。连胜德："当时天津各高校与北京绝食学生密切联系、合作，派出 500 人参与了发起绝食活动，与北京高校参加绝食的同学一起组成绝食团。"

学生在天安门广场举行绝食请愿的第二天，中共政府迫于形势于 5 月 14 日与学生为主的对话团进行了第二次对话。官方成员是统战部部长阎明复，国家教委主任李铁映，以及其他一些官员出席了对话。北京高校对话代表团由北高联的项小吉、王丹、吾尔开希、马少方、王超华和绝食团的柴玲等十三名学生代表，还有北京社会经济科学研究所的王军涛，北师大的青年教师刘晓波，政法大学青年教师陈小平，四通公司的周舵等知识分子、青年教师作为观察员出席。对话团提出要求政府平等对话，承认学生运动是爱国的，不是动乱，以及保障言论和集会自由三项对话讨论议题，并要求对话进行现场直播。因政府方面对话没有实质讨论代表团提出的议题和安排进行现场直播，当时天安门广场绝食学生身体状况不断恶化，对政府欺骗行为极为愤慨，这次对话中断。此时参加天安门广场绝食的学生进一步增加，声援者达 30 万人。醒目的横幅标语是"平等对话""为争取自由民主而绝食""不自由毋宁死"等。

5月15日，成千上万的北京知识界上街游行声援绝食学生，包括大学教授、教师，科研院所研究人员、新闻媒体编辑和记者等知识界人士。

5月14日，严家其等12位知识分子又发出《我们对今天局势的对呼吁》，要求宣布这次学运是"爱国民主运动"，以及学生组织为合法组织，表示若不实现要求，他们也将参加绝食。之后，又发表了严家其、苏绍智、刘再复等数十位知识界著名人士签名的《五.一六宣言》？（需要查证）。当时有媒体报道赵紫阳、胡启立对记者请愿表示理解，赞成放宽新闻控制，增加透明度。？

5月16日，邓小平、赵紫阳、李鹏分别与来华国事访问的苏联共产党总书记戈尔巴乔夫会谈，赵紫阳在会谈中首次披露在中共十三大之后邓小平仍是中共重大事情的掌舵人。今天加入绝食请愿的学生已经达到3000人以上。巴金、艾青等一千多名知识分子联名发表《五一六声明》，声援和支持学生爱国民主运动。

5月17日凌晨，中共中央总书记赵紫阳代表中共中央政治局常委发表书面谈话。认为学生提出的要求民主与法制、发对腐败、推进改革的爱国热情是非常可贵的，党中央和国务院是肯定的，同时也希望同学们能够保持冷静、理智、克制、秩序，顾全大局维护安定团结的局面。清同学们放心，党和政府决不会"秋后算账"等。并呼吁学生们停止绝食，祝福同学们尽快恢复健康。

5月17日，北京市各界举行了声援绝食学生的大游行，包括工厂、学校、科研院所、新闻媒体、市民、以及很多政府部门机关、民主党派等各行各业，人数达200多万人，从四面八方涌向长安街和天安门广场，要求邓小平、李鹏下台。方励之对媒体暗示表达邓小平应该引咎辞职，严家其、包遵信）等知识届人士发表《五一七宣言》宣布学生绝食取得伟大胜利，要求推倒"四·二六社论"和邓小平下台。全国二十多个省市也举行了声援、示威游行。

5月18日上午，第三次对话，政府方面是国务院总理李鹏，统战部部长阎明复、国家教育委员会主任李铁映、北京市委书记李锡铭和市长陈希同。出席对话会议的学生代表是王丹、吾尔开希、熊焱等11位学生代表。李鹏提出学生应尽快终止绝食抗议，声称北京已经处于无政府状态。学生代表则要求中共政府当局承认学生运动是爱国和民主的，不是动乱，同学们才可能停止绝食行动，并且要求与政府进行实质性对话和现场直播。对话双方都没有达到目的，不欢而散。对话不久播出了对话实况，李鹏居高临下和坚持"动乱"定性的态度进一步激化全国的学生运动和广大民众的不满。当天，上百万人的大游行继续在北京街头举行，声援绝食学生，标语、口号是"时间就是生命，沉默就是杀人""李鹏下台""邓小平下台"等。社会知识、科学界300多知名人士发布呼吁政府马上对话、停止绝食。

截止到5月18日，外地来京声援学生从绝食请愿之初的每天上万人左右，到现在每天已经达到四、五万人之多，北京已经流传邓小平在召集军队负责人讨论军事管制对付学运。北京市广大市民和各界积极声援绝食学生，支持学生运动，捐助了大批各种生活物资和捐款。现在的情况是很多学生因绝食、绝水不断的昏倒，身体的肾、脏、心、肺等器官受到严重损害，一些同学生命体征处于危险状态。北京各大医院和红十字会系统，自学生绝食以来派出大批医务人员来到天安门广场救护绝食学生，对因绝食而遭受身体伤害的学生紧急送往医院进行抢救、诊治。值得我们铭记的是广大医务人员同情支持绝食学生和学运，充分体现出了救死扶伤的人道主义精神。

正是学生这种理性非暴力的、以自伤身体生命为代价的绝食请愿抗议将学生运动推向了高潮，激起以北京为主，全国广大学生激烈响应的更大规模游行等抗议活动，以及部分知识分子和广大民众的积极支持，并迅速演变成了全民爱国民主运动，给中华大地上渴望变革的人们带来了希望。

全国各地高校学生运动及奔赴北京声援情况。

自胡耀邦逝世到4月底，中国外地各省市、自治区的高校陆续积极响应和支持北京学生的爱国民主运动。同时也有一些高校陆续成立了学生自治组织，其中有陕西大学学生自治联合会，浙江大学民族科学促进会，南开大学学生自治组织，天津大学学生自治会（4.28），上海高校团结学生会，上海高校临时行动委员会（4.28）、哈尔滨工业大学学生自治会等。5月13日学生在天安门广场进行绝食，到5月19日宣布绝食改为静坐抗议，这个期间北京有3000多名学生参加了天安门广场绝食请愿抗议，外地部分省份也有一些学生进行了绝食请愿抗议，陆续参加者估计有5、6千人。外地绝大多数省市自治区以各种方式开展了游行、示威、集会、静坐、对话，以及赴京声援等学生运动，有些省市还举行了绝食活动，基本上都成立一些高校学生自治组织和部分社会组织，有些地方还成立了省市自治区级别的学生自治组织。

在此期间，连胜德，5月18日及之前在北京的活动。连胜德作为中国民航学院计算机系学生会主席和学院轮值主席参与组建了中国民航学院的学生自治会，以及天津大学和南开大学的抗议学生的策略计划。4月27日，连胜德在南开大学演讲呼吁这次学生运动继承五四"德赛（民主科学）"精神，还要增加法治，结束人治这个目标，更呼吁学生尽快通过民主程序选出代表进行有组织和民主程序的长期有效抗争，引导游行集会后学生绕校区抗议"四·二六社论"。五月二号代表天津高校参与给全国人大和国务院的递交请愿书活动。5月13日，按照和北京发起、筹备绝食活动学生达成的协议，天津地区高校派出500多名学生参加了在天安门广场的绝食请愿团，中国民航学院派出数十人参与北京天安门广场五月十三日开始的绝食抗议。

在此期间，黑龙江省会哈尔滨市4月中下旬爆发了支持声援北京学生运动的活动，哈尔滨工业大学（哈工大）、黑龙江大学等部分院校组织了游行示威声援活动。5月初，哈工大研究生部学生率先组织成立了学生自治会，王醒【王醒，出生于1969年10月，祖籍山东，户籍是黑龙江省哈尔滨市方正林业局，哈尔滨工业大学航天学院88级学生。】虽然不是研究生，但是作为哈工大学生会骨干成员和年级大班长，满腔热忱的积极参加了在研究生宿舍楼会议室举行的哈工大研究生自治会成立大会，以及后来成立的哈工大学生自治会活动，并且在之后推动和组织学生开展了几次声援北京学运的大游行和抗议活动，包括 5 月 15 日、16 日、17 日连续三天的全市高校 3 万多人的大规模游行及省政府请愿和抗议活动，坚决支持北京学生绝食请愿活动，黑龙江省学生运动已然显现蓬勃发展之势。

在经历了这些学运活动后，我自己思考，也与一些同学深入讨论后认为：我们同学们发起和参加的这场学生运动是爱国行为，广大同学是拥护宪法的基础上，要求反官倒、反腐败，实行政治改革、争取民主，我们没有错误，这是爱国为民族而行动的运动。如何才能达成我们学运诉求，以及如何才能让政府撤销对我们学运定性为动乱和敌我矛盾的"四·二六"社论？我认为：在黑龙江省等地方政府方面很难有突破，这一级政权也没有这个权限。北京是学运中心，北京高校也是我们外地高校的榜样，只有在北京与中央政府的抗议活动取得胜利，这场爱国民主运动才能成功。组织学生到北京去声援、参加绝食请愿、抗争，才能真正有可能解决问题。就这样，我们在组织游行活动期间就联络了一些哈尔滨高校的同学共同组成赴北京声援团，于 18 日凌晨-清晨从黑龙江省政府抗议活动现场赶到哈尔滨火车站，乘上了开往北京方向的火车。

第二章

"外高联"成立组建及前期活动

和天安门广场临时指挥部

（1989 年 5 月 24 日之前）

第一节　外地赴京高校学生自治临时指挥中心
（简称"外高联"）筹备发起、成立组建

五月十八日—五月二十日

5 月 18 日上午，国务院总理李鹏在人民大会堂与王丹、吾尔开希、熊焱等学生代表举行对话。李鹏要求学生停止绝食，并坚持"动乱"定性的态度。学生代表则要求政府必须承认这次运动是爱国，不是动乱，撤销"四·二六社论动乱指控，否则将继续绝食，抗争到底。双方都没有达到预期目的，注定的不欢而散。面对绝食学生的岌岌可危状况，天安门广场、北京和全国各地的学生和支持同情学生的各界民众无不感觉到政府的无情和由衷地愤怒，进一步激化全国的学生运动和广大民众的不满。

早在 5 月 13 日，按照和北京发起、筹备绝食活动学生达成的协议，天津地区高校派出 500 多名学生参加了在天安门广场的绝食请愿团，中国民航学院派出数十人参与北京天安门广场五月十三日开始的绝食抗议。连胜德是天津高校学生赴京声援团和天津民航学院学生自治会的主要负责人之一。5 月 18 日白天，北京市阴天有雨，连胜德与"北高联"常委王超华、郭海峰等同学商议如何协调汇集天

安门广场的全国各地高校和学生秩序，并受王超华委托，与郭海峰负责组织天安门广场绝食学生的避雨安置和秩序维护工作。在下午下大雨前，指挥组织广场三千多绝食学生的避雨转移到北京市红十字会提供的 70 辆大巴车上，同时，尽力协调广大在天安门广场参加运动学生的秩序和避雨。

5 月 18 日深夜，天安门广场的集会、静坐、绝食的学生和市民大约 100 万人以上，外地来京声援学生源源不断，迫切需要进行组织化协调行动、秩序管理。在学运之声广播站，连胜德与"北高联"的广场办公处的负责值班人员陈彤、赵少若讨论学运一些急迫问题，建议"北高联"常委立即以学运管理为重，停止以个人身份进行绝食，与外地赴京高校声援学生共同商议、协同解决秩序、宣传、卫生后勤、纠察保障等迫切问题。此前，连胜德已经联系到了中国历史博物馆的工作人员杨燕，借用中国历史博物馆和中国革命博物馆的正面台阶场地和工作玻璃房作为外地学生学运临时管理办公地点。连胜德建议请"北高联"在天安门广场的王超华、吾尔开希等九名常委到中国历史博物馆玻璃房，与外地赴京声援团代表召开会议，并希望成立全国高校学生自治联合会。通过学运之声广播站发出了通知"北高联"常委和外地高校学生声援团负责人到中国历史博物馆前玻璃房开会，同时向来京的外地高校同时发出通知，要求各赴京高校学生组织负责人或派出代表即刻来筹备处开会。"北高联"到会的是常委王超华、吾尔开希和秘书长王志新等，玻璃房的外面聚集很多的外地高校学生代表。这次会议讨论了协同解决北京学生和外地来京声援学生的秩序、宣传、卫生后勤、纠察及保障绝食学生等问题，连胜德等外地同学代表提出组建全国高校学生自治联合会建议，以及成立外地高校学生组织问题，还有提到政府即将在北京实行军管戒严的信息。王超华、吾尔开希等"北高联"同学建议外地高校学生应该先组织起来，成立一个外地高校学生自治组织，做好这部分组织管理，再与"北高联"进行合作、协同，可以搞一个统一行动的联合协调指挥机构，来应对复杂局势。就此达成共识后，"北高联"部分负责人着急赶去其他会议事情。外地高校学生组织筹备成立事项随即开始，王超华还向连胜德等外地高校同学介绍了"北高联"组织结构和经验，外地高校学生自治组织（学生自治会或声援团负责人）100 名左右的代表继续开会，在这个 18 日深夜，在连胜德主导筹备外地赴京高校学生自治临时指挥中心（简称"外高联"）会议基础上，5 月 19 日凌晨，在北京天安门广场的中国历史博物馆台阶前举行筹备和成立会议，经推举和发表演说，会议通过了天津民航学院学生自治会负责人连胜德担任总指挥，并确定葛刚等人担任副总指挥。随后，外地赴京高校学生自治临时指挥中心（简称外高联或者外地赴京高校指挥中心）筹备处召开全国赴京 192 所高校代表大会，会议全票再次确认通过连胜德担任总指挥，以及其他重要成员与组织机构设置。

5 月 19 日凌晨，王醒带领一些黑龙江省高校的学生声援团到达北京天安门广场，我在哈工大声援团在天安门广场驻地报到后，绝食已经进行到第七天，绝食的学生生命危在旦夕，"北高联""外高联"和绝食团正在与政府、红十字会进行谈判解决绝食学生救护和对话问题。当时正赶上外地高校一些学生组织筹备外地高校学生自治组织，经与声援团一些同学商量后，由王醒参加和负责对接。在天安门广场、中国历史博物馆区域参与了外高联的设立、组建工作。

在此期间，"外高联"陆续成立了卫生部、外联部、宣传部、组织部和秘书处等部门，经推举和连胜德提名，研究决定我担任秘书长，负责秘书处；"外高联"最初的第一次组织结构与主要负责人名单是记录在连胜德的工作日记本上的。

20 日上午，在中国历史博物馆正门前的"外高联"指挥部，王醒找第一副总指挥葛刚，通报总指挥连胜德与我商议的有关"外高联"组织方面的事情，还有应对政府刚刚宣布戒严情况的几个重要事项。在"外高联"前期的 4、5 天时间，葛刚承担着"外高联"第一副总指挥的职责，还有一些对北京相关组织的联络工作。随后，葛刚主持进行了加强和编制设立"外高联"秘书处、组织部、宣传部、外联部、卫生部等部门，因为戒严令刚刚发布，今日是正式戒严的第一天，人员稍有些波动，为此及时进行了加强补充，并进行了本次组织机构编制和加强工作。我作为秘书长负责秘书处和加强组织建设，以及联系天安门广场临时指挥部。这次的组织文件每个部门负责人都在组织机构文件上亲笔签了名，这份组织名单材料在签字完成后，我抄写了一份留在我处，原件我交给葛刚保管了，这是"外高联"前期组建期间的第二次组织机构设置和主要负责人名单记录材料。

第二节　天安门广场临时指挥部——"北高联"与"外高联"共同成立组建的学运联合指挥派出执行机构

19日凌晨4点左右，我和一些同学陪同"外高联"总指挥连胜德一起到天安门广场纪念碑学运之声广播站，找北京高校学生自治联合会（简称北高联）商量成立一个"北高联"和"外高联"共同组成的一个学运联合指挥部。当时"北高联"在天安门广场的现场负责人之一北高联常委郑旭光在值班，连胜德首先介绍了"外高联"的成立情况，以及通报之前与"北高联"达成的意见，就是与成立后的"外高联"合作成立组建一个双方联合指挥与统一行动机构的情况。连胜德说："现在全国外地赴京高校的学生组织已经组建完成了，要落实之前与'北高联'达成的合作意见和共识"，连胜德问郑旭光你能不能代表"北高联"？郑旭光说"我当然可以代表了"。鉴于形势紧迫，于是双方马上就研究共同成立组建"北高联"与"外高联"的天安门广场学运联合指挥执行机构，名称为"天安门广场临时指挥部"。在19日白天至21日，因通过广播发布通知、材料时也使用了"天安门广场指挥中心"名称，但大多数时间都使用的是"天安门广场临时指挥部"这个名称，这是八九学运第一个天安门广场指挥部（也是后来5月24日成立的保卫天安门广场指挥部的前身。）现场高校学生代表经推举和表决，郑旭光作为"北高联"的代表担任总指挥，连胜德作为"外高联"代表担任副总指挥，组织建立指挥部，立即展开工作。

在会议就要结束时，大约是 4 点多到 5 点之间，有同学来报告说，总书记赵紫阳已经来到天安门广场了！这个消息当时非常炸裂啊，同学们都向广场北面赵紫阳所在的区域围拥，郑旭光说我这个总指挥先停一停，我们等等看赵紫阳来了之后会有什么转机和进展。此时的天安门广场上擦肩接踵、人声鼎沸，根本无法靠近赵紫阳所在区域。根据当时从扩音器传出的赵紫阳的声音，还有当时在现场的同学们稍后讲述的情况，赵紫阳在天安门广场现场面向绝食学生和请愿学生发表了讲话，表示来看望绝食学生，希望同学们珍惜生命、保重身体等，讲的很动情也很悲情，之后赵紫阳一行人很快就离开了天安门广场。

清晨，郑旭光回到指挥部，找到连胜德和我们一些同学开会，分析赵紫阳来过天安门广场并没有解决什么问题，学运不会很快得到解决，局势越来越危急了，要做好长时间坚持学运的打算，现在天安门广场上就有 100 多万人，已经是学运中心和焦点。并提出天安门广场临时指挥部从总指挥、副总指挥和在广场上的"北高联""外高联"各部门要紧密配合，都全力投入、开展维护好绝食同学保障，还有天安门广场的学生队伍秩序、组织纠察队等。

19 日上午，纪念碑处的广场临时指挥部在好几层学生纠察队的护卫下紧张的运作，一如战时状态。指挥部必须迅速应对各种情况，负责现场指挥的郑旭光、连胜德紧急的和忙碌的进行各项部署，还有接待那些不断的涌向指挥部大批捐款、捐物的人群。我上午晚些时候就到了中国历史博物馆外的"外高联"指挥部，主要是组织安排了一些同学进入秘书处和组织部的事情。下午 5 点左右，我和副总指挥蒋宏雷正一起商讨事情，有同学领着两个人来到外高联指挥部，带着两大包传单印刷品，标题是《关于时局的六点声明》。说刚从绝食团送了这些声明传单，听说还有一个外地高校学生组织，就赶过来认识，并请"外高联"对外散发。我先看了落款是国家体制改革研究所和国务院发展研究中心等单位，内容主要是：这是一场学生为主体的全民爱国民主运动，呼吁召开全国人民代表大会和中国共产党特别代表大会，解决政府对学运的错误定性，及时纠正。呼吁同学们停止绝食，用新的方式，长期的进行爱国民主运动等。我们表示非常好，马上安排分发到各高校在广场的驻地。他们还在我的记事本上留下电话、地址联系方式，说好要保持联系。稍后，天安门广场上的学运之声广播站或者是绝食团广播站也反复播发了这个《关于时局的六点声明》。

19 日晚上，天安门广场人山人海，群情高昂。"北高联""外高联"和绝食团、对话团、天安门广场临时指挥部这些学生组织仍在紧张的商讨下一步如何行动，各方面的消息和情况都在不断传来，特别是 19 日白天和晚上陆续接到一些人士赶到天安门广场的指挥部，急切和信誓凿凿告诉我们：政府要派大批军队对北京实行军管，对天安门广场进行武力清场的消息！面对如此复杂局面，如何判断？如何应对？那是否还继续绝食必须做出决断。19 日晚上 9 点左右，在日夜不停的救护车的笛声中，学生组织通过广播站宣布停止绝食，改为静坐请愿、抗议。

停止绝食声明表示："绝食斗争的停止，是为了保护同学的生命。我们不是退缩，因为各高校学生这次在天安门广场，会继续罢课、静坐斗争。感谢各界人民对我们的支持，我们再次呼吁全市人民，要继续采取理智的、冷静的、和平的方式，在民主及法治的轨道上，进行斗争，以保证爱国民主运动的心愿，及保证发展生产和各行各业工作的正常进行。各高校纠察队不得解散，一起在天安门广场维持秩序，继续罢课静坐斗争，保证广场正常秩序。同学们，民主道路是艰辛複杂的，但是我们的信仰绝不会放弃，我们的理想一定能够实现。"

停止绝食这是一个艰难的决定，之前同学们一直在争取与政府对话，在对话无果，局面僵持，我也参与了一些停止绝食的可能性讨论，但是听到真的停止绝食信息宣布时，顿感被痛击的难受和悲愤，也为参加绝食同学的生命健康着急。局势的剧烈波动，使以天安门为中心的北京城突显紧张。我来北京声援本来就是要参加绝食的，因为到了天安门广场参加了外高联的创建、运作和天安门广场临时指挥部成立、运作，当我在广场听到停止绝食消息时，才意识到自到了北京就参与学运活动，都一天了，一直没有吃饭啊，也经历了与参加绝食的同学相同的抗争。紧接着一个紧迫的任务是安排参加绝食同学的安置，天安门广场临时指挥部紧急派调派现场维护秩序的纠察队，同负责北高联纠察队的张铭带领的维护绝食团周围秩序的纠察队一起，与绝食团指挥部负责人之一的郭海峰等同学共同协同安排将垂危、身体不支的绝食同学送往医院急救，在大批医护人员的协助下最先行动起来。对于个别身体强壮的绝食同学坚持留在广场的，安排医护和同学进行看护照顾，其它绝食同学都陆安排续由同学们接应返回学校。因为已经停止绝食，绝食团指挥部不再运作，其主要负责人及成员因身体状况和安全因素考虑等，大多陆续撤离了天安门广场，只剩绝食团设立的广播站由郭海峰负责值守。这些参加绝食的所有几千名同学历经了七天的绝食请愿抗争，其中学生绝食请愿发起人王丹、王文、马少方、杨朝辉、吾尔开希、张军、熊文革、陈章宝（陈天石）、蒋业伟、程真共十一位同学，和当时后期学生绝食团指挥部的负责人柴玲、郭海峰、封从德、张伯笠等同学，这些同学与几千名绝食学生，以命相博为中华争民主和自由，其言其行感天动地，惊天地泣鬼神啊，当年的他（她）们是八九民主运动中和中国自由民主事业中，国人、世人应该永远铭记的英雄！

19 日晚上 11 点左右，此时已经宣布停止绝食，改为静坐抗议。我带着几位"外高联"成员从"外高联"指挥部再次来到天安门广场临时指挥部向连胜德汇报"外高联"的一些事情，也要问清楚接下来的学运计划。连胜德说绝食团和绝食学生正在转移到医院和回到大学校园，我这里已经获得较为可靠的消息，中央政府要在北京戒严实行军管。我们"外高联"系统和广场指挥部要担负起组织作用，临危不惧。我和蒋洪雷听后表示：不能政府要施行军管就把我们学生吓退，作为学运组织此时必须坚守天安门广场，如果我们作为学运指挥系统撤退了，那将会导致学运兵败如山倒的。连胜德说，他和超华、郑旭光等同学也是这个想法。为了应对突如其来的局面，连胜德提出为了应对当前紧张局势，尽快有效把来北京的高校联系在一起，加强组织和运转。为此，经天安门广场临时指挥部副总指挥连胜德和北高联天安门广场财务部负责人梁擎敦（梁二）研究后签字批准，决定紧急批给了"外高联"和天安门广场临时指挥部秘书处一些经费，作为秘书处（外高联和广场临时指挥部）购置办公物资、组织纠察队和活动经费，指派我作为秘书长领取和管理使用这个经费。连胜德说已经与郑旭光商量决定了，因为我之前负责筹备、组建了"外高联"秘书处，所以安排我作为"外高联"秘书长的同时担任天安门广场临时指挥部秘书长，设立秘书处，负责组建和管理秘书处，还有负责天安门广场临时指挥部与"外高联"之间的联络、协调，协助连胜德指挥"外高联"事务。当时财务部在执行时提出目前只能安排人民币 3000 元现金和 3000 元兑换券（后面会列出资金具体支出项），更多经费申领须"北高联"和"外高联"主要负责人共同签字办理。就是从这时起，天安门广场临时指挥部秘书处自此全面展开活动。

当时这个秘书处主要是协助坐镇广场指挥部的连胜德工作，还有总指挥郑旭光来广场时安排的事项。郑旭光身材高大气场大，很能镇住场面，思路清醒非常有决断力。关于"北高联"与"外高联"成立了天安门广场临时指挥部事项，郑旭光事后与我们说起过他在与王超华等"北高联"常委的碰头会时做了汇报和说明，获得了王超华等常委的赞同。在此期间经常在天安门广场的"北高联"常委王超华，也来天安门广场临时指挥部协调指挥工作，我们一起开过多次协调会议，对于稳定天安门广场学运局面和很多事情的开展，发挥了重要作用。

关于天安门广场临时指挥部职能，以及组织机构设置及组成，我这里做个概要性的说明。"外高联"和"北高联"联合成立的天安门广场临时指挥部，是"北高联"和"外高联"的派出机构，是双方共同成立组建的天安门广场学运联合指挥执行机构。主要是执行"北高联"和"外高联"的重大决策，协调学运统一行动，指挥参加学生运动的各高校学生在天安门广场静坐与声援活动，维护保障绝食学生，维持北京市秩序。我作为秘书长负责广场临时指挥部设立的秘书处，我同时还兼任"外高联"秘书长，主要干的活是协助总指挥、副总指挥，协调各部门和各高校的组织联系和重大活动，还有上传下达，特别是与学运各方面组织和人物的交流、沟通，几乎是永不停歇的谈话着，很多都是主动找到我们这个组织的，也有我们指挥部通知召集来开会或安排事情的。我印象中单独或小范围交流谈话的人数几百上千人，包括几乎所有外地赴京高校学生自治组织的负责人及纠察队负责人，还有北京一些高校学生组织的核心人物，知识界及社会各界人士等。在 5 月 19 日到 23 日，秘书处还承接了全国各地及海外寄给学生运动的支持、慰问和联络的信件和电报，装满了好多个纸箱和袋子，秘书处的几个同学负责拆阅了一些，有些转递到我和连胜德、郑旭光等同学阅示过，有些在学运之声广播站进行了播放。这对学生运动及学生组织起到了极大的鼓舞作用，更是体现了当时的民心。学运那个时期，北京的邮政系统是支持、同情学生运动的，因此，我们学生组织才可以收到这些来自全国各地及海外的大规模支持和慰问信件、电报。

天安门广场临时指挥部还有一些与"外高联""北高联"共用的部门，比如"外高联"卫生部和后续组建的外高联纠察总队也是与天安门广场临时指挥部两边共用，卫生部部长是中国医科大学的李翠萍。"北高联"当时在天安门广场也有其它的部门，广场纠察队，负责人是清华大学学生自治会的张铭，也是"北高联"常委。财务部（纪念碑三层），负责人北京师范大学学生自治会的梁二，也曾是"北高联"常委代表，还有中国人民大学的陆明霞也参与负责财务部。学运之声广播站，最初购置设备与筹建负责人是清华大学的张铭，他是清华大学学生自治会负责人之一。"北高联"常委和清华大学自治会负责人之一的周锋锁是第一任站长，主要成员还有白梦、温杰和清华大学的宋立峰等同学。物资处在纪念碑处，"北高联"的同学和"外高联"的孔宁负责管理过。天安门广场临时指挥部对以上这些北高联和外高联机构的部分部门都是统一共用的。戒严初期，以上这些提到的"北高联"常委和同学参与了天安门广场临时指挥部相关工作，当然，作为学运中知名度很高的"北高联"常委王丹和吾尔开希等北京的同学经常出现在天安门广场，在对中共方面的对话和国内外媒体发声等方面发挥着至关重要的作用，与我们一同奋战。

截止19日深夜，接连不断传来政府要戒严军管的消息，我们天安门广场临时指挥部、"外高联"已经陆续接获信息有军队在北京城周边出现，正在向北京市内进发情况。

天安门广场本来就是人民进行政治表达的一个公共场所，我们学生和民众在此进行和平绝食请愿活动，是行使宪法规定自由表达权利。在中共宣布戒严后，天安门广场临时指挥部与"北高联""外高联"为劝阻武装进京的官兵进城，宣传解释北京没有发生动乱，学生是开展的爱国民主运动等，组织派出了大量学生纠察队，和市民一起进行堵截戒严部队进城军人和军车，并维持北京市交通秩序。在此期间，天安门广场临时指挥部还与北京各界协同和联动全国各省份学运民运等。天安门广场临时指挥部自5月19日凌晨由"北高联"与"外高联"共同成立组建起，一直到5月24日上午发生变更。

第三节　戒严最初四天最关键，组织反戒严堵截军队，守护天安门广场，积极维持北京市秩序

实际上，在中共正式对外宣布戒严之前，中共部分军队已经开始向北京进发了，大概时间是在19日下午。在19日夜已经有进入北京城内的军队，军管传言果然不虚。天安门广场临时指挥部陆续接到学生和市民报告北京周边军队活动的情况，为此，19日夜晚和20日，天安门广场临时指挥部紧急成立和派出几百支学生纠察队，"外高联"指挥部也紧急成立和派出了几百支学生纠察队，和支持学生运动的市民自发阻拦军队在北京周边进城和戒严活动。并一直强调我们

同学们要对军队官兵宣讲学生运动是爱国运动，让官兵了解真相，使他们明白和理智，同学们是热爱人民子弟兵的，人民子弟兵要相信和爱护学生和市民们。我们是和平请愿，并请同学们冷静，不要有过激和暴力行为，坚持采取非暴力的和平请愿方式，以免对学运大局产生不好的影响。

20 日凌晨开始，天安门广场政府的高音喇叭一次又一次的播放李鹏、杨尚昆在昨晚举行的中共政府党政军干部大会上的制止动乱和派军队戒严军管的讲话，激起学生和市民的强烈愤慨和更大抗议声浪，"打倒李鹏""邓小平下台"成为广场最响亮的回击，根本没有退缩迹象。北京高校学生对话代表团今日发表声明，要求最高人民检察院，如有人镇压手无寸铁的学生，必须对此提起公诉，代表团并会诉诸国际舆论和国际人权组织同盟。

连胜德："20 日凌晨 3 点多，戒严令消息发出之后，当时还在天安门广场的部分绝食学生在绝食团广播站发出天安门广场上的全体学生进行绝食的呼吁。我与'外高联'和天安门广场临时指挥部一些负责同学经过商讨和策略考量后，决定在学运之声广播站反复呼吁在天安门广场广场的全部学生不再继续绝食，而是改为全广场静坐抗议反对戒严。我本人还在长安街东西方向多次乘车来回用喇叭代表天安门广场临时指挥部呼吁正在离开广场的学生继续回到天安门广场加入静坐抗议活动。"

20 日上午，政府的广播不停的播放李鹏的戒严令，学生和北京市民无惧戒严令纷纷走上街头，天安门广场人群拥挤，不断的有游行队伍开进天安门广场。在天安门广场的学生有四、五十万之多，加上支持保护学生的市民等各界民众达上百万人。上午晚些时候，正在指挥部的我突然听到飞机的轰鸣声，天安门广场上空出现多架军用直升机绕着广场飞行，应该是来侦查的或者震慑作用的。无论是白天和整个晚上，最紧张就是总有消息传来军队马上就要进入天安门广场了，感觉空气中都弥漫着紧张的气氛，广场上的同学们时而会有传授如何防范军队催泪瓦斯和橡皮子弹的场面，还有积极行动起来进行最紧迫的同仇敌忾反戒严了。天安门广场临时指挥部总指挥郑旭光、副总指挥连胜德和我商议，决定紧急派出一批批学生纠察队奔赴北京城郊劝阻进城戒严的部队，向部队官兵说明宣传我们学生运动是反腐败、争取民主的，爱国的，不是动乱，部队不要进城戒严军管，同时争取官兵们站在广大学生和人民一边。同时要与支持我们的市民、工人进行广泛合作。

为此，广场临时指挥部和"外高联"在 19 日夜和 20 日陆续组织了几百支学生纠察队，这些纠察队都是临时和紧急组建的，不断的派出学生纠察队到北京各交通要道，还有一些是安排在天安门广场周边维持秩序。这些纠察队与支持学生运动的广大北京市民联同一起设置路障、堵截军车和官兵，反戒严，各个纠察队还要做好维持堵截军队地点的秩序，坚持驻守各大交通要道。还有一波一波从北京四面八方来到天安门广场的学生和北京市民来到广场临时指挥部请求支援、反馈戒严与堵截军队情况，就是在 20 日傍晚，根据从堵截军队前线反馈回来的消息和各方面来天安广场临时指挥部通报信息，我们已经了解到戒严部队中，驻守在河北省保定市的 38 军一部分已经进军到北京市丰台区六里桥一带，与我们学生纠察队和市民爆发激烈冲突。在丰台区良乡、大兴县等地被堵截部队还有从河北省石家庄进京戒严的 27 集团军，来报信的市民对我们讲："有军人对民众解释说是来北京天安门广场执行维持秩序的，不是针对学生。但是学生们和我们老百姓坚持堵住道路不让军队进入，并告诉官兵北京市没有发生动乱，学生是爱国的，你们部队来戒严就不配成为人民子弟兵。"。还有在石景山区八宝山街道周边也发现 27 集团军的一部分，很多戒严部队的番号不明，从北京四面八方的各个主要交通道路向北京城武装开进。指挥部通过安排各部门和通过广播站及时向同学们和各界通报戒严状况的紧急情况，调集纠察队人员和简单物资向各处紧急堵截前线。还有通过"北高联"系统安排北京市各高校学生自治会组成学生纠察队奔赴北京各军队进城路口，加上广大的北京市民为保护学生、配合支持学生纠察队，进行了大规模自发奋起反对戒严，劝说军队不要进城戒严和进行围堵，同时积极争取北京知识界、政府改革开明派等各界支持解除戒严。这些拦阻行动使 20 日这一天的戒严部队推进十分缓慢，但我们指挥部还是得到消息已经有很多军车进入到西长安街的军事博物馆附近，我们已经得到确切信息和照片，众多戒严军队携带了枪支，还有装甲车、坦克车、导弹等重武器。在此期间，天安门广场临时指挥部通过传单和广播形式对外发布消息：解放军 38 军军长徐勤先抗命戒严军管北京的命令，反对武力镇压学生运动。

20 日晚上，北京市的工人和市民等各界民众自发地组织了三十万左右的游行队伍，来到天安门广场支援和保护学生们，还有外地陆续来京的学生声援团加入游行队伍。根据各方面传来的消息和我们掌握的情况，20 日晚上军队有很大的可能会强力进占天安门广场，天安门广场临时指挥部为此向广场上同学分发口罩、纱布等，并对如何预防军队施放催泪毒气做好应对等措施。

我们利用指挥部的学运之声广播站向广场上的学生和民众做好军队随时冲来、暴力驱赶的准备，不停的向在广场的抗议者和外界播发和传递军队进城和学生市民踊跃拦堵军队的信息，播发各界支持的消息和来信。这个学运之声广播站最初是清华大学学生自治会负责人之一的张铭，也是"北高联"常委，在 5 月 13 日绝食后于天安门广场主导组建了学运之声广播站，清华大学的"北高联"常委周锋锁担任了第一任学运之声广播站站长。张铭在天安门广场临时指挥部时期还负责过"北高联"和广场纠察队总指挥工作。我还清晰的记得当时天安门广场指挥部组织的大量学生纠察队中，负责维持指挥部秩序的最核心圈的纠察队就是清华大学学生自治会派出的。还有一个外地高校内蒙古学生组成的纠察队，是我在广场指挥部参与联系和调集过的，给我留下深刻印象，名号是"草原之鹰敢死队"，是当时那两天进行昼夜奋战，哪里有紧急堵截军队情况和需要，到北京四处路口传递情报，多次紧急派出"草原之鹰敢死队"成员，是表现非常突出和最拼命的纠察队伍之一。

21 日凌晨 4 点左右，天已渐亮，夜晚最危险的阶段挺过了，连胜德因连续作战极度困乏，需要休息，安排我接替他在天安门广场临时指挥部值班到早上 7 点。我安排两个秘书处的同学扶着连胜德去休息，留在现场的一些指挥部的同学，还有几位大学老师、知识界的人士。指挥部周围仍然环绕着三圈层的学生纠察队，值班这个期间虽然是下半夜了，仍然有学生从北京各地来指挥部报信和需要增派纠察队员进行增援，我们都给予安排人员调集纠察队伍，还有签发广场通行证。有多支纠察队向指挥部报告他们纠察队所在堵截路口与戒严部队沟通情况，在经过同学们对官兵宣讲学生是爱国的，北京没有发生动乱等宣传说服后，士兵们很多对学生与市民的真诚和精神所感动，还有些士兵与学生市民很直率的聊了起来，我们同学们才得知这些士兵很长时间不给听广播和看报纸，更无法看电视，他们不知道北京发生了甚么，也不知道是来北京镇压学生，士兵们是接到命令来北京参加军训的，并且很多官兵也表示军队是人民子弟兵，不会参与镇压学生，不会向人民开枪。

我按照郑旭光和连胜德处理方式审核学运之声广播站发表稿件及签字，与学运之声广播站站长周锋锁及广播站的同学进行了很好的配合。还有一些不断来天安门广场报告北京市内堵截部队进城和各种情况的，也有各界人士来访交流信息与沟通合作的。还有很多新来北京的外地高校学生请求分派任务，以及需要安排安置帐篷和食品的，我都安排秘书处成员和纠察队员带着他们对接物资处尽量解决。我记得有几个刚到北京的外地高校学生组织负责人，带着他们从外地募捐来的钱要求指挥部接收，我派人带着他们到纪念碑三层的财务部（北高联）找梁二部长进行接收。那些天在天安门广场临时指挥部和外高联指挥部，我接待过几十个来找学生指挥部捐款捐物资，有的是北京市民，有的是机关单位和企业，还有外地院校学生赴京声援团。因为外高联没有正式设立财务部，所以，我都安排同学领着他们去纪念碑的北高联财务部接收了。

当晚有一个中共中央顾问委员李昌身边的工作人员来广场指挥

部传递消息，这个人是哈工大毕业后分配到北京的，他前两天在天安门广场哈工大学生驻地听说到我是哈工大的学生在广场指挥部，这个晚上特意来广场找到我，说我们李昌老校长（1951 年起做过 11 年的哈尔滨工业大学校长，是一二九运动的主要领导者之一）对这场学生运动是支持和肯定的，是爱国学生运动，坚决反对军队进城和戒严。但是如果后续形势恶化危险，同学们要考虑先返回大学校园。这个校友学长还说他和哈工大等校友向老校长多次汇报过学生运动情况，老校长对哈工大学生的爱国行为和有你这样的学生领袖非常高兴和称赞，老校长坚定支持学生爱国运动，组织了部分中顾委委员签名支持学生运动，反对戒严。老校长还找了中央一些领导人去沟通说服不要发生武力镇压和流血事情，这是会失去民心的。在交谈过程中，我当时非常激动的说了些发自肺腑的致敬老校长的豪言壮语和感谢正义的支持，请这个校友转达老校长。还互相留了联系方式，本来计划有时间去拜访请教老校长的，可惜后来形势急转直下，那时我太忙太劳顿，还有就是共产党没有给机会就开枪镇压了。

早上 7 点多，连胜德仅休息了 3 个小时左右又返回坐镇指挥。这样的代理指挥值班在那几天有过两次，对我是极大的历练和成长，我想也是对我的考验，终身难忘。我记得当时来协调物资调配的孔宁对我说："戒严形势严峻，军队随时可能进入镇压，现在广场上抓捕 5 个人就会有你一个的"我对他说怕就不会来北京了，我可是东北来的学生，遗书早就写好了，战死不退！孔宁身着一身运动装，显得非常干练，一表人才，是当时外高联的主要成员之一，也是广场临时指挥部物资处成员。或许受了我和同学们的影响，他此后连续两天不休息的奋战在天安门广场，最后昏倒被送往医院救治。

从 21 日早上天亮开始，天安门广场人群逐渐增多，白天已经达到约一百万的学生和市民，很多市民都是听说戒严部队很快就要采取行动镇压在天安门广场的学生消息后来保护学生的。21 日早上 8 点左右，我到了"外高联"指挥部（中国历史博物馆前玻璃房），接替了离京返校的赵湖岗和田伟刚副总指挥的职务，上午 9 点左右，代表外高联整合众多外地高校学生纠察队，成立"外高联"纠察总队，并代表"外高联"任命了总队长和副总队长，并及时组建成立更多支纠察队，派往北京城各个交通要道进行阻拦戒严部队。现时的北京城内，南三环路、北边的学院路、东边的呼家楼、西边的公主坟等各大路口都有成千上万的学生和市民把守。利用各种公交车、大卡车堵截道路，利用各种道路围栏和障碍物设置路障，有很多市民还睡在道路地上以死阻挡军队前行，同时还要维持北京市社会秩序。这些天北京城的市民和各界积极捐款、捐物，支持慰问学生和堵截军队的市民，形成了广泛的自发援助行动和强有力的后方支援。

中午得到消息香港顺利的举行了历史上最大规模的各界百万人大游行，支持学生爱国民主运动，对我们大陆和北京的同学是极大的鼓舞。

21 日下午 3 点左右，北高联的王丹、吾尔开希来到天安门广场临时指挥部，通过学运之声广播站与在广场上的同学沟通、商讨学运如何进行。傍晚时分，北高联王丹在指挥部与我们见面互通情况，我们一致认为：一是要鼓舞士气，发动学生和市民堵截军队，组建更多纠察队。二要争取与政府高层对话，发动新闻和国际媒体形成压力。三是发挥学生组织，特别是"外高联"作用联系全国各高校、各界民众支持学运。会场上即刻由王丹通过学运之声广播站带领宣誓，天安门广场上全体学生、民众几十万人高举右手宣誓两次，誓死保卫广场，加入敢死队。誓言："头可断，血可流，自由民主不能丢。用我们的鲜血和生命，唤起共和国美好的明天"

天安门广场临时指挥部在戒严开始之后进行大量工作，包括接受党内外支持者的建议，采取了一系列行动。一方面指挥协调北京各地堵截戒严部队进程，一方面派人联络邓颖超和聂荣臻、徐向前元帅等中共元老表态呼吁军队不能强行进入北京城戒严，不能对学生和市民开枪镇压！还有在 21 日夜晚夜闯中南海，进行的外高联、天安门广场临时指挥部与中央军委和邓小平对话上书和致邓小平公开信事件。

21 日晚上 7 点多，天安门广场上 100 多所高校代表举行记者会，发表了《告全国人民书》，呼吁全国人大常委会派出代表与抗议学生直接对话，解决政府与人民严重对立的危机。也是在这一天，全国人大常委胡绩伟等再次发起召开全国人大常委会非常紧急会议，研究通过法制轨道正确解决中国当前危机的办法。加上此前五月十七日、十八日的厉以宁、江平等常委的紧急召开人大会议呼吁，已经有三十多位常委了。

21 日深夜，在天安门广场临时指挥部现场，连胜德坐在一个小马扎椅子上尽显疲惫但异常坚定，身后王军涛不时抱着支撑着他的身体，正在指挥安排静坐学生的秩序和纠察队堵军队、军车，各种汇报和接待重要人士来访，审查需要通过学运之声广播站播出的稿件等，持续着前两天一样的事情。就在这天的晚上，在广场临时指挥部，我第一次认识了王军涛，我当时以为他是北大的老师，之后有同学说了他是四五天安门民主运动时期的知名人物。因此，我们几个指挥部的同学与他都做过对运动形势、应对措施的交流。

记得也是 21 日深夜，在广场临时指挥部时，有几个科技大学的同学拿着两盒录音带给到连胜德。他们说：我们一些同学按照广场指挥部委派已经去找了聂荣臻和徐向前元帅的家，两位元帅的讲话都在录音磁带里面，聂荣臻和徐向前元帅明确讲了支持学生爱国运动，坚决反对军队戒严和进北京城，谁要胆敢向学生开枪就枪毙谁。连胜德听了非常激动，连声称赞这些同学任务成功，立了大功！

这些天来最让我们同学难以忘怀和感动世人人心的是：大规模的北京市民持续给天安门广场抗议学生，以及各大交通路口堵截军队的学生纠察队同学们送水送饭和捐款，以实际行动支持学生请愿、抗议活动。

在写下面这些文字前，请世人和读者原谅我不得不使用溢美之词、高大上的调子描绘那四天历史时刻真实场景和我们的真情实感。

从 19 日晚上已然进行戒严开始到截止 22 日，连续四天度过戒严最初的关键时间。在"外高联"和"北高联"义无反顾反戒严和共同紧密配合，在广场临时指挥部的组织指挥下，各高校学生自治组织和广大学生、北京市民奋不顾身的共同努力下，成功的将戒严部队堵截在天安门外和北京内城各大路口、郊外。粉碎了中共政府通告的 22 日凌晨 5 点前，军队一定会开进天安门广场和在北京完成实施戒严清场的进度和计划，以及学生必须退场的最后通牒（为什么 22 日凌晨 5 点前，是政府通牒清场时限？中共内部关键因素是总书记赵紫阳请病假三天于 21 日到期，22 日是赵紫阳请假结束上班第一天，邓小平、李鹏等顽固派极力想在赵紫阳请假结束上班前解决学生占领天安门广场问题和学潮问题。）。在这关键的几天中，学生、市民、工人和知识分子等各界人士表现出了空前的团结和无畏的献身精神。学生和市民、各界的英勇行为和反戒严的成功，为民主运动发展争取了宝贵时间和空间，极大的鼓舞了天安门广场上、北京市、全国各省份广大学生和各界支持者的士气，更是在世界范围产生了广泛支持中国民主运动的积极影响。在当时戒严初期极端恐怖的环境和气氛中，天安门广场临时指挥部的及时成立和临危不惧，发挥了中流砥柱作用，与"北高联""外高联"自治组织，以及原绝食团郭海峰等部分负责人等共同协作、统一行动，维护着北京的社会良好秩序，反击了中共政府指责学生运动是动乱的谎言。

22 日上午，戒严部队没能开进天安门广场，示威请愿声援人群很受鼓舞，广场人数更多了。已经有消息和迹象戒严部队停止向前推进了，22 日中午起北京城的形势已经缓和了。这四天，我们指挥部派出的各路纠察队不断的从四面八方派人来指挥部反馈堵截军队情况，和要求增派纠察队支援，接替和补充各个要道路口防线，对于前线众多纠察队的饮食、物资等必需品如何解决？我与指挥部几个主要成员明确表示和按照三个解决办法：1. 外地高校来京声援的学生组成的各个纠察队，如果有来京携带来的捐款和经费，可以作为纠察队活动经费；2. 各个纠察队在各个交通要道堵截地点，就地募捐和寻求饮食供给支持，争取社会和民众的支持；3. 不能以上方式解决的或者紧急情况的来天安门广场临时指挥部和外高联指挥部报告，进行紧急调派解决。这期间，也有很多北京市民志愿者来通报和商量堵截军队相关情况的。阻拦戒严部队活动一直持续到 23 日上午才告一段落。这关键的四天，"外高联"及时成立了纠察总队，同时，"外高联"与天安门广场临时指挥部共同紧急成立了几千支，甚至上万支纠察队，从十人左右，到上百人的学生纠察队员的纠察队。同时，"北高联"所属的北京六十多所院校在"北高联"及其各高校学生自治会组织下，"北高联"纠察队负责人张铭等同学统筹指挥，制定和实施了北京各高校在北京四周要道关口进行堵截行动。在勇敢无私的几百万走上街头的北京市民无私无畏、勇敢的支持下，共同进行了人类世界历史上反戒严军管的光辉壮举和奇迹。

这期间，在 21 日夜晚发生的"外高联"、天安门广场临时指挥部与中央军委并邓小平对话上书和致邓小平公开信事件，对阻止军队进城和进一步向北京核心天安门区域推进，也起到了另一方面关键性的作用，这个环节将在下一节进行单独介绍。那么接下来的第四节、第五节和第六节也都是这关键的四天时间里发生的大事件，为突出相关主题，将分别单独专节呈现。

我们再看看在戒严最初的四天里，以及之后戒严过程中，中共戒严军管的部署和兵力情况。六四镇压之后，中共出版了戒严期间部队情况的《戒严一日》书籍，书中暴露了当年戒严部队的部署和戒严任务执行情况，中央军委从北京、沈阳、济南、广州、南京五大军区调兵进京参加戒严任务。对于参加戒严的部队及其数量，我参阅了对八九民运及其中共戒严军队方面颇具专业高水准研究专家吴仁华的专著。我对照吴仁华著的《六四事件中的戒严部队》进行了研究和摘录，其中，北京军区所属的陆军第 24 集团军、第 27 集团军、第 28 集团军、第 38 集团军、第 63 集团军、第 65 集团军和炮兵第 14 师，沈阳军区的陆军第 39 集团军、第 40 集团军、第 64 集团军，济南军区的陆军第 20 集团军、第 26 集团军、第 54 集团军、第 67 集团军，南京军区的陆军第 12 集团军，广州军区空军 15 军，以及北京卫戍区警卫第一师和第 3 师、天津警备区的坦克第 1 师、武警部队北京市总队，从四面八方杀气腾腾扑向北京。中共总共调动了十四个集团军的正规武装兵力，中共军队的集团军建制通常下辖三个步兵师，一个坦克师，一个炮兵旅，一个高射炮旅，一个工兵团，一个通信团，一个侦察营，以及各类保障部队。综合各方历史资料，参加戒严的军队总计为 20 万到 30 万兵力。

第四节　"外高联"公章印鉴
和天安门广场临时指挥部公章印鉴

20 日夜晚，有消息传到广场指挥部说今晚军队就会强行进入广场军管，广场上人山人海，群情激愤。就是在这个晚上，关于组织规则非常重要的大事，广场临时指挥部做出了刻制指挥部公章的决定。事情经过是这样的，当晚在广场临时指挥部，连胜德和王醒等几个核心同学商议研究组织工作和安排应对行动会议时，通过了王醒和连胜德提出刻制学运组织印鉴的提议，之后我还向总指挥郑旭光汇报刻制指挥部印鉴事项，郑旭光支持广场指挥部印鉴名称定为《祖国万岁》，并说因为"北高联"曾经使用过北师大学生自治会【祖国万岁】章代表"北高联"公章发布过游行通知。我们商议和决定刻制印鉴就明确提出这是学生组织运作的重大事件，就是为了加强和统一对内对外的学运统筹和管理，广场指挥部和"外高联"都可以使用。当时商议确定的是刻制一枚【祖国万岁】印鉴是天安门广场临时指挥部使用，另一枚刻制【人民万岁】印鉴是根据连胜德的意见，是"外高联"使用。我们研究决定以后不管组织机构及人员如何变动，一些重要决定和工作安排以加盖印鉴为准。《祖国万岁》和《人民万岁》两个印鉴刻制的事情由王醒负责，印鉴刻制完成后，明确印鉴由秘书长王醒负责保管及作为印鉴使用联合签批人，天安门广场临时指挥部《祖国万岁》印鉴另外两个使用签批人是郑旭光和连胜德。"外高联"《人民万岁》印鉴使用签批人是连胜德和王醒。

　　说起刻制印鉴的起因，还是因为此前有一次我从广场指挥部到"外高联"执行调集纠察队后返回广场指挥部的途中，被广场临时指挥部外围的纠察队拦住，要求出示通行证才可以进入。我向这两个纠察队员说明我是指挥部成员，是外出安排事情返回的，当时着急也没有拿总指挥郑旭光和副总指挥连胜德联名签署的通行证，希望先放我进去，等我再出来时给你们补上出示通行证。这两个纠察队员看我说的挺很真诚，也挺像那么回事的，就通融的放我进入了。后续因为各种事情忙碌，也没有去找他们补上通行证之事，这些年来我有时想起此事内心总是升起歉意，就在这个回忆录书稿的机会，我在此向你们纠察队和两位队员表示真诚歉意。就是因为这个起因，我思考如何统一规范广场指挥部和外高联通行和广场秩序，以及加强组织对内对外运作管理，就向连胜德提出了这个问题和建议，并得到指挥部迅速研究和通过，做出了刻制印鉴的安排。

　　21 日早上 7 点左右，王醒安排秘书处和组织部的两名同学去刻制印章，我给了他们 200 元经费，要求今天尽快刻制，等着使用呢。快到中午的时候，这两名同学就将刻制的【祖国万岁】【人民万岁】两枚印鉴带回广场交给了我，还有剩余的几十元钱也退还回给我。这两枚印鉴初期在秘书处和我这里保管使用。从 21 日中午的时候开始，到 23 日，在天安门广场临时指挥部使用了【祖国万岁】印鉴。23 日下午，我去北大、清华等学校联络召开"外高联"和"北高联"联席会议了，后面接着就是柴玲等临时接替天安门广场临时指挥部职责工作 48 小时。24 日成立的保卫天安门广场指挥部接续相关工作，"外高联"因支持"北高联"返回天安门广场临时指挥部继续共同指挥未果，以及坚持广场指挥部必须仍然是"北高联"和"外高联"派出机构，而退出了保卫天安门广场指挥部，因此，这个天安门广场指挥部的【祖国万岁】印鉴在 5 月 24 日之后就没再使用；

　　"外高联"的【人民万岁】印鉴自 5 月 21 日中午，到 6 月 8 日一直在使用。5 月 25 日到 31 日之间，其中的【人民万岁】印鉴我安排在外高联组织部进行保管。6 月 1 日中午因需要在"外高联"《胜利撤出天安门广场宣言》上盖章，我从"外高联"组织部拿来盖印后，【人民万岁】印鉴就一直在我处保管，直到 6 月 9 日被抓捕后这个【人民万岁】印鉴和【祖国万岁】印鉴都在公安局被没收了。

第五节　接任两副总指挥职责，组建外高联纠察总队

21 日早上，我因为刻制"印鉴"事项从天安门广场临时指挥部来到"外高联"指挥部，我安排完刻制印鉴后，在中国历史博物馆前玻璃房的"外高联"指挥部，召开"外高联"现场负责人会议（参会四人，另一名是副总指挥蒋宏雷），副总指挥赵湖岗、田伟刚两人提出因马上返回学校，会议决定王醒接替两人的副总指挥职务，并进行了交接。我当时对他们两位同学的离开内心是有波动的，难道戒严了是怕死吗？抑或受到学校压力？还是他们说的回校开展进行地方学运？但是容不得我多想，我很干脆并表现的坦然以对的进行了交接，这是那种学生领袖的范儿坚决要维护的需要和执着。

21 日上午 9 点钟左右，为了天安门广场临时指挥部和"外高联"更快速和更有效的堵截戒严军队进城和维持秩序，王醒代表外高联指挥部整合 19 日和 20 日成立的几百支外地高校学生纠察队，成立外高联纠察总队，王醒代表外高联任命河北大学学生纠察队负责人李利明（名字有些模糊）同学和长春师范学院学生自治会及声援团负责人赵昕同学为纠察总队的总队长和副总队长。在"外高联"指挥部前的广场和草坪上，几千名纠察队员列队，会场周围还站满了层层众多学生和民众，王醒代表"外高联"宣告"外高联"纠察总队成立，目的就是为了学生运动和应对政府戒严军管，以及维护好学运秩序，我们"外高联"决定统一组织外地赴京高校学生纠察队伍。王醒宣布了总队长和副总队长任命决定，还讲了原则上按照外地赴京各高校分别组建纠察大队、中队、小队，以及不分学校的联合纠察队。"外高联"纠察总队成立大会不到十分钟就结束了，纠察队即刻开赴北京

城各交通要道和军队出现的地点围堵和劝解军队不要进城，不要镇压学生爱国运动。

会后，我还从经费中给了纠察总队负责人六百元钱，用于购置指挥喇叭、旗帜等装备。

21 日中午，我主要在广场临时指挥部签发通行证，调集纠察队，还有配合连胜德的事情。因为从北京四面八方来指挥部汇报情况的，要求增加纠察队员的太多了。我下午和晚上 8 点多两次赶到中国历史博物馆前的"外高联"指挥部，召集外高联纠察总队负责人李利明和赵昕等同学开会，在目前已经组建的上千支纠察队基础上，要求加快组建外地来京各高校学生的纠察队，以及联合纠察大队、中队、小队，派到北京各交通要道执行危急任务。最后，决定"外高联"安排各赴京声援高校学生再陆续组建 3000 到 5000 支纠察小分队，每队 10—50 人，以及各大队和校支队的纠察队组织，支持和同意赵昕提出组建学生"义勇军"的想法。我同时安排"外高联"纠察总队和外联部每天安排很多同学到北京各大火车站、公路汽车站执行两项任务：一是向离京返校的同学派发"外高联"和"天安门广场临时指挥部"印制的学运传单，通过这些同学向全国各地及高校学生自治组织传递学生运动信息和行动通知，加强学生运动的全国协同效应。二是安排迎接来京声援的外地高校学生，就地整合和组成学生大量纠察队，有些学生组成纠察队后先接到天安门广场休整一下，之后再派出执行阻拦戒严军队任务（此项任务主要直接执行负责人：5 月 21 日至 24 日是副总指挥蒋宏雷和纠察总队总队长李利明、赵昕。5 月 25 日至 5 月 31 日是赵昕和外联部秘书长赵常青，纠察总队分队长李斌。王醒为总负责人，整体情况和重大事项向连胜德和王醒汇报。）。组建的所有各学生纠察队按照"外高联"和天安门广场临时指挥部的统一指挥进行调配，向北京市范围内继续加强力量和替补，紧急加强北京周边和主要路口的纠察队力量，并且明确同学们吃的问题和物资问题就地募捐解决。21 日上午起，一直到 22 日清晨，在堵截军队进城，反戒严，应对中共政府要求学生必须在 22 日凌晨 5 点前退场通牒的斗争中，外高联纠察总队及这些紧急成立的大批纠察小分队发挥了积极的、关键作用，为八九学运、民运挺起英勇气概，做出了巨大牺牲，居功至伟。

三天后，大约是 24 日，纠察总队总队长李利明因本学院赴京声援团负责人轮换返回河北的高校，找我汇报纠察总队工作如何安排？我表示你轮换回学校也是要开展校园民主运动的，把北京学运的精神和情况带回去，广泛联系发动学生、工人各界支持学运。我随后让李利明把副总队长赵昕找了过来，我安排李利明把负责的工作交接给赵昕，并宣布赵昕接任"外高联"纠察总队总队长。

第六节　外高联和天安门广场临时指挥部
夜闯中南海，红墙对话上书中共中央军委和邓小平

21 日晚上，北京戒严部队指挥部发出"告市民书"，要求学生和市民尽快撤离天安门广场，警告其将采取强制措施。同时，盛传消息称李鹏政府方面已经下达最后通牒，限定示威学生和市民在 22 日凌晨 5 点前解散，否则戒严部队将采取行动。面对戒严令和政府最后通牒，学生和市民无所畏惧，坚持在天安门广场静坐示威抗争。天安门广场临时指挥部和"北高联""外高联"在学生和市民中进行了广泛动员，派出大量学生纠察队与广大的北京市民（其中，大量的市民是自发走上街头支持学生，反对戒严）一起设置路障，堵军车和劝阻戒严官兵停止向前推进和镇压，形成了一定阻隔军队进城和推进作用。在此 21 日傍晚，一些在广场参与救援学生的医务人员带来中国红十字会蓝秘书长一行人，希望见学生组织负责人，当时在指挥部的主要负责人连胜德出面进行了接待和对话交流。中国红十字会负责人主要的建议是，如果部队进城和天安门广场进行镇压非常严重的大规模人道灾难，届时学生将会受到大规模流血牺牲代价，整个北京医疗系统无法承担这样的医务救护工作。根据过往唐山大地震时通

信中断，地震情况无法传递到中央，派人闯关进中南海的历史经验，必须尽快与中央主要负责人，特别是中央军委主席邓小平联络上和对话解决，能让部队停止向前推进，停止在明天早上的镇压清场，否则后果不堪设想。连胜德对此进行了很好的交流，经过商谈，决定在策略上必须采取主动和讲究斗争方法，立即由中国红十字会陪同，并安排乘坐救护车前往中南海西门，争取与中央军委及邓小平对话。大约是在 21 日上半夜，好像天色已黑吧，连胜德让同学找我过来说让我替他在广场指挥部值班等他回来，他要和红十字会负责人一起去中南海紧急找中央军委和邓小平争取对话，停止军队推进进入天安门广场，取消戒严。

下面是我与连胜德多年以后见面时，就此事的谈话内容，摘录如下：

连胜德："中国红十字会负责人来到天安门广场临时指挥部，我与他们做了交流，他们说可以借鉴当年唐山大地震后通讯中断，唐山方面派出的报信的汽车冲入中南海西门，避开层层上报的官僚架构，直接将唐山地震真实、紧急情况联系汇报到中央最高层，从而实施了快速救援行动。中国红十字会建议天安门广场临时指挥部派出代表，由红十字会愿意派出救护车协助送学生代表闯中南海西门，直接对话中共领导人邓小平，争取避免即将来临的大流血。"

连胜德："于是，我就和指挥部秘书处的吴同学等几个成员乘坐中国红十字会的救护车赴闯中南海西门。中国红十字会的秘书长一行人与我们一起乘坐红十字会的救护车在中南海西门被警卫拦下，经与中南海西门的相关管理负责人交涉后，对方反复将我方的要求对话邓小平的来意向上级报告，最后这个西门负责人说刚才传来上面指示，告知我们学生组织方面可以将对话和要求内容写成信件向上报告进行解决。在中南海西门，我现场口述对话内容和紧急上书内容，随来同学记录，代表天安门广场临时指挥部（指挥中心）和外高联、北高联给中央军委和邓小平的紧急请求信。这封信的大意是，现在天安门广场参加集会的有 100 多万人，北京学生和外地赴京声援的几十万大学生，以及北京广大市民各界和全国各地民众都非常支持学生运动，反对戒严令。我们不会因为戒严而退缩的，希望中央和您明白这不是动乱，而是爱国运动。我们真切的请求邓小平以中央军委主席的身份下令取消戒严令或至少要做到所有参与戒严的军队立即停止推进，避免中国陷入可能的大规模流血和人道灾难，导致国家严重内乱。"

"上述信件递进去之后，大约等待了三十分钟，从中南海西门出来几个工作人员，告知我们的要求和呼吁已经上报转到收信人手上，让我们放心。"

"我们就乘坐救护车从中南海西门返回到天安门广场临时指挥部，马上我就安排将上书邓小平的这封信向在指挥部的王醒、周锋锁、郭海峰等一些同学征求意见并进行完善，以公开信的方式，通过'学运之声'广播站进行了及时播出，之后对媒体和外界做了发布。"

我在写这本纪实回忆录时，在美国的图书馆找到了我们八九当年撰写和公开发布的"致中共中央军委邓小平主席公开信"全文，此文在吴牟人等著的《八九中国民运纪实》一书中的5月22日大事记里也有全文记载。原文内容如下：

致中共中央军委邓小平主席公开信

小平，您好！

当前，在大学生的号召下，北京和全国各地爆发盛大空前的要求民主和反对腐败的爱国群众运动。一些中央领导人不顺应民心，不从自己身上找问题，而是将这一爱国运动视为动乱；并已调动军队进驻北京。可是戒严令发布已有一天多了；北京仍然示威游行不断，部队也根本开不进城里，全部被正直的人们劝阻在城外，中央的命令受到这样大的阻力，也还是以前所没有过的。您是聪明人，不会不明白当前的形势，民心所向是非常明显了。虽然在游行中某些人喊出了不利于您的口号，可是我们相信对大多数人来讲通常只不过是些气话，对于您曾对我们国家做出的卓越贡献，这里暂不赘述，可是您的功绩人民是不会忘记的，对于国内外所公认的中国头号实力政治家，大家是在埋怨到目前为止，您仍没有能够对这次爱国的民主运动做出您敏锐的头脑所应该做出的明智判断。我们承认现在北京出现了一定程度的混乱。我们也极其希望能够尽快结束混乱。我们更不愿意与人民的军队发生冲突从而引起真正的动乱。可是要求民主，反对腐败是广大人民的强烈要求。已经行动起来的广大人民是不会向对这次爱国运动进行错误定性的，不得民心的现政府妥协的。这样，现政府与人民群众的对立就将继续下去，混乱也不会结束，恢复安定的局面也将成遥远的事情。

鉴于此种情况，我们觉得为了和平地完成这次民主运动，在我们这个还没有完全实现真正民主的国家里，历史的重任（也可以说是一个机会）又落在了您的身上，我们恳请您利用您在党、政、军各界的威信及强力的影响能力，迫使某些深不得民心的领导人下台，重新建立起一个廉洁奉公顺应民心的、真正全心全意地为人民服务的政府，这次民主运动可以说是中国的一个转折点，我们相信您会把握住来之不易的全民性的民主运动的实质，做出正确的判断，采取正确的、顺应民心的措施的。如何留下这段历史与您有极其密切的关系。我们殷切地希望在您的参与下能够在非暴力的情况下将中国的民主化进程向前推进一大步，在您的晚年能够再次为中华民族做一件大好事，使中国早日成为真正民主、自由、富强的国家。冲突迫在眉睫，恳请小平同志尽快做出决定。

签名：天安门广场指挥中心、外地赴京高校指挥中心、北京市高联，恢复健康绝食领导人。

这个夜闯中南海上书邓小平行动和公开信，让天下人都看看，我们当年八九民运的学生、组织者，当时应该做的说的写的、能做的，我们都尽力做了！大家应该看到了学生组织者是有理性与策略、合作与争取、民族与大义、纯情与善意、责任与担当、无私与无畏！可是，可是对方中共极端统治者都做了什么？怎么做的啊？出动几十万正规军队，枪炮、坦克、飞机，对在北京的学生和市民，对各地的爱国运动参加者进行了无情残酷、毫无人性的大屠杀！六四大屠杀——人神共愤啊！

有三点需要说明：1. 因为夜闯中南海上书邓小平和发表公开信是外高联和天安门广场临时指挥部（既天安门广场指挥中心）主要负责人连胜德发起和主导的，因此，在上书邓小平的信中和公开信上，落款签名的顺序是：天安门广场指挥中心、外地赴京高校指挥中心、北京市高联，恢复健康绝食领导人。2. 在 21 日晚上书对话中央军委和邓小平事件及后续我们学生组织发布的这份《致邓小平公开信》，引起了中共高层和邓小平的注意，这从战略和策略上我们学生组织是做对了，并起到了延缓戒严部队进军北京城内目标，特别是天安门广场的军管进程。3. 因为这次中国红十字会建议和陪同我们抗议学生组织到中南海上书邓小平的，并配合我们学生组织负责人在中南海西门与政府管理人员沟通协调多次，达成了以书面提交对话要求的方式解决，这样后续中国红十字会承接了中共高层、邓小平方面安排的联系对话学生组织任务工作，建立了一个对话沟通渠道。后面章节将详细介绍中国红十字会与我们相关对话进展和内容。

第七节　成功阻截军队戒严推进，
争得赵紫阳最后抗衡机会

自 5 月 19 日晚上召开中共中央和北京市党政军干部大会亮明"坚决制止动乱"压制学运和进行军管的底牌，中共宣布 20 日上午 10 时起开始在北京市进行戒严，到赵紫阳请假三天后再上班的 5 月 22 日上午。这期间，面对扑向首都北京的中共的二十多万戒严军队，我们学生、民众成功的将其阻截，粉碎了中共政府通告的 22 日凌晨 5 点前，军队一定要开进天安门广场和在北京完成实施戒严清场的进度和计划，以及学生必须退场的最后通牒。这为本场学生运动赢得时间和博弈机会，也为以赵紫阳所代表的"坚持在民主与法制的轨道上解决"的改革开明派争得了时间和制衡、扭转政局的机会。

为什么 5 月 22 日凌晨 5 点前是政府通牒清场时限？中共内部关键因素是总书记赵紫阳请病假三天于 22 日到期，22 日是赵紫阳请假结束上班第一天，邓小平、李鹏等顽固派极力想在赵紫阳请假结束上班前解决学生占领天安门广场问题和学潮问题。

在 5 月 22 日这个关键时间节点上，赵紫阳是否还有机会挽回局面，改变历史呢？为表述清楚，我们简要回顾和了解一些前因后果。

自 4 月 15 日，因纪念胡耀邦逝世，而引发大规模学生运动初期，运动的主要学生自治组织并没有明确站队中共党内政治争斗，还是相对独立的开展学生运动的。随着中国时局的变化和学生运动的发展，当时的我们先后看到和感受到中共当局高层人物对学生运动的态度和应对立场。与邓小平、李鹏等炮制"四·二六社论"军管戒严等方式持续打压学生运动不同，中共总书记赵紫阳先后在公开场合的对学运的说辞和做法，让我们广大学生和民众，特别是学生组织对其有了新的认识，对以赵紫阳为首的中共开明派的期待和支持是我们现实的选择，也是学生运动成败的关键。

我们所感受到的赵紫阳关于学生运动的言与行：

1. 中共通过《人民日报》定调和打压学生运动时"动乱"的"四·二六"社论出台后的几天内，我们学生当时对中共内部如何处理和决策学运问题并不清楚，更不了解中共高层内部哪些人是主导决策这个"动乱"社论的，几乎是把中共当成一个整体来看待和认识的。在此之后的十来天时间，随着学运发展和中国政局的变化，很多同学已经感觉和认识到："四·二六社论"出台前后，赵紫阳正值出访朝鲜进行国事访问。赵紫阳应该不是这个"四·二六社论"的"主谋"，且还是主张与学生等各界进行对话协商和缓和局势的。

2. 1989 年 5 月 3 日，赵紫阳在纪念五四运动七十周年大会上的讲话，当天在媒体全文发表。其讲话中没有提及日前人民日报发表的

"四·二六社论"及对本次学运是"动乱"的定性语言。其强调了中国不要和不应该发生动乱，从而影响中国的改革开放进程等。

3. 1989年5月4日，赵紫阳在会见来北京出席亚洲开发银行理事会二十二届年会的高层代表时的讲话中，谈到在如何认识当前的学生游行和学生运动时说："现在北京和其他一些城市一部分学生的游行仍在继续。但是，我深信，事态将会逐渐平息，中国不会出现大的动乱。我对此具有充分的信心。"。对于如何处理学生游行（学生运动）事件，赵紫阳强调："应该在民主与法制的轨道上来解决，在理性和秩序的气氛中解决。现在需要广泛的进行协商对话，同学生对话，同工人对话，同知识分子对话，同民主党派和各界人士对话。交换意见，增进理解，共同探讨解决大家共同关心的问题。等等"

4. 1989年5月16日北京，"中新社电"赵紫阳会见苏联共产党中央总书记戈尔巴乔夫称："戈尔巴乔夫同邓小平上午的会见是戈尔巴乔夫本次访华的高潮。中共十三届一中全会郑重作出决定：在最重要的问题上，仍然需要邓小平同志掌舵。十三大以来，我们在处理最重大问题时，总是向邓小平通报，向他请教；邓小平同志也总是全力支持我们的工作，支持我们集体作出的决策。"

赵紫阳还对戈尔巴乔夫说："有人问，一党领导会不会影响民主？能不能对党和国家机关内部的消极的、不健康的、以至某些腐败现象进行有效监督？我认为，这绝不是不可能解决的问题。关键是两条：一是党要认真坚持党章所规定的"党必须在宪法和法律范围内活动"的原则，一条是积极制定并严格实施各种有关实体法和程序法。有了这两条，我相信，我国公民就可以在一党领导的条件下享有真正的切实的民主和自由。"

通过上述赵紫阳谈话内容可以判断：此时赵紫阳无论是对解决学生运动事件，还是党内组织决策活动，都是希望在民主与法制的轨道上来解决。

5. 1989年5月19日凌晨4点多，赵紫阳来到天安门广场看望绝食学生并讲话。

赵紫阳声音哽咽的说："我们来的太晚了，对不起同学们，你们可以批评我们，这是应该的……<u>你们提出的实质问题，我觉得，终究可以解决的，终究我们可以取得一致的看法。但是什么事情情况总是很复杂的，需要一个过程。</u>……你们还年轻，来日方长……不像我们，我们老了，无所谓。"

赵紫阳最后说：<u>"你们所提出的问题，我们可以继续讨论。虽然慢了一些，事实上问题还在逐步解决。</u>……希望绝食学生早日结束绝食。"

通过上述赵紫阳在天安门广场看望绝食学生时的谈话内容可以判断：此时的赵紫阳仍是坚持在民主与法制的轨道上来逐步解决学生运动事件，并没有放弃。

6. 1989 年 5 月 19 日晚上（22 点）中共中央、国务院召开中央和北京市党政军干部大会，号召和要求紧急动员起来，坚决制止在首都已经发生的动乱。大会由中共中央政治局常委乔石主持，中共中央政治局常委、政府总理李鹏代表中共中央政治局常委会在大会上讲话。国家主席、中央军委副主席杨尚昆也讲话称支持拥护李鹏的讲话。

本次大会，赵紫阳缺席没有参加。由此也隐约感觉赵紫阳仍在试图做消极对抗邓小平、李鹏等实行调集军队进行戒严的措施。

上述是我们作为学生组织通过媒体公开信息渠道和现场所能看见的和感受的，在 5 月 19 日晚上赵紫阳缺席那个中共中央和北京市党政军干部大会起，我们学生组织，特别是"外高联"和"天安门广场临时指挥部"是认识到了赵紫阳对学生运动的价值，当时我们是寄希望于赵紫阳的。我们在这里暂且不论中共高层内部分歧、政争和对学生运动的影响，也无法在当时了解在本次学运民运期间关于中共的"四·二六"社论动乱定性、在北京市实施戒严军管决策和博弈过程中，赵紫阳派系都有哪些作为或者机会可以控制局面和掌握住权力，来实施"在民主与法制的轨道上解决问题"的可能。让我们回到本节主题，我们就研讨在 5 月 22 日赵紫阳请假结束上班第一天，赵紫阳是有一个最后机会拼一把、搏一次的。这是结合赵紫阳自 4 月 15 日以来的上述言行基础上，我认为最后可以争取的机会和关键的行动时间窗口，是 5 月 22 日赵紫阳请假结束后上班的时间节点，以及可以力挽狂澜有所作为的最后机会。

赵紫阳在 5 月 21 日，推动人大常委会议解决学运事件努力等。21 日计划召开政治局会议或者扩大会议，但没有推进和行动，错失良机。

在 5 月 22 日这个关键时间节点上，赵紫阳对当时扭转局势的内心想法、动机和行动方面，来探究赵紫阳是否有意识到 5 月 22 日这个时间节点采取组织行动是最后的机会？我根据赵紫阳：《改革历程》（录音回忆录）及其赵紫阳的 30 条"罪状"中披露的相关内容，可以看到印证这个结论的部分信息。

《改革历程》中披露，1989 年 5 月 17 日下午，当中央政治局常委会议定调军队进北京实施戒严后，赵紫阳立即签发辞职信，被国家主席、中央军委常务副主席杨尚昆劝阻后，赵紫阳在第二天（18 日）收回了辞职信，但赵紫阳仍然写信给邓小平，继续要求改变"四·二六社论"对学生运动的定性。

5 月 19 日晚，中共中央和国务院召开首都党政机关干部大会，宣布中央关于采取果断措施坚决制止动乱的决策。赵紫阳缺席这个大会，"请病假三天"，但仍未放弃扭转局势的努力。

我们在这里列出《改革历程》所书的赵紫阳 30 条"罪状"中 25、26、27 三条：

（25）5 月 19 日，人大常委党组向中央政治局常委写报告请示，鉴于目前的严重局面，建议万里同志中止国外访问，立即回国。5 月 21 日，胡启立问赵紫阳同志，对人大常委党组的报告如何答复。当时赵已请假休息，他不同主持中央工作并分管外事工作的李鹏同志商量，就个人同意发电报，要万里同志提前回国。

（26）5 月 21 日上午，赵紫阳对阎明复同志说，学潮这样拖下去，旷日持久，结果难以预料，只有召开人大常委会来缓解。

（27）5月21日，赵紫阳还对他的秘书李勇同志说，我想还是应该开一次政治局会议，并要鲍彤为他起草一个讲话稿。

依照上述内容判断：赵紫阳此阶段采取的措施，一是支持批准万里委员长终止访问，尽快回国召开全国人大常委会会议，或许理论上可以来解除戒严或者免除政府总理李鹏职务，或者给学生运动"摘帽"动乱之名，以达到缓解局势，再次掌握政局。但是，全国人大常委会毕竟不在赵紫阳的直接控制之下，事实上几天后5月27日万里回国被控制"滞留"上海，万里委员长公开发表了完全同意和支持李鹏政府在北京市的戒严。寄希望以全国人大常委会来公开对抗邓李杨控制的中共中央军委和国务院，此举应该去努力尝试，但是可以判断这只是"牵制"力量，很难达成目的，应该只是次选。那么首选和应该紧急做的关键行动是，赵紫阳作为中共中央总书记有权力和名正言顺的召集和主持召开中共中央政治局会议或者政治局扩大会议，中共中央政治局是中共中央的决策机构，其成员是涵盖了中共党政军头面人物，其决策决议效力是在中共中央政治局常委、中共中央军委和国务院之上的。赵紫阳及党内开明派可以全力以赴在这个政治局会议上作出正式决议。决议内容当然是终止戒严或者撤销解除戒严，或者纠正"四·二六社论"对学运的"动乱"错误定性，承认学生运动是爱国运动，或者免除、调整李鹏的政治局常委、政府总理职务（全国人大常委会履行程序），开展与学运组织的公正对话解决学运事件。这三项只要能够做成一个，中共与中国历史就会改写了，八九民运和赵紫阳的命运都将朝着胜利的方向前行。

从学生运动方面来考察这个5月22日关键时间节点，此时的学生运动的组织是"北高联""外高联"和双方共同成立的"天安门广场临时指挥部"在完全主导，此时这些学生组织的学运指导思想（只要给我们学生运动一个"台阶"，就撤出天安门广场，我们学生组织也急于要和找到这个"台阶"）是有高度共识和一致的，行动是高度统一的。特别是中共宣布在北京市戒严后，我们这些学生分组决定坚持请愿、抗议，坚守天安门广场，绝不能中共一经宣布戒严，我们学生运动马上就撤出天安门广场是不明智的，此时撤出从战略、战术上都不对啊！此时的学生运动还有一个特别的情况是，原绝食团指挥部已经解散，其负责人成员柴玲、李录等人都在前几日离开天安门广场和北京，到外地躲避了。

5月19日至22日学运期间，根据公开信息和一些活跃人士向我们学生组织传递的信息，让我们对中共高层内部有一定的了解和认识，特别是5月19日晚上之后，有信息传来赵紫阳因不同意戒严军管被免职，也有消息说赵紫阳因病请假三天，坚决不参加中共召开的戒严大会的。连胜德在5月20日下午对我们指挥部几个成员说，综合各方面消息，同学们要在广场上至少坚守三天，等待转机。要我做好组织工作和组织纠察队阻截军队。

通过以上情况，我们可以看出，在5月22日时点，我们学生民众成功的阻截了军队戒严，有了这个基础和争取了时间。从学生运动及组织方面正是学生组织之间合作与可以协调、统一行动时期。从赵紫阳方面正是请假上班后，在军队被阻截未能成功控制北京市，赵可以博弈一次，扭转政局。5月22日正好有一个可以缓解局势的契机。如果赵紫阳在八九民运抓住5月22日这个机会召开政治局会议掌控局面，那么赵紫阳将会有可能和有机会扭转中国政局和理性解决学生运动，让中国的政治改革和民主化向前迈进。非常可惜的是赵紫阳在召开中共中央政治局会议事情上只是有想法、有动议，但是没有采取行动实施这个计划，错失了我们共同创造出来的这次扭转局势的良机。

对于5月22日这个最后机会的期待，赵紫阳本人是有这个思想基础和理念的，从当年赵紫阳始终坚持在民主与法制轨道上解决学生运动事件，不赞成使用军队进行戒严和镇压学生运动，事实上这也是赵紫阳的实际行动体现。从赵紫阳在八九六四后的《改革历程》书籍中，从赵紫阳与宗凤鸣、姚监复等人的谈话及相关著述中，以及赵紫阳对八九六四事件，对中国发展道路的思考、思想和谈话中也可以找到答案。

注：相关背景情况简要

赵紫阳于 2005 年 1 月 17 日去世前，姚监复曾两次亲往赵紫阳家探望访谈赵紫阳，具体时间是 2004 年 3 月和 5 月，与宗凤鸣一起。姚监复是中国公共知识分子，曾任国务院农村发展研究中心、中共中央农村政策研究室研究员。1957 年毕业于哈尔滨工业大学，本科，机械工艺系铸造工艺及设备专业。宗凤鸣是赵紫阳的同乡、战友。上世纪 50 年代任北京工业学院党委书记。八十年代初任北京航空学院党委副书记。之后兼任中国经济体制改革研究会的研究员。宗凤鸣于 1991 年 7 月至 2004 年 10 月，以气功师的身份，多次前往北京富强胡同探望赵紫阳。后他将赵的谈话整理成书撰写的《赵紫阳软禁中的谈话》书籍于 2007 年 1 月由香港开放出版社出版）。

赵紫阳《改革历程》回忆录，是赵紫阳被软禁 16 年期间（2000 年到 2002 年期间秘密录制的 30 个小时的录音。八九六四事件 20 周年前后，2009 年 9 年 5 月，鲍彤的儿子鲍朴根据该录音整理出版了中文版书名《改革历程》，英文版书名《国家的囚徒：赵紫阳的秘密日记》。台湾当时也出版了这个录音整理版本，书名《国家的囚徒：赵紫阳的秘密录音》。

赵紫阳秘密录音中亲口讲到："一个国家要实行现代化，不仅是要实行市场经济，发展现代文明，还必须实现议会民主政治的这种政治制度，不然的话，这个国家就不可能使它的市场经济成为一种健康的现代的市场经济。也不可能真正的现代的法制，不可能是一个现代的法制社会。"

赵紫阳在《改革历程》说到了，也跟杜导正的谈话里面有这样一段话："如果我们不支持反对党，共产党不支持一个反对党，中国要乱的时候啊，人家不相信共产党时候，应该有个反对党起来，我们不行它起来，中国呢就不至于大乱"。赵紫阳在他生命的最后时期，他已经有了这样的看法，他已经跳出原来说的"四个坚持"坚持共产党领导，而是站到民族，全民族，全国这个角度，该怎么干就怎么干。不是共产党万岁，永远是共产党领导，不是用暴力，用强力维稳，而是用民主，如果我不行，别人来。赵紫阳的讲话里面也有能不能先在党内派别活动合法化、公开化这个意思。

第八节 天安门广场临时指挥部"48 小时"之变，"外高联"支持北高联按时返回天安门广场指挥部的共同努力

22 日凌晨 5 点后，戒严军队没能按照中共预定计划和设定凌晨 5 点时间前进行天安门广场清场和军队进场，并且军队已经暂停向前推进。为此，22 日上午，广大学生和市民都缓了一口气，我们指挥部的同学们尤为高兴、兴奋，感慨这来之不易的缓解局面。

22 日上午开始，这一天新增很多学生和市民涌向天安门广场进行声援、静坐示威。下午 2 点左右，北京知识界举行大游行，游行队伍从东长安街和西长安街两个方向分别向天安门广场行进。东长安街方向有中央党校、新华社、科技日报、中国青年杂志社、中国妇女杂志社、中央人民广播电台和国际广播电台的编辑、记者等组成。西长安街方向游行队伍有中国作家协会、人民日报、中国文化报、中国社科院的学者、编辑、记者、作家等组成。他们高举巨幅标语，呼喊"捍卫宪法，罢免李鹏""取消新闻封锁，客观报道真相"等口号。游行队伍中知名的人士是：王若水、于浩成、刘再复、张显扬、戴晴等。

22 日白天，戒严部队进城被挡，暂停向城里和天安门广场推进，北京城戒严危局的情势有所缓解。

22 日晚上在"外高联"指挥部，天安门广场人山人海，我当时正在"外高联"指挥部与纠察总队负责人一起组织大批外地刚来北京的学生进行纠察编队，和调集纠察队堵军车的事情，正好王超华来外高联指挥部（当时在历史博物馆前玻璃房），我接待了她。王超华当

时是北高联常委和副主席，同学们大多称呼她为老师。超华身穿一件像是医护白色工作服的装束，非常有亲和力，她给同学们讲解了当前学运形势和鼓舞士气。她的演说讲解和坚毅在场同学产们产生很大、很好的启发和积极影响，很多同学还追着超华给签名和写寄语的呢。

22 日夜晚，原绝食团指挥部总指挥柴玲等成员再次返回、现身天安门广场。22 日深夜或 23 日凌晨，"北高联"常委王超华、秘书长王志新和原绝食团指挥部柴玲等部分成员召集了几十所在天安门广场上的高校学生代表，在天安门广场纪念碑北面广场上开会，讨论目前局势和对策。在天安门广场临时指挥部总指挥郑旭光、副总指挥连胜德没有参加的情况下，在"北高联"多数常委和外高联主要负责人没有参加的情况下，本次会议临时增加讨论了天安门广场指挥部领导层变更等问题。本次会议作出决定：一、原绝食团指挥部总指挥柴玲临时接替"北高联"常委郑旭光在天安门广场临时指挥部职责 48 小时，约定 48 小时时间届满由"北高联"按时收回指挥权，天安门广场临时指挥部与"北高联"的关系不变，"北高联"行使绝对权力。"北高联"暂时从广场返回校园整理组织，指挥全北京市的抗议斗争，48 小时时间届满"北高联"将返回天安门广场接管回天安门广场指挥工作。"北高联"常委王超华，秘书长王志新等人同意柴玲接替"北高联"成员担任天安门广场临时指挥部总指挥，"外高联"作为 19 日发起成立天安门广场临时指挥部的两大学生组织之一，仍继续延续作为另一主要方在天安门广场临时指挥部的职责，"外高联"总指挥连胜德仍继续担任天安门广场临时指挥部（48 小时过渡期）副总指挥，还有一名副总指挥张伯笠，常委有王丹、王超华、郭海峰，外联部长李录。此"48"小时过渡的天安门广场临时指挥部，是"北高联"授权的原绝食团指挥部部分成员，和"外高联"共同组成。当时的 23 日凌晨和 23 日白天，天安门广场临时指挥部原来相关主要人员、部门以及工作安排继续照常进行，基本没有变化。只是"北高联"常委郑旭光，"北高联"核心人物、常委王超华和秘书长王志新，以及学运之声广播站等部门负责人离开天安门广场，返回校园整理。

柴玲在 23 日白天新组建了一些部门，比如宣传部、后勤部、纠察队等。在此 48 小时的天安门广场临时指挥部阶段第一天，原来绝食团的主要成员大多不在广场，仍在绝食之后的康复修养阶段和考虑安全因素阶段，郭海峰等个别同学也在此期间也发挥过作用，据封从德在六四多年之后讲，他和几个绝食团负责人在绝食停止和戒严后，为躲避政府当局可能的抓捕去了天津几天，所以，在 48 小时广场临时指挥部期间他们大多时间没有在天安门广场（应该是在 24 日上午，保卫天安门广场指挥部成立时，增加的封从德等副总指挥，以及其它增加的各部门及负责人）。

这个在纪念碑处开的部分学生代表的临时会议我没有参加，据连胜德说他也没有参加或者是参加了后半段结尾部分，印象中事后王丹和王超华与他讨论、通报过这个会议情况。关于这个"48 小时之变"还须值得提及的是，天安门广场临时指挥部总指挥郑旭光没有参加这个会议。同时，郑旭光作为"北高联"常委和天安门广场临时指挥部总指挥，在事后王超华对郑旭光通报本次会议决定时，郑旭光当即就提出质疑，认为这不符合组织程序和民主原则，如此重大决策你和志新两个人怎么就能这么定了呢？王超华讲当时广播站都发通知让你们来开会了，你们都没有来啊。连胜德当时也提出过类似的质疑，提出"北高联"和"外高联"共同组建的学运临时指挥部（指挥中心），自 5 月 19 日成立以来发挥了有效的和巨大积极作用这么草率变更，将对学运产生不利影响和后果，希望尽快纠正过来。

按照 23 日凌晨会议的商议，48 小时过后，"北高联"王超华等负责人在 24 日晚上和 25 日与柴玲等人多次沟通，要求按照之前决定和委托协议安排，按时将天安门广场指挥部权力职责交回"北高联"，"北高联"将按时返回天安门广场继续天安门广场指挥部的管理工作。柴玲、张伯笠答复的大概意思：说是由"首都各界爱国维宪联席会议"提名、任命她柴玲担任了新成立的"保卫天安门广场指挥部"总指挥，不应该再接受"北高联"的领导，让"北高联"去找"首都各界爱国维宪联席会议"去等等。这下"北高联"可是无奈了啊，说好的行使绝对领导权力也不绝对了，也领导不了了！

以上情况是根据在当时那几天连胜德、王醒和郑旭光、王超华等当事人就此重大事件的交流和事后回忆谈话，进行整理记录的。

23 日上午早些时候，天安门广场临时指挥部和"外高联"都在安排当天下午要进行的首都百万人大游行示威活动，"北高联"也已经在发动北京当地高校的统一游行活动。上午和中午，按照 48 小时协议，"北高联"在天安门广场的一些人员陆续返回校园。上午晚些时候，我从"外高联"指挥部到天安门广场临时指挥部时，连胜德将今天凌晨发生的 48 小时过渡问题和广场指挥部变化情况给我说了一些，并针对当前形势和当前学生组织内部情况，和我做了分析、沟通。为了督促北高联按时在 48 小时之后返回天安门广场继续进行联合指挥工作，以及对于后续学运在北京和全国如何开展，如何计划，如何统一行动，天安门广场临时指挥部和"外高联"需要与"北高联"高层集体进行商量研究，而不是由"北高联"突然接受部分学生代表临时动议，决定返回校园，那么刚刚建立起的整个学运的合作与指挥机制就会受到影响。连胜德与我研究后决定：连胜德和我分工联系北高联主要负责成员，<u>一是找"北高联"主要负责成员面谈交流，希望"北高联"尽快完成这次所谓的返回校园整理工作，还有推动"北高联"于 48 小时后按时返回天安门广场指挥部继续与"外高联"合作，按照之前建立的合作机制共同指挥学运；二是找到"北高联"主要负责成员交流民主运动计划和重大问题的协商，与他们了解和沟通一下当前形势和对策的想法。并邀请联系"北高联"主要负责同学来天安门广场召开"北高联"和"外高联"及天安门广场临时指挥部会议，共同商议学运计划。</u>连胜德和我列出了一份需要联系北高联负责人的名单，由连胜德来联系"北高联"郑旭光、王超华、吾尔开希、梁二和郭海峰等负责人，由我代表"外高联"和广场临时指挥部去北大找"北高联"的北大王丹、杨涛、王有才等，清华大学找李玉奇、周封锁、杨文明、李恒青等，人民大学致远（马少华），中央美术学院的陈彤（曾经做过一天广场整顿工作的负责人之一），还有中国政法大学的王志新等几个大学的"北高联"常委代表。

下午 3 点左右，我在北大找到正在三角地开会的王有才和杨涛等"北高联"常委，王有才当时刚接替王志新成为"北高联"秘书长，我与他们沟通了学运一些情况和想法，以及共同开会的提议事情，并请他通知"北高联"的其他负责人。"北高联"这个会议中没有清华大学和中国人民大学的常委代表参加，于是我从北大出来向人民大学赶去，我到了人民大学时就与这位支持学运的开车市民大哥告别，他还拿了一个传单让我在背面写几句话，签名留念，叫我办完事赶快上医院去包扎脚伤。通过人民大学广播站的同学联系上了致远，我与他通报了天安门广场广场"48 小时之变"情况，还有今天上午"北高联"撤回校园整顿后，我们"外高联"希望你们要尽快回到天安门广场建议，特别强调"外高联"约请"北高联"常委尽快来天安门广场开个联席会议的事情。致远表示他尽快赶到北大去，找各位常委商议，会及时与你们"外高联"联系的。当晚我又赶到清华大学，没有找到李玉奇（清华大学学生自治会编号 001）和周锋锁等人，就让清华学生自治会办公室值班同学转告通知他们来天安门广场开会。当时正有清华的几个学生正好要去天安门广场，我就坐他们的自行车回到了天安门广场，当时已经是夜晚 10 点左右，我向连胜德反馈了上述相关情况。

当晚 24 日凌晨，我从天安门广场临时指挥部来到"外高联"指挥部，因连日过度劳累，昏迷倒下，被卫生部部长李翠萍等十几个同学们抬上担架，先是紧急送到了设在天安门广场东侧的医疗急救站，现场医生检查后安排救护车送到了北京人民医院急救中心，医生诊断是急性心肌炎。我被治疗和输液治疗了 12 个小时左右，顺带还包扎了脚伤。我清醒以后，我急于回广场，但医院和医生出于病情和爱护坚决不给签字出院。24 日上午，我趁医生和护士不在，偷着跑回了天安门广场。

第九节　"天安门三壮士"
砸污毛泽东像事件相关事实与澄清

23 日下午 2 点左右，我按计划准备去北大的"北高联"驻地，因为前一天晚上我在帮着搭帐篷时脚被扎伤，走路一瘸一拐的，有个纠察队的同学联系了一个在天安门广场附近的市民志愿者的小型货车，这个市民师傅大哥说就是来支持学生的，愿意帮忙载着我先去北大。

车从长安街向西刚行驶过天安门，就看到很多人向天安门的大门方向聚集，我让司机停车，问一个市民发生了什么事情？有两个市民告诉我说："有些人刚才在天安门城楼下抗议，好像要摘毛主席像啊"。我的第一反应就脱口说出：应该是学运组织的重大活动吧？你们去广场指挥部问问是什么情况？小货车司机大哥说车不能停在长安街上，我们赶紧上车奔向海淀区方向了，一直到 23 日深夜前才回到广场指挥部。当晚我才听指挥部的同学们说起今天下午发生了砸毛像事件。

同学们说；好像是三名湖南青年在天安门城楼悬挂了"五千年专制到此可以告一段落！个人崇拜从今可以休矣！"巨大横幅，三人相继向悬挂在天安门城楼上的老毛画像投掷内装颜料的鸡蛋，顷刻间毛像被砸污的花里胡哨的，之后也更换了新毛像啦。这三个人是被体育学院纠察队和"工自联"纠察队抓到了，因为怀疑是政府公安嫁祸学运的特务，被同学们交送公安局了。

以上这就是八九当年著名的"天安门三壮士"砸污毛像事件初始瞬间，和我所知道的当时情况。

后来从秦城监狱出来后与连胜德谈论过此事，在美国与连胜德再次见面时我就此事访谈过连胜德。

连胜德说：第一点，当年"天安门三壮士"事件在广场上发生时，他没有见过余志坚、喻东岳、鲁志成这三个人，更没有与他们交谈或者参与审查过；

第二点，多年后披露出来当时是一些市民和广场上的体育学院学生纠察队、"工自联"纠察队拦住三人去路，并送交到原绝食团指挥部广播站进行问询的，而不是送到了天安门广场临时指挥部（学运之声广播站处）或者"外高联"，组织问询审查的是广场上原绝食团广播站或者特别纠察队主要成员对三人及本次活动的情况进行了问询、调查，以及后续一些同学进行了表决，还召开了记者发布会，之后送交三人到北京公安机关，并委派原绝食团负责人之一（秘书长）的郭海峰（此时此刻郭海峰是否担任了天安门广场临时指挥部秘书长？是否履职？还需郭本人等确认）办理。我本人没有参加表决，也没有参加新闻发布会，也不知道当时如何送交"三壮士"到公安局的事情；

第三点，郭海峰是原绝食团指挥部负责人之一，郭海峰也是天安门广场上具有代表性的人物。23 日当时，柴玲已经接替北高联 48 小时职责进入天安广场临时指挥部并任总指挥，原来绝食团的人员都是柴玲负责指挥的，而不只是郭海峰。根据表决，"三壮士"送往公安局是受到委托的郭海峰等人，并不是"外高联"和广场临时指挥部最初的人员，应该也不是我所在的天安门临时广场指挥部主要办公地点学运之声广播站进行的表决；

第四点，当天下午，我正在纪念碑的天安门广场临时指挥部，有同学告诉我说，刚才发生了几个人用涂料砸天安门老毛画像的事情，有同学说怕是中共派来抹黑学运的便衣，现在几个负责同学已经表决了，决定送交公安局处理，问我对这个事情怎么看？我不假思索的就简短说了两句话，"通过表决送就送吧，是特务捣乱更得送了"。

上面这些就是当时我和连胜德在"天安门三壮士"事件中的经历的所有过程，"外高联"和连胜德、王醒等外高联负责人都没有参与处理"三壮士"事件，当年也没有见到过"三壮士"。但是我们对"三壮士"被错误的送交公安局后均受到重判，感到痛心，对中共丧心病狂的迫害深感愤怒，更对他们三人的英勇行为和抗争精神深表敬佩。

人们和历史应该铭记他们当年气壮山河的伟大壮举，为中国的自由民主进程悲壮付出。当然，对于当年该事件的真相，应该客观、真实的调查和记述，还原历史原貌。

"三壮士"出狱后，在国内外不同场合都公开表示：不忍迁怒当年那些学生，根本原因是中共独裁政权的问题。"三壮士"中的余志坚出狱后，辗转来到美国，多年后，2019 年因在中国遭受的迫害与摧残而病逝，连胜德代表当年学生组织和同学第一时间赶赴他家中吊唁和帮助、资助安葬英烈和慰问家人，受到余志坚家人和民运届和社会各界的积极评价。但是，很多人并不清楚，连胜德和"外高联"在"三壮士"事件中是没有参与的，没有直接责任的。在 20 多年后，有人访谈连胜德关于"三壮士"事件，连胜德表示对于"三壮士"当年被错误的送交公安局后被重判，感到非常痛心，同时作为八九民运学生组织者群体之一，代表当年学生组织者对三君子表达道歉。但是对于当年那些学生的做法主要是担心学运被中共派人"破坏"，学生还有要争取当年这次爱国民主运动名号策略问题。也许是当年同学们误判三人为中共公安便衣蓄谋制造抹黑学生爱国民主运动，为了不给当局镇压借口，部分学生成员决定将三人送交公安局审查，造成了他们惨遭重刑的悲惨命运。当时在 1989 年 5 月 23 日的情形是绝大多数学生并不是反共为主的，所以可以理解当时那些学生的如此做法。对于有些不明真相的人就此事件说了些什么，或者有些八九年代的当事人就是要刻意回避和模糊当年事实真相，把责任引向连胜德和外高联，好像谁先对外说了，发布了这个事件就以他们说的是历史了？再加上我们在八九年被镇压被牢狱之灾，多年后在国内诸多不便也无法发声，没有去及时澄清和纠正。

厘清此事件事实经过，显而易见，从学生组织内部责任上来检讨此事件，当年对于"三壮士事件"的处理所犯错误和过失责任，柴玲应该负领导责任，因为她 5 月 23 日已经担任了 48 小时过渡期内的天安门广场临时指挥部总指挥。参加现场表决且赞成将"三壮士"送公安局的广场上的同学和负责执行送到公安局的同学应该负直接责任，还有为此主导召开了新闻发布会（有据可查）的同学（应该同时也是参加了表决并同意送交公安局的同学）也要负相应责任。

历史总归是历史，还原历史真相是对八九民运和"天安门三壮士"，以及相关当事组织和人员的应有的公正评价和尊重。以上这就是"三壮士事件"相关历史事实，这才是历史本来的样子。

第十节　作为"友军"出席"首联"会议，四通集团与学生组织协调会议及《倡议书》

五月二十三日，北京知识界联合会成立，发表《首都知识界联合会成立宣言》，当日，对外新闻封锁也有松动。

由民办北京社会经济科学研究所的负责人陈子明、王军涛提议和筹备成立"首都各界爱国维宪联席会议"。参加创立会议的有陈子明、王军涛、包遵信、郑义、刘晓波、吕嘉民、刘苏里、陈小平等知识界社会知名人士，学生代表有王丹、吾尔开希、柴玲、邵江等，"外高联"作为"友军"，委派副总指挥葛刚列席了"首都各界爱国维宪联席会议"23日和24日相关会议，总计60多人。召集人为包遵信、王丹，刘苏里担任联络部部长，参谋部部长刘刚，宣传部部长是老木，纠察总队长张伦。24日，王丹、刘苏里、老木在天安门广场纪念碑召开记者会，王丹宣读《光明与黑暗的最后决战》声明，宣布首都各界爱国维宪联席会议正式成立。联席会议的设立定位是希望作为八九民运最高协调机构，但实际上起到了最高咨询机构的作用。是为了支持学生运动、与学生们站在一起维宪反对戒严，使"这场运动更能持久地坚持下去"。

"外高联"前期，"外高联"第一副总指挥葛刚发挥了重要作用，主要是"外高联"内部协调工作和外部联络等一些组织的活动。这次"外高联"作为"友军"，委派葛刚列席"首都各界爱国维宪联席会议"成立会议，我还安排秘书处的同学陪同他去参会的，第二天，也就是 24 日下午，因葛刚从北京返回天津了，"首联"的后续会议他没有参加，"外高联"此后也没有再委派正式代表。

23 日上午，副总指挥蒋宏雷来天安门广场指挥部找我和连胜德，给我和连胜德通报了四通集团出面安排今天要在四通饭店组织各方面学生组织和代表开商讨会议，他提出和王醒一起共同代表"外高联"去参加，连胜德表示现在指挥部很多紧急任务，自己和王醒都有要事不能参加，就由蒋宏雷代表"外高联"参加会议，广场指挥部也会安排人去参加，你们开完会议回来后再报告情况。

我 24 日下午回到"外高联"指挥部，副总指挥蒋宏雷对王醒说：我昨天参加了四通集团召集的会议，四通集团的负责人万润南出面与我商谈的，有几十名学生代表参加。主要是分析、研究当前形势和学运策略，今后要坚持长期抗争打算，会议发表了以几十个高校学生代表签字的书面形式的《倡议书》，主要的内容是倡议"政府撤销戒严令，军队回去，学生撤离广场，恢复秩序"。还有我与四通集团研究所曹所长做了学运情况和当前局势交流，他和一些知名人士已经联系到了五十多位全国人大常委签字，向全国人大递交《提议立即召开人大常委会紧急会议》签名信，呼吁尽快召开国人大常委会议，召开中共中央全会，通过民主和法制的程序研究解决我们学生的要求等（附录《倡议书》）。"北高联"常委、先前的广场临时指挥部的总指挥郑旭光参加了这个会议，还有孔宁也参会了。

蒋宏雷又说到："葛刚今天下午不在广场上，正好你回来了，我需要与你交接工作了，我明天要返回江苏的学校，还有要去南方联络发动学运，今天有一大批江苏和安徽、河南来的学生到了广场，今天正在参加广场游行，我把联系方式给你吧，几个学校学生负责人晚上会来报到。关于我的职责和负责的外联部等事情都交接给你一并负责，我与其他几个部门负责人也都说了，我过两个星期再回北京。"。至此，王醒又承担了蒋宏雷的副总指挥及分管的外联部等职责。当天晚上秘书处戚霞同学告诉我说葛刚的父亲来北京找到他了，被他父亲带回天津了（后续我在北京没有再见到葛刚，之后是否回到过北京，我不知道情况）。我印象中，截止 24 日晚上，"外高联"在北京、天安门广场的副总指挥只剩我一个人了，各部门负责人有一些流动，但是大多数都在坚持，为此，我与连胜德商量决定应该尽快扩大、加强组织力量。

这期间的工作除以上的组织和活动外，其它主要是安置协调新来京外地学生，安排组织外地学生参加北京大游行工作，与纠察总队负责人李利明、赵昕等同学研究、组织派出纠察队堵军车和维持广场及北京秩序，大量派遣外地来京声援学生返校反省进行串联，发动扩大学运。当时各方面事务都是应急响应，有些组织工作较为松散，都是靠同学们的积极支持和自觉来开展的。这时期正是戒严令颁布的初期，政府镇压的恐怖气氛和同学们的抗争气概精神同时在北京和全国对峙着。

附录：《倡议书》（四通集团主持协调学生组织代表发布）

一场由大学生发起，得到全国人民的广泛参与和支持，并得到世界各国人民广泛声援的中国爱国民主运动，历时至今已三十六天，现在，为了把这次爱国民主选动推向一个新的阶段，为了保卫这次运动的成果，为了中国前途的最大利益，为了不给一直满腔热忱支持和声援我们的北京市民增加更多的负担，也为了真正反对政府中极少数人拖延时间，回避学生提出的正当要求，利用这场运动制造混乱，我们郑重倡议：

撤消戒令，军队回去，学生撤离，恢复秩序。

我们呼吁：迅速召开人大常委会和中央全会。按照民主和法制的程序讨论和接受爱国学生和全国人民的正义要求。

我们认为，到目前为止，这次爱国民主运动已经取得了很大胜利和相当的成果。在这次全民性的爱国民主运动中，大学生接受锻炼和考验，中国人民受到了鼓舞和洗礼，人民的民主意识、改革愿望从来没有像今天这样强烈，极少数人与人民为敌的倒行逆施和故意制造动乱的立场和行为，从来没有像今天这样被充分曝光，从来没有像今天这样被人民认识得这样清楚，由人民自发组织的人民民主专政的力量从来没有像今天这样强大，我们相信，这次运动的深刻后果和持久影响将开中国民主政治的先河。用民主和法制的手段治理国家，将使中国进入一个民主政治的新阶段，大大推进中国经济改革政治民主的进程。

如果军队回去，撤销戒令，我们相信在运动中一直保持理智、克制、秩序是我广大同学会同意撤离。我们的撤离不是逃避，而是把民主运动推向一个新阶段。

我们认为，我们的合理要求没有理由得不到满足，如果要求不能实现，我们不答应，人民不答应。我们坚信，中国一定会成为一个光明的中国。有希望的中国，中国的民主政治一定能实现。

倡议人：

全体同学：北京师范学院　北京建工学院　北京邮电学院

马学理　　　　　　　北京大学

马景馨　陈宇忠　　　清华大学

致　运　尚红科　　　中国人民大学

张　军　赵　刚　　　北京师范大学

王奋武　郑绪光　　　北京航空航天大学

袁永忠　郭　强　　　南开大学

蔡宏伟　　　　　　　北京科技大学

黄　健　　　　　　　北京林业大学

战　锋（教师）　　　中国音乐学院

郭　森　　　　　　　北京轻工业学院

王剑彬　　　　　　　北京联合大学电工学院

童葆宏　　　　　　　北京联大建材轻工学院

孔　宁　　　　　　　吉林工业大学

王　逮　　　　　　　东北工业学院

蒋宏雷　　　　　　　镇江船舶学院

　　穆卫民　陈长久　　　　北京经济学院

　　濮绍京　　　　　　　　北京农业大学

　　翟勇强　　　　　　　　一市民代表

一九八九年五月二十三日

第十一节　保卫天安门广场指挥部成立，及其与"北高联""外高联"关系是影响和决定了学运发展历史的关键点

　　24 日早上，我醒来时躺在北京人民医院急救中心的病房里，因为昨晚被天安门广场红十字会救护队送入北京人民医院急救中心紧急治疗。我要求上午就出院，但是医院坚持说需要住院观察和治疗，不能出院。快中午的时候我趁医生和护士不在，从医院回到了广场指挥部，得知今天上午保卫天安门广场指挥部宣布成立，原来的天安门广场临时指挥部成员柴玲担任总指挥，副总指挥连胜德、张伯笠，新增加了常委王丹、封从德、郭海峰、王文、李录，秘书长由原来绝食团秘书长郭海峰担任。后期，封从德和李录担任了副总指挥。我与郭海峰接触较多，他是北大和天安门广场上知名度很高，坚持学运非常坚定，很有组织能力。因为海峰是北大研究生，年龄比我长几岁，相处就像是学长，所以在下午的时候，我找到郭海峰交流了一些广场指挥部秘书处情况和事情。

　　24 日晚上 9 点左右，在天安门广场二层举行新的广场指挥部学生代表会议，保卫天安门广场指挥部总指挥柴玲、副总指挥连胜德，常委封从德、李录等成员都在，有二三百人学生代表参加的广场指挥部每晚学生时代表例会会议。在柴玲和封从德讲过之后，我从柴玲手中接过手持喇叭，我说我本次代表"外高联"发言，表达了"外高联"和"北高联"，以及广场指挥部学生组织之间必须有组织规则，要团结和统一行动，这样有利于保障学运和我们的目标实现。之后我通知外地高校学生组织负责人 25 日下午傍晚到"外高联"指挥部参加召

开的外高联大会。我正说着呢，李录从边侧跑上来要抢话筒，说他要主持会议。我对他说，我没有讲完，你应该遵守最起码的基本会议原则。我随后说明天下午 5 点的外高联大会，通知所有外地高校代表参加。我话音刚落，李录再次挤到我身边把话筒抢了过去，这次算是"外高联"与李录的第一次公开"冲突"吧。

当时，天安门广场已经是民主运动的中心，学运需要统一指挥、统一行动。天安门广场临时广场指挥部从 5 月 19 日成立以来，一直到 5 月 24 日晨，是非常重要的历史存在，是"北高联"和"外高联"共同成立组建的，是"北高联"与"外高联"的派出机构，是协调"北高联"和"外高联"一致行动，执行"北高联"和"外高联"对学运全局的重大决策。也是学运的一个信息汇集中心、应对应急调度中心和协调指挥中心。面对戒严和异常复杂局面，把能做的事情和迫切的事情尽力干起来，真的就是惊心动魄，不但需要具备勇气、毅力，更要有能力尽力协调处理各种问题。这 5 天里已经起到和发挥了巨大作用，也应该在今后的运动中按照以上组织原则和运动需要继续进行下去。

但是，这次保卫天安门广场指挥部的成立及隶属关系的模糊、组织变更，以及与"北高联"和"外高联"的关系，影响和决定了学运的发展和历史进程、走向，是整个八九民运最关键节点之一。

24 日及之后几天，"北高联"常委王超华等人按照之前决定与协议，在 48 小时后带队返回天安门广场，要求接管回天安门广场指挥部，"外高联"也支持"北高联"的接回指挥权，继续与"外高联"按照之前形成的机制共同发挥好指挥部作用。保卫天安门广场指挥部总指挥柴玲等成员的表达说法是，之前与"北高联"达成的 48 小时过渡问题已经改变了，现在成立的保卫天安门广场指挥部是"首联"提名和任命的，已经不是之前的天安门广场临时指挥部了，也不应该是"北高联"和"外高联"的派出机构了。"北高联"仍坚持天安门广场指挥部须是"北高联"与"外高联"的派出机构、执行机构，这是组织原则问题，也是学运发展的需要。但是，"北高联"和"外高联"同柴玲等人几次协商未果。5月26日，"外高联"因为柴玲等人坚持保卫天安门广场指挥部不是北高联和外高联共同组建，也不是其派出机构，所以，连胜德宣布辞去保卫天安门广场指挥部副总指挥职务。

至此，因为保卫天安门广场指挥部的成立及隶属关系，学运组织结构已经发生质变，此后的天安门广场的主要指挥权和主要话语权被保卫天安门广场指挥部掌握。虽然"北高联"和"外高联"坚持这个保卫天安门广场指挥部仍是其派出机构和执行机构，但是事实上它已经以不理性的方式脱离了"北高联"和"外高联"的实际控制。此后的学运、民运发展中诸多方面需要我们学生组织和民运方面进行协同或者重大决策、共同行动问题等，很难达成一致意见，即便有些达成的也执行不下去，特别是后期涉及是否按照"北高联"与"外高联"等组织决策、计划，举行游行胜利撤出天安门广场，避免重大流血事件，坚持校园民主和长期民主化运动策略。此前"北高联"与"外高联"共同及时建立起来的天安门广场临时指挥部体系与机制，本来应该成为学运、民运的最佳联合指挥、执行机制，可以共同决策协商和协调行动的。但是后来发生蹊跷突变，未能持续，从八九民运总体上回顾，不可不谓不是棋错一招，留下历史的遗憾，这个学运组织内部错误的代价太大，但是八九当年我们这几个主要学生组织及"领头"的同学们，对此的认识和体会并不深刻，这也包括当时的我自己。

36年后再回看这个问题，保卫天安门广场指挥部的成立，及其与"北高联""外高联"关系是影响和决定了学运民运发展历史的关键点。这是学生组织在八九学运民运中，在战略上和组织上没有处理解决好，致使影响了学运民运发展和走向，并导致了重大失误。历史进程中选择了某些人物和那样的进程就是一个错误，但是非常遗憾！当时境况中，人们和他们自己都没能看清楚。那么36年后的现在呢？当年那些事、某些人是不是已然一目了然。

第十二节　"外高联"（外地赴京高校学生
自治临时指挥中心）前期组织机构与主要核心成员

连胜德　　总指挥（天津民航学院 87 级）

葛　刚　　副总指挥（天津大学）

王　醒　　副总指挥兼秘书长（哈工大 88 级）

赵湖岗　　副总指挥（秦皇岛大学，21 日返回学校）

蒋宏雷　　副总指挥，（镇江船院，云南昆明人）（25 日南下江
　　　　　苏等地区）

田伟刚　　副总指挥（21 日返回学校）

杨泽惠　　宣传部部长（曾代理过副总指挥）（河北大学）

李翠萍　　卫生部部长（中国医科大学）

黄利峰　　组织部部长（皖南医学院）

刘志国　　指挥部主要成员，部长（秦皇岛燕山大学）（主要成
　　　　　员是指在外高联各个部门担任过部长、副部长，下同）

孔　宁　　外高联和天安门广场临时指挥部主要成员（吉林工业
　　　　　大学）

李明利　　纠察总队总队长　（河北省的高校学生）

赵　昕　　纠察总队副总队长、总队长（长春师范学院，云南人）

刘　云　　外联部部长（初期蒋宏雷曾分管和兼任）

赵常青　　外联部秘书长　（陕西师范大学）

王　德　　外高联前期纠察队负责人之一，大连海运学院学生自
　　　　　治会负责人之一

郑　明　　指挥部主要成员

纪　威　　指挥部主要成员

黄　晖　　指挥部主要成员

王　任　　指挥部主要成员

王　宾　　指挥部主要成员

李　斌　　纠察总队分队长（长春师范大学）

秘书处成员：

韩　晶　　信息与协调/主要成员
刘传兵　　安全与设备管理（安徽师范学院，黑龙江人）
贾正宝　　文秘与安保（江苏淮阴市人）
齐　霞　　文书与文秘（长春地质学院，宁波人）
周金京　　文秘与档案（北方交通大学）

第十三节　四月十五日—五月二十四日与民运相关的中共政府重大行为背景摘要（中共中央和政府及北京市相关）

一九八九年四月十五日—四月二十五日

4月15日，中共中央前总书记胡耀邦因突发大面积心肌梗塞逝世于北京医院，终年73岁。胡耀邦是在4月8日参加在中南海勤政殿召开的中央政治局会议时突发心脏病。中共中央发表治丧讣告，评价胡耀邦为"忠诚的共产主义战士，伟大的无产阶级革命家，政治家，杰出的政治工作者，卓越领导人"。其中，没有涉及胡耀邦因"资产阶级自由化"事件而被废黜事项。

■北京各大高校及天安门广场出现悼念胡耀邦和要求重新评价胡耀邦，为胡耀邦平反的大字报。中共最高当局漠视人民呼声和诉求，导致北京大学等众多高校开始上街游行示威，高呼口号主要是："民主万岁，自由万岁""人民万岁""教育救国"等，并持续多日举行游行示威，特别是在17日和22日举行了自中共1949年建政以来最大规模的游行示威抗议活动。全国各地高校学生纷纷响应和支持北京学生运动，连续多日爆发声援北京学生运动的游行示威。

■4月20日，中共派出大量武警对在新华门前静坐示威的学生强行驱散、暴力打击，造成震惊中外的"四·二〇惨案"。

■4 月 25 日，邓小平、陈云、李先念、彭真、杨尚昆、王震等中共元老级实权人物，一起会商解决这次大规模学潮问题，认定本次学潮性质严重，决定以邓小平讲话精神对学潮进行定性。

四月二十六日

■《人民日报》发表"必须旗帜鲜明地反对动乱"社论，对本次学生运动定性为动乱，并是"一场严重的政治斗争"。

■中共官方和校方当局宣布各高校最近成立的学生自治会是非法组织。

■中共上海市委决定停止《世界经济导报》总编辑钦本立的职务，并派驻工作组进行整顿。

四月三十日

■北京市委书记李锡铭和市长陈希同与各高校官方的"学生会""研究生会"进行了对话，因没有各高校学生自治会和"北高联"的参加，根本没有被广大的学生们和社会认可。

■赵紫阳结束朝鲜的访问回到北京，对"四·二六"社论中对这次学潮定性为动乱的调子表示异议，认为可以做出调整改正。

五月三日

■中共在北京举行"五四"七十周年纪念大会，赵紫阳发表《在建设和改革的新时代进一步发扬五四精神》的讲话，其讲话中未提及"反对资产阶级自由化"方面。

■国务院发言人袁木在记者会上针对高校学生请愿要求表示，学生们的诉求很"幼稚"，不承认学生自治组织，不会与其进行对话。

五月四日

■中共中央总书记赵紫阳在北京会见亚洲银行第二十三届年会代表，对如何处理学生游行活动表示："现在最需要冷静、理智、克制、秩序，在民主和法制的轨道上解决问题"，其表明了与《人民日报》"四·二六"社论不同的意见。

五月五日

■李鹏接见亚银年会代表时表示，"现在遇到一些暂时的困难，可以通过对话增进理解，政府希望事态能平息下来"。

五月八日

■赵紫阳在北京会见土耳其社会民主人民党代表团，表示"最近青年学生提出的要求，我们将在民主与法制的轨道上解决这些问题，同时通过解决这些问题把中国的民主和法制建设推进一步"。

■中共召开政治局常委会议，听取北京市相关汇报。

五月十日

■人大常委会委员长会议今日召开，决定 6 月 20 日举行七届"人大"常委会第八次会议，讨论学生游行示威、请愿和罢课等问题。

五月十三日

■正在北京学生奔赴天安门广场开展绝食请愿活动之际，中共中央总书记赵紫阳今天下午在人民大会堂同北京工人代表座谈时，谈到据闻大学生提出要在苏联戈尔巴乔夫访华时进行游行示威活动问题。他表示近来学生提出的合理要求，工人和其他群众提出的合理要求，党和政府都在认真负责地抓紧研究解决。多渠道、多种形式的对话正在开展。各级党委和政府都在为搞好治理整顿、争取经济形势好转而进行艰苦的工作。中央为推进民主和法制建设，加强廉政建设，促进政治体制改革，围绕着群众普遍关心的热点问题，正在研究许多实际措施和步骤，扎扎实实地加以解决。，将坚定不移地在民主与法制的轨道上解决问题。六月下旬全国人大常委会全体会议将把群众关系的若干热点问题列为主要议程，就是我们决心依靠民主和法制解决问题的一个重大步骤。尽管人们可能有着这样那样的意见，这是不可避免的，也是正常的。并提出，希望学生不要因为对国内问题有意见而去干扰中共与戈尔巴乔夫的中苏高级会晤。

■五月十三日上午，李鹏到首都钢铁公司和工人代表、领导干部座谈对话。在听取工人们对学生上街游行的看法时，李鹏表示，学生们的有些意见，如对经济生活中的混乱现象，党政机关中的官僚主义和某些腐败现象，确实反映了社会上和我们工作中存在的问题，政府欢迎工人、学生和广大群众提出批评和建议。并且说了"我们将在继续深化经济体制改革的同时进一步推进政治体制改革"。

■中共中央政治局常委胡启立，书记处书记芮杏文、阎明复，中宣部部长王忍之，于五月十一日至十三日分别到新华社、人民日报社、光明日报社、中国青年报社，同编辑、记者和领导干部座谈对话，并邀请听取了北京新闻理论界部分专家、教授的意见。共同认为新闻改革作为政治体制改革的一个重要组成部分，已经到了非改革不可的时候，要在民主与法制的轨道上，扎扎实实地把新闻改革推向前进。

■中共当局没有第一时间响应北京学生于今日在天安门广场开始的大规模绝食请愿，要求举行公正对话，正确评价学生运动等要求。

五月十四日

■中共政府迫于学生在天安门广场举行绝食请愿的形势与学生为主的对话团进行了第二次对话。官方成员是统战部部长阎明复，国家教委主任李铁映，以及其他一些官员出席了对话。北京高校对话代表团由北高联的项小吉、王丹、吾尔开希、马少方、王超华和绝食团的柴玲等十三名学生代表，还有北京社会经济科学研究所的王军涛，北师大的青年教师刘晓波，政法大学青年教师陈小平，四通公司的周舵等知识分子、青年教师作为观察员出席。对话团提出要求政府平等对话，承认学生运动是爱国的，不是动乱，以及保障言论和集会自由三项对话讨论议题，并要求对话进行现场直播。因政府方面对话没有实质讨论代表团提出的议题和安排进行现场直播，当时天安门广场绝食学生身体状况不断恶化，对政府欺骗行为极为愤慨，这次对话中断。

■中共政府方面宣布，为欢迎苏联领导人戈尔巴乔夫访华及举行欢迎仪式，将关闭天安门广场。

五月十五日

■中共中央办公厅、国务院办公厅在午夜通过广播系统向聚集在天安门广场的学生们喊话，希望学生们尽快返回学校，同时希望学校领导、老师、家长做好劝说工作，动员学生们停止绝食返回学校。

五月十六日

■邓小平、赵紫阳、李鹏分别与苏联最高领导人戈尔巴乔夫会谈，赵紫阳在会谈中首次披露在中共十三大之后邓小平仍是中共重大事情的掌舵人。

■中共强硬派已经筹谋、计划在北京实施戒严军管，来对付和解决学生运动问题。

五月十七日

■17日凌晨，中共中央总书记赵紫阳代表中共中央政治局常委发表书面谈话。认为学生提出的要求民主与法制、发对腐败、推进改革的爱国热情是非常可贵的，党中央和国务院是肯定的，同时也希望同学们能够保持冷静、理智、克制、秩序，顾全大局维护安定团结的局面。清同学们放心，党和政府决不会"秋后算账"等。并呼吁学生们停止绝食，祝福同学们尽快恢复健康。

■中国四个民主党派负责人致函赵紫阳总书记

中共中央赵紫阳总书记：

北京大学生在天安门广场静坐绝食仍在继续中，许多学生的健康和生命处于十分危急的状态，这一严峻形势使我们忧心如焚。为了爱护学生，稳定大局，我们特此向您提出紧急呼吁：

一、我们认为，这次学生的行动是爱国运动，学生提出的合理要求与中共中央国务院的主张是一致的。对于学生的合理要求，我们希望在民主和法制的轨道上予以解决。

二、建议中共中央、国务院的主要领导人尽快会见学生，进行对话。

同时，我们也真诚地希望静坐绝食的学生，为了国家民族利益，爱护身体，停止绝食，返回学校。

此致敬礼！

中国民主同盟主席　　　　费孝通

中国民主建国会主席　　　孙起孟

中国民主促进会主席　　　雷洁琼

九三学社主席　　　　　　周培源

一九八九年五月十七日十二时

■5月17日，赵紫阳参加了1989年5月17日在邓小平家召开的中共政治局常委会，在会上多数常委赞成在北京要实行戒严军管，邓小平意图戒严军事管制已经非常明确。如赵紫阳赞成戒严军管，总书记还可以当下去，他反对戒严军管就要下台。赵紫阳因此下台，在被软禁期间表示："是继续当总书记，对学生采取强硬方针，还是下台，我选择了后者。"赵紫阳明确提出反对出兵镇压学生运动。

五月十八日

■5月18日上午，邓小平、陈云、李先念、彭真、邓颖超、杨尚昆、薄一波、王震，中共中央政治局常委李鹏、乔石、胡启立、姚依林、中央军委委员洪学智、刘华清、秦基伟等人在邓小平家里开会，本次会议决定对北京市部分地区实施戒严。

以上事实表明，中共元老们拍板决定对北京市部分地区实施戒严，鼓动戒严者主要是李鹏，最终决策者是邓小平，具体执行管理者是杨尚昆等高层军头。这些人就是"六四"大屠杀的主要责任人和罪魁祸首。

■18 日凌晨 5 点，赵紫阳、李鹏、乔石、胡启立到北京协和医院、同仁医院看望了因绝食而病倒的学生。这是在学生绝食进行到了第六天，自本次学生运动以来中共最高层首次与学运的学生见面。

■18 日上午，国务院总理李鹏、李铁映、阎明复等在人民大会堂与王丹、吾尔开希等学生代表举行对话，双方都没有达到预期目的，注定的不欢而散。同一天的上午，在北京景山后街邓小平家的四合院，召开了中共中央政治局扩大会议。参加会议者是"八老（邓小平、陈云、李先念、彭真、邓颖超、杨尚昆、薄一波、王震）"、军委委员、常委，不包括赵紫阳。邓小平在会议决策意见，会议作出在北京实施戒严，5 月 19 日内部宣布戒严。下午，38 军军长徐勤先"抗命"，拒绝执行不符合规定的戒严命令。

■中国人大常委会委员长万里，5 月 18 日上午回答加拿大总督索维夫人对中国学生的游行、绝食问题询问时说：中国十年改革开放取得很大成绩，但是政治体制改革的步伐慢了一些，民主发扬不够，群众监督也不够。现在学生、知识界、工人要求民主、反对腐败的行动是爱国行动，是敦促加快改革的爱国行动。

■国家教委发出通知，要求全国各地学校的教师和学生家长劝阻学生上街游行，维持正常的教学秩序。

五月十九日

■赵紫阳、李鹏凌晨 4 点多到达天安门广场（随行的还有中央办公厅主任温家宝等人），探望绝食学生。赵紫阳表示"我们来得太晚了，对不起同学们了。你们说我们、批评我们，都是应该的。""绝食时间长了，对身体会造成难以补偿的损害，对生命有危险的。现在最重要的就是赶快结束这个绝食。""我们都已经老了，无所谓"。正值绝食请愿关键时刻的第七天，赵紫阳来到天安门广场现场说了那些感人至深的话语，当时很多人的感受是对学运和绝食请愿问题发出了明显的政治信号。19 日当晚 9 点左右，各方学生组织经商讨后宣布停止绝食，改为静坐抗议。

■19日下午，中共中央总书记赵紫阳的"智囊班子"共同联署发布了一份被称为"反映了政治力量的较量"的"关于时局的六点声明"。这些机构的负责人均是赵紫阳的得力助手。北京青年经济学会会长鲍彤，现任中央政治局常委会的秘书；中国体制改革研究所所长陈一谘，是赵紫阳的政治体制改革研究的重要成员，又是赵紫阳的经济体制改革方案的主要设计者；国务院农村发展研究中心所属的发展所所长杜润生，是近几年农村经济体制改革政策的最主要设计者，中信公司国际问题研究所所长李湘鲁，则是赵紫阳的原秘书。

《关于时局的六点声明》全文如下：

（一）这次以大学生为前锋，绝大多数社会阶层广泛参加的爱国民主运动，突显了中国民主运动史上最辉煌的篇章。

（二）事态演变到今天这样的严重局面，完全是由于党和政府在决策上的失误和拖延所致。

（三）建国以来，党和政府的高层领导从来没有像今天这样脱离人民，违背良知，与人民的意愿直接对立，其原因在于传统政治体制不能按法治轨道运行，沒有政治公开性，只关心上层权力，不以民族利益，国家前途为重的局面。

（四）目前事态还在恶化，坚持已有失误而继续失误，以至于采取极端行动，如军管，将会导致真正动乱。甚至造成民族分裂，这种黑暗的前景是经历过十年动乱文化革命的中国人民所无法接受的。

（五）为此，我们呼吁公开高层领导的决策内幕和分歧，由全国人民作出共同判断和决策，我们呼吁立即召开人民代表大会特别会议，行使宪法赋予最高权力进行干预，我们呼吁立即召开中国共产党特别代表大会，对政治局最近一段时期工作进行审议，我们呼吁各界声援活动务必保持理智和秩序，珍惜这次学生运动已取得的成果，我们呼吁各阶层人民组织起来，协助大学生作好维持秩序和后勤服务工作，我们呼吁绝食人员多多保重身体，争取尽快结束绝食，你们已经取得很大的胜利，我们希望你們以更新、更持久的方式去取得新的胜利。

（六）国家是人民的国家，政府是人民的政府，军队是人民的军队，中国现代化的历史潮流是任何力量都阻挡不了的。

国家经济体制改革委员会所属的中国经济体制改革研究所

国务院农村发展研究中心发展研究所

中信公司国际问题研究所

北京青年经济学会

一九八九年五月十九日下午四时

■中共中央政治局常委聚集开会，准备在北京实施戒严，赵紫阳以提出辞职方式表示反对。

■19日晚上10点，中共中央、国务院召开中央和北京市党政军干部大会。国家主席、副主席，中共中央、国务院、全国人大常委会、中央军委、中顾委、中纪委、全国政协和北京市的领导同志出席大会。李鹏代表中共中央政治局常委会做了坚决制止动乱的讲话，国家主席、中央军委副主席杨尚昆讲话并明确调军队进入北京城。北京市委书记李锡铭做了所谓"动乱"情况介绍，中共中央总书记赵紫阳请假，未出席本次大会。

五月二十日

■20日凌晨，李鹏签署了《中华人民共和国国务院关于在北京部分地区实行戒严的命令》。自5月20日10时起在北京部分地区实行戒严，由北京市人民政府组织实施，并根据实际需要采取具体戒严措施。接着中共政府播发李鹏宣布戒严令讲话，学生自治组织和广大学生、北京市民走上街头阻止军队进城。同时，中国各地民众高呼打倒李鹏，举行示威、游行抗议，世界各地华人举行全球大游行抗议中国政府军管镇压。当天，中共政府开始实行新闻封锁、管制，北京市发布禁止游行、罢课、外国记者采访。

■今日报纸和政府广播发出了三个关于戒严方面的"北京市人民政府令"：

（第一号）

根据李鹏总理签署的国务院关于在北京市部分地区戒严令，为迅速制止社会动乱，维护首都正常的工作、生产、教学、科研、社会生活秩序，北京市人民政府特发布此令：

一、自 1989 年 5 月 20 日 10 时起对东城区、西城区、崇文区、宣武区、石景山区、海淀区、丰台区、朝阳区实行戒严；

二、在戒严期间，严禁游行、请愿罢课、罢工和其他聚众妨害正常秩序的活动；

三、严禁任何人以任何方式制造和散布谣言，进行串联、演讲，散发传单；煽动社会动乱；

四、严禁冲击党政军领导机关，严禁冲击广播、电视、通讯等重要单位，严禁破坏重要公共设施，严禁打、砸、抢、烧等一切破坏活动；

五、严禁骚扰各国驻华使馆和联合国驻京机构；

六、在戒严期间，发生上述应予禁止的活动，公安干警、武警部队和人民解放军执勤人员有权采取一切手段，强行处置。

以上各项，望全体市民遵照执行。

市长　陈希同

一九八九年五月二十日

（第二号）

为了执行国务院关于在北京市部分地区戒严令，维护首都的正常秩序，北京市人民政府特发布此令：

一、外国人必须遵守北京市人民政府根据国务院李鹏总理签署的戒严令所发布的各项命令；

二、在戒严期间，外国人不准介入中国公民违反戒严令的活动；

三、违反以上规定的，执勤人员有权采取一切手段，予以制止。

市长　陈希同

一九八九年五月二十日

（第三号）

在戒严期间，对记者采访特作如下规定：

一、严禁中外记者利用采访，进行挑唆、煽动性宣传报道；

二、未经北京市人民政府批准，外国记者、港澳台记者不得进入机关、团体、学校、厂矿、企业、街道进行采访、拍照、录相等活动；

三、违反以上规定的，执勤人员有权予以制止。

市长　陈希同

一九八九年五月二十日

五月二十一日

■ 在李鹏政府的要求下，部分省市陆续表态支持所谓中央政府制止"动乱"的军队戒严。十万以上军队陆续向北京城推进，但有信息传出三十八军拒绝执行戒严命令。

■ 叶飞、张爱萍、肖克、杨得志、陈再道、李聚奎、宋时轮等七位开国上将军方元老向"中国人民解放军首都戒严指挥部"和中央军委主席邓小平致函，内容：

首都戒严指挥部并转中央军委：鉴于当前事态极其严重，我们以老军人名义，向你们提出如下要求：

人民军队是属于人民的军队，不能同人民对立，更不能杀死人民，绝对不能向人民开枪，绝对不能制造流血事件。为了避免事态进一步发展，军队不要入城。

一九八九年五月二十一日

■【解放军报】发表《维护首都和全国稳定的重大措施》社论，宣称军队执行戒严任务，不是针对学生，绝不伤害好人，要求全军看清动乱真相，认识斗争实质和严重性，千万不可以掉以轻心。

■ 北京戒严部队指挥部发布《告市民书》，呼吁学生和社会各界人士理解军队戒严措施。同时，传出中共李鹏政府已经通牒要求 22 日凌晨 5 点前，学生必须撤离天安门广场。21 日晚，邓小平在北京家

71

里召集中共"八老"寡头会议，决定：撤换赵紫阳总书记、胡启立常委职务，22 日起停止工作，正式决定由四中全会作出；同时提出了新的总书记和常委人选；作出了让万里回国不回京的重大决定。

五月二十二日

■李鹏、杨尚昆、乔石、姚依林专门会议确定，坚持"四·二六"社论是正确的，学潮动乱性质不能改。赵紫阳在这次学潮处理中的责任问题已经明确，撤换赵紫阳才能处理好这次事件。戒严令要继续执行，不能拖延下去。

■全国人大正召开委员长会议召开，彭冲副委员长主持。会议提出：一、在戒严过程中不发生流血，军队不进入京城市区；二、由人大常委和学生谈判，承认学生时爱国运动；三，请委员长万里回国主持人大常委会，听取国务院关于戒严的汇报等。（戴晴，邓小平在1989）

■北京市政府、戒严部队指挥部发出《关于尽快恢复首都正常秩序的通告》。

■戒严部队开始在天安门广场上空散发传单。

■22 日凌晨 5 点，执行戒严的军队没能按照指令进入到天安门广场，执行戒严的军队被堵暂停向前推进，个别部队陆续后撤休整待命。

五月二十三日

■戒严部队指挥部发言人说："目前，执行戒严任务的部队正在进行热爱首都人民、热爱青年学生的教育和政策纪律教育。"并在回答记者提问时说："某些市民、青年学生对戒严产生某些疑虑，是由于对戒严不理解，加上极少数别有用心的人造谣、挑拨引起的。人民解放军是人民养育的军队，是全心全意为人民服务的，这次执行戒严任务，完全是为了保护人民的利益，恢复首都生产、工作、生活、教学秩序。有人说戒严就是镇压群众，这完全是误解。近来不断有人谣传部队要镇压天安门广场的大学生，现在已经很清楚了，这完全是造谣。"

■国家教委发出劝导高校学生尽快复课的紧急呼吁书。

■中国红十字总会发出紧急呼吁书，希望学生尽快撤离天安门广场。

五月二十四日

■中共元老和部分中共中央政治局成员在北京西山召开会议，传党内斗争激烈，邓小平等强硬顽固分子指责赵紫阳多项反党罪状。人大委员长万里回国，但被中共要求停留在上海，暂时不能回北京。

■24日，中央军委常务副主席杨尚昆在中央军委紧急扩大会议上讲话，通报了赵紫阳问题，坚持"四·二六"社论对学生运动是动乱的定性，对这次在北京实施戒严的合法性和必要性作出了阐明，拥护中央军委主席邓小平对军队的控制和决定，支持李鹏政府及戒严令。讲话目的是统一部队高级将领的认识，要求参会人员、部队高级将领要向部队传达这次会议精神，稳定部队，坚决执行戒严令。会议结束后，海军、空军及各大军区（北京除外）通电中共中央，拥护李鹏政府戒严举措。在第二天的《人民日报》，总参、总政、总后联名发表通知要求军队执行政府戒严令。

■【解放军报】发表评论员文章，宣称解放军从来没有而且今后也绝不会把枪口对准自己的骨肉同胞。

第三章

"外高联"后期活动纪实

（1989 年 5 月 25 日—6 月 14 日）

第一节　"外高联"改组
——"外地高校学生自治联合会"

五月二十五日和二十六日

"外高联"改组的经过、规则和动因

自 5 月 24 日起，我的工作从之前的广场临时指挥部和外高联两边忙活，转变为全部精力转移到外高联。就是在这个期间，我安排外联部的赵常青和秘书处刘传兵负责组织人员要搭建一个大帐篷，作为"外高联"指挥部的新办公场地。当时有两个外地高校学生在是"外高联"指挥部成员，自告奋勇用他们大学带来北京的募捐款购买了一个特大型的墨绿色帐篷，架设在中国历史博物馆右前方的草地上。

25 日下午 4 点左右，在中国历史博物馆前的"外高联"指挥部，因为我昨天晚上发出的"外高联"大会会议通知，已经聚集非常多来开会的外地高校学生自治组织代表。5 点左右举行了外地各高校学生自治组织（各级学生自治会和声援团）负责人代表参加的"外高联"大会，"外高联"主要部门负责人参加，外地赴京高校自治组织和声援团的负责人学生代表有 200 多人参会。但是，因为当时连胜德还没有来到会场，现场参会人员来了这么多人，时间不等人啊。我就安排秘书处和组织部挑选了几十个最踊跃、积极的代表先开了前半场

会议，我主持了会议。会议上很多很多同学代表向我提出，希望加入"外高联"和具体部门开展活动。我说当然欢迎同学们广泛参与，但是我们外地高校非常多，同学代表也很多，不可能都进入最高管理层面，希望按着民主层序、精神和民主实践理念，能安排一些方法机制，选出能代表高校、省份级代表的同学进入外高联管理层。根据我与部分代表讨论商议，结合了解到的一些"北高联"组织结构情况，按照我的提议和会议决定：

在"外高联"现任总指挥、副总指挥，以及原有其他领导成员基础上，进一步加强扩大"外高联"领导机构成员。具体组织方案和实施为，"外高联"原有总指挥连胜德担任主席（总指挥），副总指挥王醒、蒋宏雷担任副主席（副总指挥），因为之前习惯性称为总指挥、副总指挥，两种称谓都有使用。同时主席、副主席作为固定的执委、常委。原"外高联"组织部、卫生部、纠察总队等每个部门主要负责人为固定的常委（每个部门一个名额）。

新增加进入"外高联"组织的成员按照除北京市以外，全国各省、自治区和直辖市的每个高校学生自治会代表推选一名本省区直辖市级常委一名，常委可以在主要院校中进行轮换。之后按照华北、东北、西北、华东、西南等八大区域划分，每个省区直辖市级的常委再推选大区域的一名执行委员（执委），新加入的执委人选采用相应省区直辖市常委轮换机制，并且特别强调，全国各地高校学生自治组织或主要高校学生自治对委派到"外高联"总部的新增常委、执委有决定权。

等待大约 30 分左右，派出去找总指挥连胜德的秘书处小贾同学回来报告说仍然没有找到连胜德。我说那就不等了，马上进行下半场会议，我和几个指挥部的成员商讨后，提出并安排本次参会高校代表按照所属省份分别开会选出本省份常委，之后进行大区域的常委会议选出该区域执委一名。具体执行由秘书处和黑龙江的高校学生代表张振华，内蒙古高校学生代表哈斯等作为我的联络员进行安排会议，由秘书处和组织部监督和汇总、汇报情况。这样，参会高校学生代表现场分别进行了相关选举会议，组织部的同学还拉着我抽查了黑龙江省和山东省等省份的高校学生代表选举常委及执委的现场。还不到两个小时，几个联络员和秘书处人员向我报告，并向我提交了一份新增选的执委和常委名单。他们说，组织工作全部顺利完成了省份常委和大区域执委选举工作，还向我特别汇报了有香港学联的两位学生代表也加入进来了。我当场表示"太好啦，我们的外地高校当然还包括海外嘛"。我还回应他们说到，这两天还有美国、欧洲的留学生组织来指挥部表示了希望参加我们"外高联"的意向，我和胜德都表达了欢迎加入，多多益善，我们共同担负使命。至此，这些来京各高校学生组织和声援团方面的新增选的执委和常委开始进入"外高联"领导核心。因新增选执委经常轮换变动，实际运行中主要是常委在发挥作用，这些新选派加入的学生代表对外基本都称为常委。这次会议后同时将"外高联"原来的下设各部门也增加补充了一些负责人，有些新增常委、执委同时也担任了"外高联"下设各部门的负责人。在这次改组会议的后半程的时候，连胜德回到"外高联"指挥部驻地，在现场的有组织部部长黄利峰、宣传部部长杨泽惠、卫生部部长李翠萍、纠察总队总队长赵昕、外联部秘书长赵常青等同学，以及还有外高联秘书处等其他一些负责人和各部门骨干成员也在现场。我把这次会议前面的情况向连胜德做了通报和说明，连胜德表示这项工作做的非常好，都赞同。连胜德仔细审阅了这份"外高联"新的组织机构的常委与执委成员名单，对此提出高度赞扬和肯定。同时，连胜德与王醒商定后还提出，新增补的各省市自治区的常委都是外地高校学生组织来京的负责人，还应该将这些省市区已经建立的高校学生自治会主要负责人包括进来担任常委，如果有些省市区没有成立该级别的学生自治组织，那么就采取省市区排名前三的学运最积极的高校学生自治会主要负责人轮流作为代表担任常委，从而弥补这些外地高校学生组织主要负责人没有来到北京，不在北京的问题，这样更具有代表性和加强全国学运组织网络，也从而弥补有些外地高校赴京学生声援团代表性较弱和流动性问题，从组织上把外高联建成全国性组织，核心领导机构扩大为三个层面："外高联"指挥部主要成员+外地高校学生来京声援团负责人+各省市区高校学生自治组织或主要高校学生自治组织主要负责人作为常委代表，把"外高联"总部和常委会做扎实，待时机成熟时召开"外高联"全国的全体常委会议。在"外高联"总部现场的几十个核心成员都表示非常赞同，一致通过，认为以上这样的设计和实施目的就是要组建一个具有全国代表性的全国高校学生自治组织机构，今后再与"北高联"合并成为真正意义上的全国高校学生自治联合会。同时，我和连胜德还明确提出和要求"外高联"各执委、常委和各部门负责人要各司其职，各自负责挑选部门成员，积极扩大健全组织队伍，带动和组织好学运。根据以上扩大组织方案和定位、组织原则，会议确定"外高联"组织名称改为【外地高校学生自治联合会】，明确"外高联"指挥部会议和执委会议、常委会议由主席（总指挥）或者秘书长负责召集、组织，根据需要不定期召开。各位执委、常委和各部门及负责人都各司其职，发挥好作用。至此以后，"外高联"就是除北京以外的全国各地区高校学生自治联合组织了，而不是此前只是"外地赴京高校学生自治指挥中心"所覆盖的来京外地高校及学生范围。"外高联"这次的历史性会议及组织定位和名称变更是八九民运非常重要的大事件，当时参加那两天会议的部分核心成员知道相关情况，没有开新闻发布会或进行专门对外报道。25、26 两天完成了以上组织工作，这次扩大加强后"外高联"组织主要成员名单我当时安排秘书处人员统计记录，并整理成稿，还盖了代表着"外高联"的【人民万岁】印鉴，这个文件当时是非常重要的，我亲自保存。

连胜德虽然只是参加了这次改组现场参会议的结尾部分，并共同作出了一些重要的会议决议。但是，前一天晚上通知召开本次会议，以及这次"外高联"大会的目的，我和连胜德之前都是有沟通研究和共同做出的决定。副总指挥葛刚没有参加本次大会，之后据说他被他父亲带返回天津了，葛刚也是同期天津市学生自治会的主要负责人之一。

对于这次"外高联"的重要组织建设、改组事件，我之所以进行积极推动和运作，动机目的、动力是什么？

首先是，是我在来北京之前，在哈尔滨参加学运的经历，那时对这次爱国民主运动的理想愿望，对北京学运的学生组织的作用和想象中的理想模样，这在我到了北京身临其境后，特别是参与到了天安门广场临时指挥部和"外高联"这样的主要学生组织工作，了解了学生组织其实是有些松散，组织不是太健全和严密，距离我想象中的有一定距离。这样的组织现状与我们学运要达成的目标和全国参加学运的广大学生和民众的期望要求是有一定距离的。我既然已经来到了北京，已经介入到了主要学生组织的核心工作，那么我就要承担起让我们学运组织更像和应该符合学运要求的那种模样的组织，这需要勇气、智慧和责任担当。这是一份迫切的责任感，一份历史责任情怀的驱使。我竭尽全力去做了当年我们所处时代和作为学生组织负责人身份角色应该做的。

其次是，截止 5 月 25 日，外地高校学生来北京声援的仍是源源不断，"外高联"承担着非常大的组织协调作用。还有 19 日—23 日期间，从天安门广场临时指挥部和"外高联"派出到北京各处堵截军队的大量纠察队，大部分纠察队仍继续找连胜德和我及我们外高联总部报告情况，安排协调进一步行动等。我们"外高联"的秘书处、纠察总队、外联部、组织部、宣传部、卫生部等各部门都紧张和正常运作，但是副总指挥实际上就剩我一人在天安门广场了，更加凸显了加强组织建设的紧迫性，这也是我为什么积极筹划"外高联"大会和扩大队伍和迫切改组"外高联"的动因之一。

再次是，"外高联"应该作为全国外地高校学生自治组织，而不是只是之前的外地赴京高校学生组织。要进行改组和扩大，不但要在北京发挥主力和主导作用，还有面向全国各地的学运民运起到连结和指导作用。我那两天筹组扩大外高联与很多高校学生组织负责人经常说的就是：我们要考虑到局势危机，一旦外高联高层主要负责人被中共抓捕，后续就要有新增的常委、执委递补成为新的外高联主要领导人。

还有一个因素是，天安门广场临时指挥部被保卫天安门广场指挥部取代，连胜德和我都不再参与保卫天安门广场指挥部了，从时间和精力上得到释放。

这期间，原定达成的由柴玲接替北高联在天安门广场临时指挥部职责 48 小时，"北高联"整理之后再返回继续与"外高联"共同进行天安门广场临时指挥部工作，因柴玲等人成立了新的保卫天安门广场指挥部，"北高联"未能如期联合外高联返回广场再接管工作，26 日起，连胜德也开始不再参与保卫天安门广场指挥部工作，工作重心已经全部转到"外高联"。这次改组后，"外高联"组织结构和总体活动能力显著提升。我和连胜德还计划和安排了相关事情，比如安排"外高联"的外联部和纠察总队到北京市各大火车站、汽车站迎接外地来京参加学运的学生，组织外地高校和学生在北京的学运活动，安排"外高联"的省份常委和高校代表积极与外地各高校建立联络、广泛发动全国各地学生和社会各阶层等学运、民运工作，对外地来京声援学生返校返回省市当地以后进行组织、串联，发动扩大全国学生爱国运动。与"北高联"、广场指挥部、首都各界联席会议等组织的协同配合。但是，随着八九民运被中共六四武力开枪镇压，外地高校学生自治联合会的很多工作还没有来得及完全展开，特别是与全国外地省份及高校学生自治组织和支持团体的联结，面向全国开展民主运动方面，只是尽力做出了一些安排、实践努力。在此期间也有很多组织上、运作上和经验上的不足，但是，在当时的历史条件和形势下，这次"外高联"改组、扩大为全国外地高校学生自治组织，在八九民主运动时期产生了重大积极作用，在中国民主运动历史上是值得肯定和纪念的重大历史事件。

第二节　"北高联""外高联"、
保卫天安门广场指挥部三方协调会议

25 日深夜，26 日凌晨，为声援、支持学生运动，非常受大学生欢迎的乐队受邀到天安门广场举办了演唱会。很多同学多次拉着我要去看演唱会，我非常想感受、放松一下，说一会儿有空就去看，但只能是远远的听听歌声了，忙到深夜，我和连胜德太困顿了，都在"外高联"指挥部帐篷里七扭八歪的睡着了。

25 日上午，郑旭光代表北高联来到"外高联"总部商讨一些问题，连胜德和我与他重点交换了关于新成立的"保卫天安门广场指挥部"问题和学生组织之间关系问题，还有当前形势和应对策略想法，今后学运开展及协调合作问题，统一行动问题等几方面讨论，达成很多共识，并约定郑旭光当天把保卫广场指挥部的主要负责人找来一起开会商量。

25 日下午，我记得当天的天气晴朗，感觉气温特别的热。郑旭光先到了我们"外高联"指挥部，紧跟着广场指挥部副总指挥封从德也来到了。我们四人围坐在历史博物馆的楼墙下台阶上开始会议的，先是郑旭光问封从德，约定好了中午召开"北高联"和"外高联"及广场指挥部三方主要负责人共同会议，柴玲怎么没有来？封从德说柴玲有新闻媒体采访出去了，还没有回来，委托我全权代表参会。

会议由郑旭光主持，我当时做了个大概的会议记录，我记得主要重点讨论研究了三大问题：

一是"北高联""外高联"和广场指挥部的关系，以及是坚守广场还是撤出广场等如何协调统一行动问题？

就这个问题郑旭光强调：保卫天安门广场指挥部是"北高联"和"外高联"的派出机构，自从 5 月 19 日"北高联"与"外高联"共同成立天安门广场临时指挥部起，中间有柴玲暂时接替"北高联"在广场的工作，到在 24 号成立的保卫天安门广场指挥部，指挥部是"北高联""外高联"共同成立的，都委派了人员组成的广场指挥部吧，这个派出机构关系，这是事实没有问题吧？我和连胜德都表示赞同，封从德也表示"嗯嗯，是的，那当然"，并点点头没有表示其他异议。

二是连胜德代表外高联提出坚守还是撤出广场的策略问题，并综合多方面考虑建议学生组织统一行动撤出广场，为坚持长期学运考虑和为避免重大学生流血事件而撤出广场。

郑旭光表示"北高联"大多数常委也是有策略的尽快撤出广场的意见，28 日全球华人大游行就是一个胜利撤出机会，我和连胜德都表示希望这次按照这个计划实施。封从德说在有些问题上我本人与你们想法基本一致，表示有些意见回广场指挥部还需要沟通商量。

三是我提出的"外高联"没有财务部门及资金，大量外地来京声援学生的住处安置、饮食物资及卫生健康保障问题，以及如何发动全国各地高校学运发展问题。

郑旭光：发动和支持全国各地学运非常重要，需要我们各方面组织共同努力。目前很多北京的高校都安置很多外地学生，生活必要保障应该还可以，广场方面的请老封讲讲。

封从德：当前在广场的外地学生较多，帐篷还是缺少，食物方面每天开支将近十万元，现在基本可以维持。卫生方面已经尽量安排消毒，但是人员流动性太大，卫生和健康状况堪忧。还有就是希望"北高联"和"外高联"支持保卫天安门广场指挥部工作，争取学运有好的结局。

我当时在这次会议中对封从德印象还好，此人年龄比我长，是北大研究生，在交流讨论、研究问题时较为冷静和逻辑思维清晰，感觉是能够合作推进问题解决的一位学运组织者。

王醒：关于外地高校的学运发动，我们"外高联"已经在组织上做了一些准备和努力。当务之急还是天安门广场这个焦灼和危急状态如何定夺，尽快达成一致，尽快部署。

郑旭光：你们外高联前几天就建议开会，争取这两天把"北高联"大部分常委，还有你们"外高联"主要负责人，广场指挥部负责人的主要负责人都请来开个现场联席会，就现在这个形势和下一步计划，商量个结果出来。

会议结束时，三方都表示希望相互保持沟通协调，在重大问题尽量统一行动。封从德说还有其它事情先走一步，我们三人又就政府对话谈判方面和近日尽快召开"北高联"和"外高联"等组织的协调会议做了一些沟通，还说起知名人士严家其、包遵信今天发表的《在民主与法制的轨道上解决当前中国的问题——兼告李鹏书》，内容写的非常好，高水平，大家都非常认同。

第三节　"北高联""外高联"、保卫天安门广场指挥部及首联的会议

大约 26 日下午（或者 27 日），在"外高联"总部外的中国历史博物馆台阶平台，"北高联""外高联"、广场指挥部、首都各界联席会议共同召开主要负责人会议。这个会议是此前 23 日当时那个天安门广场临时指挥部和外高联通知提议召开的，我是当时联系过"北高联"推动过的。本次是"北高联"郑旭光等常委与"外高联"共同商议、组织推动召开的。因为形势的变化，希望讨论的主题和解决的问题有些不同，并特意选择在"外高联"指挥部驻地开会。参加会议的有"北高联"常委王超华、郑旭光、吾尔开希、杨涛，秘书长王有才，"外高联"总指挥连胜德、副总指挥兼秘书长王醒，保卫天安门广场指挥部参加人员是秘书长郭海峰、宣传部的温杰参加会议，印象中保卫天安门广场指挥部的副总指挥封从德或者张伯笠也参加了会议。首都各界联席会议负责人王军涛及其他人员，还有四、五个参加会议的人当时不太熟悉没有印象了，大概十几人。会议的外围纠察保卫工作，是我安排的"外高联"纠察总队负责的。

会议开始先是郑旭光主持，对参会人员说明本次会议是前些天就要召集开的，是"北高联""外高联"和广场指挥部的联席会议，

并强调有两位外高联主要负责人参会，还有"首联"王军涛参会。

　　参加会议的人员陆续提出和讨论的主题及会议内容摘要（有些议题和问题是参会者重点发言的，有些是参会者就近几个人相互讨论、研究的）：

一、　王有才、杨涛：说了一些近期北京高校的学运工作，并且谈了学生组织应担负的责任和学运长期发展方向。并说明前日北高联常委会议决定 28 日或者最迟 30 日计划天安门广场举行大游行后，撤离。还讲了"北高联"提出对天安门广场进行整顿的计划。

二、　吾尔开希提出北京高校的校园民主运动的经验，强调今后应作为重点推动北京全市动员与长期抗争。外地学生应该返回，扩大开展全国各地区的民运。

三、　封从德或者张伯笠参加本次会议，提了一些广场现状，还有与大家讨论政府实施戒严以来与当前形势判断，表示坚守广场是大多数广场学生的倾向。

四、　北高联郑旭光等人提出关于撤出天安门广场，搞好校园民主建设和长期抗争。还提出坚守天安门广场是否有必要性问题，并表示希望 28 日大游行能以胜利的姿态顺利撤出天安门广场，这个是一个撤出广场最好机会，避免发生大规模流血事件。广场指挥部就应该是"北高联"和"外高联"的派出机构，并接受其指导意见。

五、　王超华：关于寻求与政府谈判和人大常委会推动解除戒严问题。

六、　郭海峰：关于学运学生组织的管理和主要成员问题亟须解决，我们要统一协调和行动，现在广场上和学运问题很多。

七、　我表达了我们"外高联"正在联络发动进一步的全国外地高校组织和民众运动，与北京配合形成新的学运形势。希望"外高联"与"北高联"及广场指挥部相互配合，学运发展等很多的重要问题需要达成个一致意见和结果。还有现在天安门广场上学生常在的有 3 万人左右，大多数是外地来京学生，还有大量的很多外地学生在北京城。学运发生以来已经陆续有上百万外地学生来京参加这次学运，外地来京声援学生安置问题需要关注和解决。

八、连胜德表示赞同"北高联"尽快撤出广场的意见，与我们"外高联"的意见是一致的，胜利大游行方式撤出天安门广场，学运应该长期打算，坚持校园民主，发动全国的学运、民运进行长期抗争。并且表示支持"北高联"马上对天安门广场进行整顿的意见，我们应该从组织上派出人员主导整顿，重新整合广场指挥部。

会议持续开了二个多小时，会议快结束之前，王军涛有事先走。因为在 23 日广场临时指挥部一别，与军涛已经好几天没见，我特意送他走下台阶并在广场边走边聊，还有几个事情征求他的看法。王军涛表示，现在迫切需要知识分子，特别是首都北京知识界发挥作用，与学生组织共同发挥作用，如果能撤就尽快撤出广场，不能撤出也要与政府搏一下。

根据吴仁华的八九相关书籍记述和媒体报道，5 月 27 日上午 1 中午至下午，首都各界爱国维宪联席会议在中国社科院开会，王军涛、王丹、刘苏里、刘晓波、包遵信、甘阳、柴玲、封从德等参会，讨论包遵信和甘阳起草的《关于时局的十条声明》。柴玲在该次会议上提出了空校运动计划，当即遭到王丹、吾尔开希的激烈反对，联席会议没有通过空校运动计划。

5 月 27 日晚上，王丹、吾尔开希、柴玲以保卫天安门广场指挥部的名义，在天安门广场召开记者会，宣布 5 月 30 日举行胜利大游行，学生撤出天安门广场。撤离决定是在当天的首都各界爱国维宪联席会议上做出的【编者：北高联、外高联前日下午会议决定撤离天安门广场】，与会的保卫天安门广场指挥部总指挥柴玲也表示同意。但由于保卫天安门广场指挥部副总指挥李录坚决反对撤离天安门广场，原先同意撤离天安门广场的柴玲反悔了。

26 日的本次"北高联""外高联"、保卫天安门广场指挥部及部分知识界人士联席会议之后，根据会议精神，"首联"之后开会并牵头撰写和发表了《关于时局的声明》，全文如下：

伟大的"四月学潮"迄今已持续了四十余天，并已发展成声势浩大的全民"五月民主运动"。由于政府方面一系列不明智已至非理性的行为，致使目前中国政治局势已出现了极其严重而又复杂的状态。为重申这次"学运"和"民运"的基本出发点和原则立场，具有广泛代表的首都各界爱国维宪联席会议，特发表关于目前时局的声明如下：

一、这次"学运"和"民运"从开始到现在一直是一场纯粹自发的群众性的伟大爱国民主运动。它远超出"四·五"运动以来历次学运和民运，其最伟大之处就在于：他在过去、现在和将来都是一场独立不倚、根本不以执政党内部斗争形式为转移的人民民主运动。执政党和政府的任何领导人或政治集团都不可能也没有力量来左右这场民主运动，恰恰相反。这场民主运动的目标正是迫使任何人或利益集团都必须顺应这场民主运动所体现出来的人民意志。顺之者昌，逆之者亡！

二、这次学运和民运的基本出发点是：推进当代中国的政治体制改革。加快中国政治民主化的进程。因为只有这样，才能有效地根除执政党和政府中严重存在的腐败现象；才能真正杜绝人民痛恨的"官倒"等现象。显而易见，这些要求充分体现了全国人民的迫切愿望，这场运动才能得到全国各地，港澳台地区，以及全世界人民群众如此广泛而强烈的响应和支持，也才能从最初首都高校的学生运动发展成为如此浩大的全民爱国民主运动。

三、由此，对于这场伟大的学运和民运究竟持什么态度，已经成为衡量每个中国人民特别是政治领导人政治意识和政治态度的分水岭。肯定和顺应这场民主运动，就是肯定和响应中国民主化的进程，否定和反对这场民主运动就是否定和反对中国民主政治化的进程。一切政治党派和领导人都将在这场运动面前经受严峻考验，并由此得到人民群众的公正评价。

四、李鹏总理以及何东昌、李锡铭、陈希同等领导人之所以在这场运动中如此不得人心，根本的原因恰恰在于：他们从一开始就完全无视人民群众的心愿，对这场运动采取了否定、反对甚至镇压，完全错误的态度。从"四·二六社论"到顽固拒绝平等对话、使人民群众已有充分的理由相信，这样的领导人是不可能推动中国政治民主化进程，不可能领导中国走向现代化之路的。而五月二十日李鹏签发的极端非理性的戒严令，更是破坏民主与法制的法西斯恐吓手段，它使全体人民深切感觉到，只要李鹏等人在台上，所有参加、声援这场民主运动的学生、工人、市民、干部、党员、知识分子的人身安全就有严重的危机。正因为如此，在发布戒严令以后，各界人民群众才一致提出罢免李鹏、罢免何东昌等人的完全正当而合法的要求。

五、作为执政党的总书记，赵紫阳对于执政党和政府中的腐败以及官倒等现象，无疑负有重大责任。但是，在访朝归国后，他发表的"冷静、理智、秩序，在民主和法制的轨道上解决问题"的讲话，表明了一个政治领导人对于这场运动应有的正确态度，同时也确实一度创造了在民主和法制轨道上解决问题的可能性和条件。因此，这一讲话精神得到了社会各界普遍的良好反映，也使人民群众对赵紫阳采取了比较肯定的态度，并期望事态能在赵紫阳讲话精神的基础上得到解决。

六、由此可见，人民群众对任何政治领导人的态度完全取决于他对这场运动的态度。如果以为这场伟大的学运和民运在一开始就以拥护谁、打倒谁为目的，那就大大低估了这次运动的水平和人民群众的政治觉悟，同时也完全不符合事实。根本的问题在于谁站在这场民主运动的对立面，谁就是站在人民的对立面，必将受到人民群众的唾弃。谁站在这场民主运动的顺应面谁就和人民站在一起，就会受到人民群众的欢迎和支持。得民心者得天下，失民心者失天下。

七、遗憾的是，目前中国的一些政治领导人恰恰依然在用传统的思维方式看问题，根本缺乏开创"新思维"的政治素质。他们总是习惯把人民群众的民主运动看成仅仅是党内斗争的反映和工具，总是想当然地认定这场民运"幕后"一定是有党内高层人士作后台，因此极端错误地认为，只要解决了党内斗争，也就解决了问题，只要找出所谓的"后台"，这场运动也就自然而然地烟消云散了。这种看法未免太落后于时代，也太低估了广大群众和人民的政治素质。我们在此严正指出，试图用解决党内斗争的过时方式来解决这场运动的任何企图，是幼稚可笑，枉费心机的！党内斗争的结束，并不意味着这场伟大民运的结束。说到底，不是党内斗争决定这场民主运动，而是民主运动必将最终决定党内斗争的最后结果。正如人们所看到的，这次学运和民运从一开始就得到了广大共产党员的坚决支持，因此，不管党内谁上台，只有首先站在这场运动一边，才能得到广大党员的信任。如若一味站在这场运动的对立面，那么必将在党内失去合法性基础，其最后的不光彩下台只是时间问题。

八、不管党内斗争如何，这场学运和民运都将始终不渝地坚持自己的目标。我们重申近期的具体目标如下：第一，解除戒严令，撤回部队；第二，否定四·二六社论，否定李鹏五·二五讲话，公开肯定这次运动是伟大的爱国民主运动，承认群众自治组织以及具有真正代表性的民间自治组织的合法性；第三，立即召开人大紧急会议，讨论全体人民一致发出的罢免李鹏的呼吁，从而创造在民主和法制的程序上解决问题的良好气氛。毫无疑问这将是一场长期的斗争。为使政府方面对广大学生和人民坚定的决心有一个清醒的认识，首都各界联席会议在此向全国和全世界庄严宣告：如果近期内不召开人大紧急会议，那么天安门广场的大规模和平请愿活动将至少坚持到六月二十日人大八次会议召开。

九、这次群众运动和民主运动的伟大之处还在于，它从开始到现在一直是一场高度理性、冷静、克制、秩序和平请愿活动。我们正告某些政治领导人，一味采取高压和恐吓的非民主非法制手段来解决问题是不会奏效的：企图以武装力量军事解决问题只能玩火自焚。谁敢下令军队镇压学生运动和全民爱国民主运动，谁就是在把执政党、政府和军队推向绝路。因为一旦发生这种情况，那就意味着执政党、政府和军队的性质已发生了根本性的变化，其后果是不堪设想的。

十、伟大的"四·二七"和平请愿大游行是中国近代史上最光辉的一页。值此"四·二七"游行一个月之际我们特发表以上声明以纪念这一伟大的日子，并向全国人民倡议：将四月二十七日定为"中国自由民主节"！

伟大的四月学潮和五月民主万岁！

人民必胜

首都各界爱国维宪联席会议/北京市高校自治联合会/外省赴京高联/保卫天安门广场指挥部/知识联合会/北京工人自治会/北京市民自治会/北京工人敢死队/北京工人纠察队/北京市民敢死队。

第四节　"外高联"对话
中共中央、国务院处理学潮领导小组

我印象中在 25 日左右我们"外高联"5、6 个人来北京饭店谈判过一次，也是对中共中央国务院全权处理学潮小组的，具体时间已经记不清楚，当时谈判时间很短暂，就政府公开承认是学生爱国运动，必须有这个条件学生方能撤出广场，双方互不相让，不欢而散，一直也没有结果。

27 日 13 点左右，连胜德和我带领一些"外高联"核心成员 8、9 个人应约到北京饭店，与中共中央和国务院处理学潮工作组负责人对话谈判。中共中央和国务院处理学潮工作组在北京饭店主楼租住了一个套房用于办公，选择这里应该是因为距离天安门广场很近之故吧。中共中央和国务院处理学潮工作组具体负责人是一位姓吴的中年女士，我们之间的对话感觉双方都有策略性的，我们也抱着试探的目的，争取于学运有利的机会。

我们先是坚决声明"外高联"的立场是：希望政府高层出面对话，

撤销 4.26 社论，取消戒严军管。

工作组的态度：你们的诉求都会及时向中央领导反映的，目前局势复杂，你们要求的事情很可能不会很快解决，希望同学们能先撤出广场，戒严部队是一定会进入的，不希望看到大规模流血事件的发生。

这次对话没有什么结果，后续我就没有再参与。

在这次来谈判时进入北京饭店大门内，遇见先来会谈后返回的保卫天安门广场指挥部的郭海峰等几位副总指挥，我明白我们"外高联"是今天第二批进行对话谈判的。之后过了几天，大约是 6 月 1 日，我见到郭海峰说起那次北京饭店谈判相遇的事情，他说也看到我们了。郭海峰还说："5 月 30 日或者 31 日，广场指挥部的张伯笠和李录等人去了北京饭店与政府代表进行了谈判，目前也没有听到什么结果。"

28 日今天的一些报纸刊登了已经回国并停留在上海的全国人大委员长万里发表了支持李鹏政府戒严令讲话，我们看到消息都非常震惊，本来还寄期望于万里回北京召开人大，按照人大程序推翻戒严令呢，感觉形势愈加严峻。

28 日早上，今天将要举行北京市和全球华人大游行，世界各地，以及北京和外地很多地区都有游行，抗议戒严。我们一早就做了些动员和安排，特别是要求"外高联"纠察总队沿途维持秩序。我与一些带领参加大游行的高校自治会负责人商讨了游行组织与维护工作，还在头一天安排订制了一些"外高联"的大旗，作为游行的引导旗帜。后来我们通过媒体了解到，这次民运组织发起的全球华人大游行，香港有学生、知识界、文艺界、市民等 150 万人参加游行，澳门有四万各界民众参加游行，台湾的台北、高雄等城市几万人参加游行，美国、欧洲、澳大利亚、日本等国家的都有成千上万的华人游行抗议中国政府，支持声援中国民主运动，北京十几万学生、知识界、市民等各界民众参加游行，其中，外地 300 多所大学的八万多来京的学生，口号是罢免李鹏，撤销戒严、召开人大会议等。广东省等中国很多外地省份都举行了人数最多的大游行。

在这次全球大游行和之前的游行中，千百万人走向街头支持和声援学生，是那个时代人民给予学生的肯定，人们呼喊出"学生代表历史，学生代表人民""学生是中国的希望""学生万岁，理解万岁"。

28 日下午晚些时候，我和连胜德一起在广场纪念碑处约见了柴玲，谈了外高联与广场指挥部之间协同配合的一些事情，虽然在有些事情上有些意见分歧，但是彼此之间单独沟通还是很友好，也很平和顺畅的，都是学生自治组织，只是有意见分歧和工作做法不同，无须标榜谁比谁正确正宗和厉害。连胜德后来对此事情的回顾记述：连胜德和柴玲简短交流，指出她对以后的历史要负她的相应部分责任，并说明我连胜德和"外高联"退出保卫天安门广场指挥部的根本分歧是你柴玲不承认广场指挥部是"北高联"与"外高联"的派出机构，也不按时把接替"北高联"的管理广场指挥部职责交回，也不执行、不配合各方达成的撤出天安门广场的决定。并且连胜德告诉柴玲，在退出广场指挥部和离开纪念碑学运之声广播站后，已开始和"北高联""外高联"同仁按前期达成的共识向全国各地派回大量外地赴京学生回校完成各地自治会的建设，发动社会各界的广泛支持。同时向她通报了"外高联"与中共中央国务院全权处理学潮小组，以及对中国红十字会对话的事情。

我当时要去广场秘书处帐篷找郭海峰，连胜德和柴玲两人又单独谈话一个小时左右，之后连胜德到广场秘书处与我汇合，我们又与海峰做了各自的组织进行对话中共全权处理学潮小组的情况，我也说了一些"外高联"对话中国红十字会的情况。我们彼此交流讨论，互通重大情况，双方表示"外高联"与广场指挥部应该和争取协调一致。

第五节　"外高联"对话
中国红十字会（受托于中共高层）

因为在绝食后期中国红十字会及北京市红十字会在广场指挥部与连胜德就救护广场学生等方面谈判过，对学生自治组织有些了解。并且在 21 日"外高联"、广场临时指挥部与中国红十字会负责人共同夜闯中南海，上书军委主席邓小平这个渊源，中国红十字会秘书长于 22 晚上来到天安门广场临时指挥部，与我们谈建立一个通过中国红十字会与中央高层的沟通、对话渠道，避免或者应对以后可能发生的大规模人道主义灾难。

25 日上午，中国红十字会蓝秘书长到天安门广场找到连胜德和我。他表示中央高层希望中国红十字会出面与学生组织会谈，希望我们"外高联"能到中国红十字会去正式会谈一次。我们答复可以会谈，但是希望中国红十字会向中央转达我们两点要求，一是承认这是一场学生爱国民主运动，改变"四·二六"社论的动乱定性。二是希望国际上和全国通过中国红十字会给学生的专门捐款全部给到学生自治组织来接收和管理，从而及时有效的对学生进行生命和健康救助。现在广场上的食物匮乏短缺，资金已经极度紧张。蓝秘书长表示会全部向上转达，你们来开会时可以直接提出相关要求和意见。

当天下午 2 点左右，我们"外高联"连胜德、王醒等十名左右的负责人乘坐中国红十字会派来的救护车到达中国红十字会总部。中国红十字会会长、两个副会长、蓝秘书长、郑副秘书长和据后来听说是中共中央和国务院派出的几个人也暗中参加了对话谈判。在这次对话中，我们除了坚持以上要求承认学生运动是爱国运动，和改正"四·二六"社论两点外，又增加两项：一是强调要求中国红十字会大量增加派遣医护人员到天安门广场参加救治学生，向学生提供必要的药品、消毒剂等医疗物资，特别是外地赴京声援的广大学生的卫生和身体健康状况堪忧，急需医疗保障；二是强烈要求中央和政府主要领导出面与学生自治组织平等对话，尽快解决当前的紧急局面。中国红十字会会长等人表示，高度肯定学生的爱国热情，协会非常关注广大同学们的身体健康状况，希望与学生组织合作共同做好同学们的救护工作。你们一直以来提出的学运不是动乱，要求承认是爱国学生运动，要求与中央领导对话，以及国内外各方面通过中国红十字会捐款给学生的资金和物资的要求，我们会向上汇报和请示，过些天再与你们联系和答复。对于向天安门广场增加救护工作人员和提供必要的医疗物资要求，这一点请同学们放心，红十字会在同学们绝食期间的救护工作与你们学生组织配合的都很好，医疗方面尽快给予安排。

这次对话我们"外高联"主要是连胜德和我，还有卫生部部长李翠萍等十人左右，参与对话的成员一致坚持这次学运是爱国民主运动，坚决要求撤销"四·二六"社论，要求中央尽快进行对话解决。同时也希望解决一些关于学生救护和医疗物资等务实的实际问题，因此我们在本次对话中一直是有理有节的，也是有策略的。

27 日，北京红十字会发言人对媒体表示，不会将红十字会收到的各界给学运的捐款的钱直接给到学生的组织，将只用于抢救学生。

29 日下午，我带了"外高联"卫生部长李翠萍和秘书处的两个人成员，一起到中国红十字会问询上次对话会谈的有关问题的答复和落实问题。中国红十字会也是我们学生组织与中共邓小平方面、政府对话谈判的一个渠道，这在当时是公开进行的。

出面接待的是中国红十字会蓝秘书长等人，他直接说："总会关于向学生提供医疗物资和救护、医护人员方面，已经有一些安排了。红十字会收到的社会各界给学生运动的捐款只能用于购置药品和救护工作，捐款还不能直接给你们广场上的学生组织。你们学生组织要求与中央高层直接对话等要求和想法也已经转达上去，但是到目前为止没有任何消息"。我提出（1）目前天安门广场静坐学生健康状况不佳，戒严危机有可能导致流血事件，希望中国红十字会本着人道主义精神，对参加学运和广场上的学生积极进行救护；（2）天安门广场上的很多学生需要医疗救护和救治，还有我们"外高联"等学生组织自宣布戒严以来，派出了大量的学生到北京各大交通要道进行劝阻部队不要进入北京城和天安门广场，这些在北京市各交通道口的维护秩序的纠察队同学的身体健康和生命都遭受危险，请中国红十字会严重关注，并组织医疗队伍进行救护、救治。（3）关于与中央对话解决危机问题，希望满足我们学生的基本要求，希望你们继续争取，尽快答复，我们等你们红十字会的沟通结果。蓝秘书长表示有消息及时通知我们，还说了你们在广场的同学处境非常危险，戒严部队应该很快就要有大动作了，我们也担心和着急啊！会后，中国红十字会派了一辆面包车把我们送回了天安门广场。

第六节　香港方面支持学运对接合作，华侨代表、国际友好人士合作

香港学联与外高联的联系与合作，香港支持学运概要

5月中旬学生绝食请愿期间，香港学联主席林耀强（香港中文大学学生）等同学就来到北京考察学运情况和声援。之后从香港携带大量募集的捐款资金、物资，陆续运抵北京天安门广场，极大的支持了八九学运民运。在此期间，外高联与香港学联和港支联都有很好的交流与合作，广大外地在京抗议的学生得到了香港学联和港支联的很多和宝贵的物质和精神支持。

5月26日中午至下午，"外高联"秘书处的同学向我报告，有香港的同学有要紧事希望找我们"外高联"负责人谈谈。来人是香港学联的，我们也称香港声援团（我们当时对他们的简称）的负责人林耀强，林是香港中文大学的学生，我们之前有过接触，见过几次，我也接触过香港学联的李兰菊、陈清华、潘毅、廖雪云、林亦子等同学，香港同学在天安门广场上大约有二、三十名。在天安门广场东面与

"外高联"总部之间，我与香港专上学生联合会赴北京声援的学生代表（主席）林耀强等同学来回踱步，交流当前学运局势、学生组织之间配合问题，以及香港援助支援学运资金与物资如何安排等问题。林耀强并提出："鉴于现在广场上学生大部分是外地来京学生，我们香港支援的食品等类物资转交到你们'外高联'进行配发和管理如何？"。我对林耀强说，我建议由香港学联自己安排人员负责广场上学生的食物发放，援助资金也由你们亲自掌握，主要应该用于购买食物等急需物资。还有建议香港方面派人协调安排支援的帐篷尽快搭建，按照各省份建立学生帐篷区，并提出在中国历史博物馆这一侧安排几十个新帐篷，用于外地部分高校学生安置，我们"外高联"全力配合。我的建议得到林耀强和后来加入讨论的两位香港女生同学的赞同。我们都认为广场静坐抗议秩序需要尽快进行整顿，林耀强还提出学生组织之间的协同和机制问题，他说已经与"北高联"和广场指挥部也谈了多次这个问题，目前在天安门广场上的主要是外地学生居多，希望"外高联"发挥作用，我们也安排代表加入到了"外高联"。我为此接着说了一些我们共同合作，一起协同作战等豪言壮语。当时林耀强要给我留下他的联系方式，我拿出记事本让他写的时候，发现在我的记事本上已经有了他此前已经给我留过的联系方式了，好像是之前在广场临时指挥部时留下的联络信息。

27 日，香港学联在天安门广场东北角设立了"香港支援大陆民运物资联络站"，负责经管从香港各界支持学运所募集捐款和大量物资，由 20 多名香港中山大学学生负责经管物资站，向广场上的学生们配发食物等各类物资。

这里特别需要介绍香港学联和中文大学加入"外高联"，在 5 月 25 日后的"外高联"改组、扩大时，香港专上学生联会及中文大学的林耀强、林亦子、廖雪云等同学作为香港高校学生代表成为"外高联"常委。香港学联派出学生代表加入"外高联"，我感觉在八九学运期间是自然而然、顺理成章的，更是当时在广大参加学运的同学们之间产生非常积极的影响，感受到的是实实在在在于精神上、心理上和香港同胞在救援物质上的支持。

华侨代表、国际友好人士合作

自 5 月 19 日"外高联"和天安门广场临时指挥部成立以来，声援、来访和交流的华侨和国际人士众多。

有从美国、英国等国家特意赶来中国北京考察和参加学运的留学生和华侨，也有当时在中国高校学习的学生和在华工作的外籍人士。特别是华侨和留学生很多都代表着国际华人华侨组织、大学的学生与学者组织，来声援和支持我们学生运动的，有些还进行了互动和合作。

连胜德在 91 年出狱后曾与我对此做过交谈，他八九学运当年在天安门广场接待和交流的华人华侨、留学生和国际人士很多，有一些人还捐款和购买大量食品支持学运。媒体方面比如英国的 BBC、美国之音、时代周刊等西方媒体，香港媒体记得有《星岛日报》及其记者蔡淑芳，以及香港、台湾等新闻媒体。这些都是记录在我的记事本上的，当时使用过两个大本子，都密密麻麻记满满的，可惜后来被抓捕时都被公安警察给没收了。

这方面我同连胜德的情况一样，也是记录这些人的姓名和联系方式等的记事本在被抓捕时没收了。我接触的华侨、留学生和国际友人没有连胜德接触的多，但也是有很多的。记得在六四后的一、二天，我们还打电话联系到美国媒体的朋友，见面通报我经历的在北京发生对学生和民众的大屠杀情况，通过他们对外发送镇压屠杀真相和我们的声音，以及还请他帮助我印刷了很多揭露中共开枪残酷镇压学生和民众的传单。

香港同学和同胞，还有这些来北京和天安门广场声援、支持我们学运的华侨、留学生和国际友人，以及他们所代表的组织、团体，对我们是莫大的鼓励和精神支撑。这在学运开始，一直到六四大屠杀发生，以及之后的长期以来讨伐中共残暴镇压时期，都是这场伟大的争取中国自由民主运动中的参与者和见证者，是正义力量的体现。对此，我们八九一代和国人将用不忘记，感恩有你，永怀敬意。

第七节 "外高联"千人纠察队
围困抗议北京市公安局，营救"工自联"三名主要负责人

30 日早上，经过昨晚的紧张安装，天安门广场北侧，面对天安门城楼的民主女神塑像已经树立起来，周围很多人围观。这个新增添的巨幅民主女神像雕塑，是北京的八个艺术院校联合负责，由中央工艺美术学院雕塑完成的，现在已经成为我们学生运动的精神象征，成为了一个抗争象征，让同学们感受到非常大精神鼓舞，也带动了很多各界民众来观赏和支持民主运动。

30 日上午早些时候，我在中国历史博物馆台阶上正在与一些外地高校学生自治会的负责人开会，"外高联"纠察总队的总队长赵昕急急赶来对我说，工自联派人来送信说他们工自联几个领袖昨天被公安局抓捕了，请求"外高联"派人去营救。我们马上走进"外高联"总部帐篷内商议，当即决定由赵昕迅速组织了几百名纠察队员一同前往公安局抗议，代表"北高联"的北京大学团结学生筹委会的熊焱也带来一些北京高校的同学一起进行了抗议，要求北京市公安局立即释放"工自联"负责人。在此期间，"外高联"纠察总队的队员和"工自联"常委韩东方、李进进，以及部分同学还在公安部及国家安全部大楼前静坐抗议，当时主要由学生和部分工人组成的声援抗议。

"外高联"纠察总队在 31 日夜晚又组织上千名成员在北京市公安局大楼前游行，抗议抓捕"工自联"领袖和"飞虎队"成员，"外高联"纠察总队总队长赵昕作为学生组织三人代表之一，和"北高联"常委王超华、马少华（致远）共同进入北京市公安局谈判，迫使公安局承诺三天后给予答复。三位学生代表是 31 日晚上进入北京市公安局办公楼的，第二天，也就是 6 月 1 日早上出来的，因王超华连夜奋战救人，体力不支，公安局派车还送超华回北大的。经过持续

不懈的斗争，成功的将"工自联"钱玉民、沈银汉、白东平三名负责人从公安局解救出来。这是八九民运中少有的一次斗争胜利，也是八九民运历史上引人注目的英勇事迹。

第八节　"外高联"历史上
非常关键的一次组织整顿、整合行动

事因：

5 月 26 日—28 日，"北高联"通过决议已经着手进行整顿天安门广场的努力，"北高联"常委郑旭光、杨涛等同学在天安门广场尝试控制局面。因"外高联"明确意见是尽快撤离广场，开展长期校园和全国民主运动，支持"北高联"有必要再次回到天安门广场接管或者改组保卫天安门广场指挥部，保卫天安门广场指挥部柴玲、李录与"北高联""外高联"发生争议。在此期间，大约是 5 月 28 日晚些时候，保卫天安门广场指挥部李录等人策动和号称另立"外高联"执委哈斯担任"外高联"总指挥，华夏副总指挥，哈斯与华夏带了十来个"外高联"常委、学生代表一伙人（这些人大多数同时经常参加广场指挥部的每天晚上的例会）另行其事。这与"外高联"组织规则和程序严重不符，并且"外高联"的组织部、宣传部、外联部、纠察总队等所有职能部门全部没有响应和跟从哈斯等人行动，全部按照原有组织原则继续在连胜德和我的指挥下正常运作。正如当年会议期间"外高联"外联部秘书长赵常青所说的："我们外高联总部各个部门及成员只认总指挥连胜德和王醒，组织的原则和团结是学运达成目标的保障"。发生这样不协调的事情主要是哈斯他们听从了保卫天安门广场指挥部李录等人的策动和蛊惑，另一方面也是我们"外高联"几个主要负责人经验不足，本来吸纳哈斯等新常委、执委补充进入"外高联"，希望并安排他们紧密联络各省区高校来京学生，还有联系、传递，协助"外高联"指挥部指导外地各个省份高校及区域开展学运的，但是，没有想到这几个同学受到蛊惑，在分不清事理的情况下，对"外高联"管理系统更有兴趣和来使劲，并形成了干扰。对此，在近两天和这次整顿会议前，有多个常委和部门负责人找我和连胜德反应哈斯等这些同学引起的混乱和不利局面，有部分常委和组织部负责人对哈斯与华夏的违反组织原则、破坏了学运行为，提议罢免所有职务。

组织整顿、整合行动：

30 日下午，为整合"外高联"组织、加强效率和纪律，也因为近日有分歧的这部分"外高联"委员会成员大多都是我 25 日主持会议增选进来的缘故，连胜德等几个同学对我说，哈斯这些新进入同学是我主持的 25 日会议扩大加入"外高联"的，现在造成的影响很不好，希望我出面尽快整顿组织，为此，连胜德还提议并写了一份成立"外高联"监察部，并有我来兼任部长的任命书。连胜德提议并书面任命王醒兼任监察部部长，主持进行外高联整顿。我本来抱持组织队伍多多益善，只要有勇气和一定能力的同学，经过一定的民主程序，都欢迎加入"外高联"领导队伍。但是如果没有经过"外高联"组织程序等或者由此引起管理紊乱，那就应当本着对组织和学运负责的精神，进行必要的整合和规范。鉴于此，"外高联"启动组织程序，采取行动，王醒负责进行了外高联最后一次组织整顿。

30 日旁晚，我因病情复发，也有连续两天没有睡觉疲劳过度而昏倒，被卫生部部长李翠萍等同学用担抬到救护车上送到了协和医院，在医院治疗时我当时还与看护我的同学和医生开玩笑说，没有个好身体，太耽误革命事业了，革命成功后一定要好好强身健体。我记得医生说，身体是革命的本钱啊，你们这些学生已经感天动地了，还这么有乐观精神。我 31 日清晨时，经过昨晚在医院的医生治疗后，我又回到了天安门广场"外高联"指挥部。

5 月 31 日上午，"外高联"最后一次组织重整是根据当时的形势采取的必要措施。在天安门广场中国历史博物馆草地"外高联"总部大帐篷里，"外高联"副主席兼秘书长王醒主持召开 100 多所外地赴京高校自治会或声援团负责人大会，主席连胜德及大部分常委、各部门部长或者主要负责人（有些担任常委）都参加了大会。本次会议决定将这两天"外高联"执委哈斯带领"另立"山头的部分常委和各外地高校所在省份新委派的常委整合到"外高联"的领导机构，快速果断解决出现的混乱局面。会议通过举手表决方式，全票通过决议：决定连胜德继续担任主席（总指挥），王醒继续担任副主席（副总指挥）兼秘书长，仍同时继续担任固定执委和常委职务。组织部、宣传部、卫生部、外联部、纠察总队等各职能部门负责人继续兼任常委，确认各省区直辖市常委二十多名，以及再次明确各省市区高校学生组织或学运中最积极主要高校学生组织代表轮流常委资格。会议决定哈斯和华夏如果回来总部，可以继续任职执委、常委工作，继续发挥他们的正面作用，对于其违反组织规则号称的总指挥、副总指挥不予认可，对于其设立的个别部门都合并到外高联现有职能部门中，并重新整合设立了秘书处、组织部、宣传部、外联部、卫生部、监察部、纠察总队等各部门，任命了一些各部门负责人。王醒表达了外高联从成立之日到现在，一直是有延续性运作的，是有组织、有纪律和民主规则的，是所有外地省份的全国性高校学生自治组织，继续按照 25 日组织方案开展工作，并强调组织的团结、纪律与民主原则问题。

哈斯和华夏当时没有在天安门广场，没有参加这次会议，这两个人都是近几天在我主持的 25 日外高联改组时加入外高联的，不太了解当时民运内外局势，特别是"外高联"是独立的全国性学生自治组织，与保卫天安门广场指挥部是各自独立的组织。哈斯、华夏他们与一些意图搞乱"外高联"的，受保卫天安门广场指挥部李录等人的影响较深。但是本着学生组织团结和稳定组织队伍的精神，以及对哈斯同学做过的其它正面工作的肯定和爱护，决定整顿、合并和团结这几个成员。因此我力主在会议决议中作出对哈斯和华夏如果回来总部，可以继续任职执委、常委工作，继续发挥他们的正面作用，对于其违反组织规则号称的总指挥、副总指挥不予认可，对于其设立的个别部门都合并到"外高联"现有职能部门中，这个决定和结论在当时是有明确的正式会议决议的（记得会议之后有哈斯身边的同学找到我说，执委总共十来个人，不就是相当于副总指挥嘛。我明确讲，执委就是代表大区级别的执行委员，在外高联组织中很重要，但是不能等同于副总指挥）。这个会议还安排了一些分工和事项工作：积极组织、发动来京高校学生和联络指导全国高校及民众的工作。与北高联紧密合作，共同协调对保卫天安门广场指挥部，进一步加强与首都各界联席会议、工自联、北京市民自治会等组织的联系和共同合作。尽力广泛联系、推进外地来京声援学生返校反省后进行组织、串联，发动扩大全国学生爱国民主运动。我记得本次会议整合的组织名单由秘书处和组织部整理的记录本是交到我这儿的。

第九节　所谓"绑架柴玲事件"相关事实真相与澄清

6月1日凌晨—清晨，所谓"绑架柴玲事件"。

5月31日晚我是住在广场"外高联"总部大帐篷内，大概6月1日凌晨4点左右，连胜德叫醒我，说广场指挥部郭海峰派人来邀请我们去广场指挥部开紧急协调会议。我马上叫醒并带着一个秘书处的刘同学（通常都安排这个同学负责做会议记录的），与连胜德一起来到设在纪念碑二层的广场指挥部。我们到达的时候已经有十来个同学正在开会，争吵挺激烈的。已经先到会场的人员有保卫天安门广场指挥部总指挥柴玲，副总指挥封从德、王文，秘书长郭海峰，以及另外两名同学，还有原来绝食团的负责人之一陈徕等人。我听了一段时间他们的对话才大致明白了怎么回事。以下简述本次事件大致内容，是根据我上个世纪九十年代初的回忆记录的资料整理，和后来与连胜德共同回顾此事记述的：

原绝食团团长和发起人之一王文，绝食团重要成员陈徕等同学为一方，指责柴玲和封从德、李录在戒严开始之初，看到形势危急，分掉了绝食团指挥部收到的 7000 元捐款，逃离了广场，你们个人都领取了 1000 元逃亡费问题，王文要求柴玲说清楚钱花哪里去了？过了两天戒严情势缓和你们回来后归还这个钱了吗？以及对指挥部的捐款问题，李录的身份问题等要求讨论不成，强制柴玲和绝食发起人和原绝食团的其他负责人讨论解释、交代上述问题。并说你们动机和能力都有问题，广大同学非常不满，你们已经没有学生基础了，不能也不适合再担任广场指挥部领导职位。

柴玲和封从德对王文和陈徕喊道：你们这是绑架行为，并且辩解释说：我们没有想逃亡，领取的资金是工作经费，根本不是逃亡费。你们动用纠察队绑架我们两个人是错误的，对学运产生非常不好的影响。

王文：不是绑架，是拉着你们来开会的。就是你们的错误，你们的问题导致对学运不利，你们必须辞职。

郭海峰：我们要对学运负责，我们指挥部内部的事情有什么问题都当面说清楚。今天还邀请了外高联两位负责人给评一评理，做个见证。

连胜德和我都对大家和分别"劝架"的过程中先后只说了一些话，大概意思是：你们说的实际情况我们不了解，但是应该本着实事求是。有利于学运的应该多做，不利于学运的事情坚决不能做。我们学生组织的事情希望能理性处理解决，本着对学运有利，对学运负责的精神，我们希望应该解决的是如何达成我们学运争取自由民主的目标和成功。

争执到最后，也没有一个定论和结果，大约早上 5 点多参加会议的大家陆续各自离开，不欢而散。根本没有什么人，什么谁带着纠察队赶走了绑架者的情形。连胜德和王醒外高联负责人是在凌晨两三点之后，被郭海峰等人请去保卫天安门广场指挥部做一个他们矛盾冲突和激烈讨论的见证人。

以上是我经历这个事件的事实经过与真相，其它相关的绝食团与保卫天安门广场指挥部内部前因和后续情况我们不得而知，这里也不做出过多猜测。

6 月 1 日临近中午，保卫天安门广场指挥部召开记者新闻发布会，对外宣称昨天晚上，"外高联"冲击保卫天安门广场指挥部，"绑架"了柴玲、封从德，李录后来带领纠察队驱逐了绑架者，解救了柴玲。这是一个彻头彻尾的谎言，在多年以后，流亡海外的封从德在西方媒体撰文和著述中承认，八九民运期间的 6 月 1 日"绑架"柴玲事件是原绝食团指挥部副总指挥王文（常委）等原绝食团一些同学干的，八九年当时对外宣称是"外高联""绑架"的。

对于八九民运当年所谓"绑架"柴玲事件，作为学生组织之一的保卫天安门广场指挥部及其主要负责人这些同学，以莫须有的事情来污名化另一个重要学生组织，用这种低级的方式，对抗打压其他学生组织，这是八九民运历史上一个极其严重的一个"错误"，这个错误和问题产生的根源和不良后果值得当年参加八九民运的所有同仁警醒和深思。对以后在中国自由民主化进程中的反对派组织、仁人志士都应该引以为戒。

所幸，多年以后在回顾与反思，整理八九民运历史和档案工作时，封从德作为当年的八九民运参加者和组织者，能本着历史事实，客观揭示出当年这个所谓"绑架"事件，纠正当年对外高联污名化所犯的错误，也是值得肯定的，在这方面，现在的封从德比当年进步了，有严谨的历史学者风范。

第十节　"外高联"决策并发布
《爱国民主运动胜利撤出天安门广场宣言书》，
实施撤出天安门广场努力，以及后续的高层集体负责机制

自 5 月 27 日以后，在前期与"北高联"和首都各界联席会议及部分民运人士沟通研讨基础上，"外高联"认同北高联等组织尽快撤

出天安门广场，坚持和规划长期抗争的意见，这与我们"外高联"坚决坚持本次运动是爱国民主运动，需要冷静分析当前局势，做长期打算计划，对中共政府当局的残暴和武力镇压要高度警惕，及时撤出广场，避免大规模的学生流血牺牲的想法是一致（但是，我们当时谁也未曾想到过和没有预料到中共会如此残酷对学生和民众进行大规模的大屠杀，且是全国范围的）。

其中，"外高联""北高联""首联" 28 日和 30 日的撤出努力，30 日又有知识界人士来"外高联"接洽交流撤出天安门广场的策略与时机，竭力进行撤出努力，6 月 1 日的外高联坚定实施撤出天安门广场的努力。

6 月 1 日上午早些时候，针对撤离天安门广场还是坚守天安门广场问题上，我和连胜德，以及在天安门广场上的"外高联"总部的部分常委、执委、部门负责人等二十多人的核心成员进行了研究讨论，认为从当时了解的各方面情况看，中共邓小平、李鹏等坚持学运是动乱，并采取军管戒严的团伙已经控制了中共内部局势。赵紫阳等开明派不掌握军队，并且应该已经被内部免职、边缘化了。寄希望于赵紫阳出面主持局面和寄希望于人大委员长万里主持人大常委会来取消戒严希望渺茫。因为就在前天的官方报纸刊登了人大委员长万里终止在外国的访问，回国停留在上海，并且万里委员长在沪发表书面谈话表示，"坚决拥护中共中央政治局常委会的重要决定，完全同意李鹏同志和杨尚昆同志 5 月 19 日在首都党政军干部大会上的重要讲话。国务院根据宪法第 89 条赋予的权力，决定在北京部分地区实行戒严，是符合和维护宪法的，这对坚决制止动乱，迅速恢复秩序，是完全必要的。我完全支持国务院采取的这一坚定措施。"。我们指挥部从当时关心学运的有关人士传递来的信息，和我们综合初步判断，邓小平和赵紫阳应该都是希望看到学生尽快撤离天安门广场的，这样他们都有政治回旋余地。李鹏是最希望在学生还没有撤出天安门广场前制造混乱，好让军队进行镇压学运，从而好做实学生和民众动乱之实来保住自身政治生命和安全的。学运内部方面面临内部组织机构意见分化，原定 5 月 30 日撤出天安门广场计划未能执行，学生组织难以统一。还有，特别是我们刚刚目睹了发生的"保卫天安门广场指挥部"内部激烈纷争的状况。本次学运以来已经取得一些重大成果，现在天安门广场上主要是外地来京学生，"北高联"也建议外地学生返回当地开展学运。我们作为学运主要组织和组织者，那么需要当前总体局势和考虑学运如何长期打算问题？需要面对如何避免大规模流血牺牲，被一棒子"打死"等问题。我和连胜德当时还提到"北高联""外高联"和"首联"28 日和 30 日计划撤出广场的决策和努力，还介绍了我俩之前与"北高联"、保卫天安门广场指挥部的郭海峰等同学有过的沟通和共识，也就是按照上中下三策来考虑，上策是中共实施镇压前撤出天安门广场；中策是广大学生民众都撤出天安门广场，只留下十来个学生领袖和知识分子在天安门广场坚守，"外高联"方面我和连胜德报名参加；下策是广大学生、民众一直坚守保卫天安门广场，极大可能会有流血牺牲，学运被军队残酷镇压。现场同学也做了一些分析和不同意见争议讨论，但是最终根据这样综合的时局分析判断，我们绝大多数同学认为撤出天安门广场或许会有回旋余地，可以进行长期的和全国民主运动发展进行考量。在连胜德的提议下，大家作出了的撤出天安门广场的决策，"外高联"指挥部的部门负责人以上成员基本都在撤出天安门广场《宣言》上签字，并公开发表一个《宣言》。也是在同时，正赶上今天凌晨所谓的"绑架"事件的发生，我们中午听闻保卫天安门广场指挥部对外宣称是"外高联"实施了所谓"绑架"，还对外宣称是"外高联"不愿意撤出天安门广场，这样的混乱局面如果持续下去更加不利于学运。6 月 1 日中午，"外高联"开始研究实施撤出广场的准备工作的，连胜德代表"外高联"及征求部分"北高联"（印象中是王超华签字了）及保卫天安门广场指挥部的（原绝食团重要成员）郭海峰、迟东阁、李东辉、陈徕、张巍、大利同学等成员签名基础上，向外地赴京 300 多所高校学生、全国各地高校学生和在天安门广场的广大同学们和全国各界宣布《爱国民主运动胜利撤出天安门广场宣言书》，《宣言》还盖上了代表外高联组织的【人民万岁】印鉴。《宣言》内容主要是宣布学生运动是爱国民主运动，已经达成阶段性胜利，为了学运的长期开展的策略和学生健康、安全考虑，避免大规模流血，宣布六月一日胜利撤出天安门广场，回到学校，搞好校园民主建设，完善加强组织，走向全国继续开展长期的爱国民主运动等。同时，呼吁"北高联"与保卫天安门广场指挥部与我们"外高联"统一行动，胜利撤出天安门广场。当时很多同学表示之前就听说了解到"北高联"也是主张撤出天安门广场，进行校园民主建设和坚持长期的全国性抗争的，所以有大量的学生积极响应撤出了广场。紧接着保卫天安门广场指挥部广播发出"罢免"连胜德的"外高联"总指挥职务，因广场上部分同学的反对撤出广场，又没能全部成功撤出广场，连胜德本人宣布辞去"外高联"主席（总指挥）职务。我们"外高联"总部成员对保卫天安门广场指挥部广播站罢免连胜德总指挥的通告非常愤怒，纷纷表示这个保卫天安门广场指挥部本就是"外高联"和"北高联"的派出机构，有什么资格罢免"外高联"总指挥？那些打着"外高联"秘书处旗号的部分高校代表，受到"保卫天安门广场指挥部"李录等人的鼓惑，居然在王醒制止和指出他们这样做是严重错误时，还对王醒进行围攻，强行阻挡学生们撤出天安门广场，意图进一步破坏"外高联"组织。

以上这个历史事实充分说明了，当年不是"外高联"不愿意撤出天安门广场，也不是我们"外高联"在撤出广场方面的意见与"北高联"意见不一致。更不是后来有些当事人和研究编辑八九年这段民运历史描述的那样，主要是外地学生组织和外地学生不愿意撤出广场，这与真实的历史是不相符的。"外高联"作为主要学生组织之一，是综合从各方面信息、意见，我们对当时时局的判断，对民主运动全局和斗争策略上考虑，和与"北高联"等其他主要组织商量的基础上，在有组织、有策略的撤出天安门广场。希望引导学运民运坚持长期民运抗争，完善加强组织，回到校园，进行校园民主建设，走向全国，形成多个运动区域中心，避免大规模流血事件方面，当时和现在看都是站在正确一边。事后非常多的，知道内幕的人士都支持和认为当年"外高联"的决策和做法是正确的。但是，没能全部学生撤出天安门广场的根本原因，是中共强硬拒绝请愿抗议学生和民众的所有诉求，没有给这场学生运动正确的定性和以文明方式对待处理，是中共内部顽固反动派为维护共产党独裁政权和争权殊死内斗，而是采用极端的军管戒严方式进行镇压。作为学运、民运组织或者参加的同学不管是主张或实际撤离广场的，还是主张坚守或实际坚守到六四最后时刻的，都没有错。只是选择哪一种斗争方式更好的问题，以及居于每个参加者自身对这场民主运动及当时情况的认知程度、能力的问题。所有参加者，当年他们都是这场民主运动当之无愧的英雄。

因总指挥连胜德下午辞职了，"外高联"指挥部在场的主要成员纷纷急切的要求我就任总指挥（主席），他们的主要意见就是你王醒是副主席兼秘书长，主席辞职了，现在形势危急，你当然得顶上啊！在组织部长黄利峰急迫的催促下，我说鉴于这种情形我就暂代理主席职务吧，这些天我们再与胜德好好谈谈，胜德虽然辞去了总指挥（主席）职务，但是没有宣布辞去"外高联"执委、常委职务，我们必须争取还是让他来继续干这个主席。于是，我在指挥部宣布和通知"外高联"其他核心层成员，鉴于没能达成顺利全部学生撤出天安门广场的目标，还有大量的外地学生留在广场和北京，我们"外高联"及总部成员继续执行战略性和胜利的撤出天安门广场决定，到全国各地继续开展学生运动，没撤出广场和在北京的指挥部负责成员和各部门继续后续活动。对于"外高联"各省区常委和执委，以及各部门负责人及骨干成员撤出广场后，要求各自回到本省区和高校继续联络、团结当地学生和组织，开展长期学运，我们"外高联"将建立与各省区主要学运负责人的联系机制和学运管理机制。

本次宣布撤出广场后，对于这次"外高联"宣布撤出天安门广场而陆续撤离的学生，有同学事后估计有1、2万人，这些撤离广场的同学大多数回到了外地本学校和家乡，也是按照"外高联"以胜利撤出广场方式，走向全国进行校园民主建设和全面社会民主抗争部署，在后来北京开枪镇压后的若干天时间里，这些从北京返回的同学与当地学生、各界人士一起进行抗议、抗爆发挥了重要作用。这些幸存者是为中华民族保留下来宝贵的"火种"和希望。

六月二日

大约是6月2日中午左右，"北高联"常委王丹来"外高联"总部沟通了解情况。王丹身穿黑色体血衫，比前些天更显消瘦，当时看着与我体重差不多。他介绍一些首都各界联席会议的有关情况，但主要这次特意来希望听听"外高联"和外地同学们对于坚守广场，还是撤出广场的意见，以及对于争取全国人大常委会议召开取消戒严努力的看法。我在"外高联"总部帐篷里与王丹也做了一些交流和沟通，因为听说王丹来了，很多同学都围过来讨论。

2日下午，我带着"外联部"和秘书处的几个同学先是到广场上哈工大和十几个高校的营地去了解交流情况。其中，南京大学来京声援负责同学特意与我们通报，江苏南京的大学自治组织开展了"北上千里长征"活动，目标北京。昨天已经正式从南京出发，目的是沿途撒播民主种子，支持北京为中心的学生运动，预计下周末到达北京天安门广场与我们会合。我说这个消息昨天晚上就有同学来"外高联"总部简要通报过，对我们外地高校有这样的伟大举措和行动力表示支持和钦佩，希望全国各地多点爆发，能形成制造多个学运中心。

2日下午晚些时候，因有些外地高校领取食物问题，我到广场上的香港物资站去了解情况，经过协调，食物和饮料供给问题很快得到解决。真的是感谢香港的支持，学运后期没有香港方面的支持，学运的局面会更难啊。直到今日，每当我看到和想起面包的时候，总是会想到当年天安门广场上香港支援民主运动的面包食品和物资，内心充满无限感激之情，让我再次坚信面包会有的，中国的自由民主一切都会有的！我和其他部分"外高联"负责人，以及各部门的一些成员仍继续坚守广场，"外高联"总部采用集体负责制开展后续活动。

傍晚，我们在纪念碑处探望和了解今天刚刚已经宣布绝食的四位知识界人士。这四个人中，我当时有些了解的，刘晓波是这些天在广场上有接触和知名度的人物，特意从美国赶回来参加学运的北师大讲师。周舵是四通集团综合计划发展部部长，在广场上联络对接过我们"外高联"和天安门广场临时指挥部。还有我们在学生时代就耳熟能详的著名词曲作家侯德健，另一个是今天第一次见到，北京师范大学的讲师高新。这个绝食活动在之前的两天我们几个民运组织之间有过动议，现场快速浏览看了一下《绝食宣言》，很多地方写的非常有感染力，比如本次学运获得了全民支持，是合法的、非暴力和理性的，以及民主政治与制度重要性等。我们都认为中国需要这样的知识分子，需要广泛的知识分子站出来与我们学生一道争取中国的民主化未来。

2日晚上8点左右，我到航天工业部招待所的哈工大学生自治会驻京总部开会，沟通我们哈工大本校学运事情，以及在京声援团情况。我与哈工大自治会负责人汪自力等同学相互交流研究关于当前局势和学运意见，特别是汪自力和其他学生代表问我"外高联"对今后计划有什么安排？我向他们讲了最近几次"外高联"和"北高联"会议的讨论情况，以及昨天"外高联"发布胜利撤出天安门广场的宣言情况，对戒严部队很快进城镇压要警惕，如有可能建议尽快撤出广场和北京，有部分不愿意返校的同学要组织好，我会坚持在广场上的，让同学们随时与我保持联系，保持与"外高联"等组织的联系。希望返回学校的同学们继续组织抗争，我们这次这么大规模的同学来北京，在学运中确实得到学习和锻炼、成长，回到哈尔滨去加强校园民主建设，发动黑龙江的知识界和工人、农民等各界力量，团结扩大运动的基础，形成全国更大的运动浪潮，是有可能达到胜利希望的。因为同学们对我的了解和认同，大多数骨干同学们表示赞同，也有几个同学表示还要与在哈尔滨工业大学学校留守的自治会负责人商量，传达和征求这个意见。据多年以后了解，哈工大学生自治会（包括其沟通、影响了部分黑龙江省的高校学生组织）和赴京同学组织负责人认同我的分析和建议，除几十名同学继续留京外，大多数同学陆续返回黑龙江省哈工大学校。

6月2日晚上24点至6月3日凌晨1点，我从哈工大在北京的航天工业部招待所声援团驻地开会之后赶回了天安门广场。我在"外高联"总部开会时胸口疼痛和鼻子流血不止，卫生部的同学们说应该是我的心肌炎病复发啦，因当时没有找到救护车，连胜德赶紧去中国历史博物馆找到熟悉的值班工作人员杨燕，请求给紧急派一个车送我去医院，但是没能解决。之后秘书处两名同学和连胜德，以及中国历史博物馆的工作人员杨燕、袁大姐一起送王醒先去了协和医院。

第十一节　"空校运动"
与未能及时撤出天安门广场的重要因素

一、柴玲等人提出的"空校运动"计划。

在八九民运期间，5月27日上午、中午至下午，首都各界爱国维宪联席会议在中国社科院开会，讨论《关于时局的十条声明》。柴玲在该次会议上提出了"空校运动"计划，当即遭到王丹、吾尔开希的激烈反对，联席会议没有通过空校运动计划。

作为"外高联"负责人，我本人和连胜德对"空校运动"是有异议的和不同意的，在"外高联"内部会议上，以及与"北高联"、"保卫天安门广场指挥部"部分负责人都做过沟通，表达了我们的不同意见。

所谓"空校运动"就是呼吁和组织大专院校的学生立即撤出学校，返回家乡，运动需要时再集合起来进行抗争。这个"空校运动"计划还有"北高联"的常委杨涛也提出、力推过，六四前有北京高校部分实施了，外地高校也有个别实施了。

我当时的意见是应该"空天安门广场"，而不是"空大学校园"。如果把我们学运的根据地大学校园的学生力量都撤出了，怎么及时凝聚力量对抗政府？怎么搞校园民主基础建设？最应该空的是要以有利于学运的方式尽快撤出天安门广场，"空广场"才对啊！

有的同学说实施"空校运动"计划就是为了"空广场"，也就是为了撤出天安门广场。那为什么不直接"空广场"呢？你们这样整了个"空校运动"，又没有达到撤出广场的目的，从学运民运组织内部来讲，这个"空校运动"岂不是搞砸了学运民运全局的一个主要因素吗？

"六四"镇压之后，在秦城监狱和多年后，我与一些八九民运当事人同学对此进行了交流和分析，我认为他们说的很有道理：搞"空校运动"就是致使"北高联""外高联"失去大学基础、基地和影响力，没有能力再对"保卫天安门广场指挥部"进行制约和"争夺"学运指挥权。只要天安门广场不撤出，保卫天安门广场指挥部就是绝对的学运民运指挥中心，这是策略也是权术斗争。

二、为什么"保卫天安门广场指挥部"总指挥柴玲和副总指挥李录等坚持不撤出天安门广场？从学生组织内部来分析抗议学生没能及时撤出天安门广场的重要因素。

八九六四以后，一些学运民运当事人、关心民运的人士和研究学者，在国内外对此议题进行过很多研讨，很多著述和文字发表。其中有很多没有撤出广场的考虑和主客观因素等，我大多都阅读过，在这里不做讨论。

我在这里换一个全新的视角对这个问题进行深入探讨，根据当时的客观环境和历史事实，就是从八九学运民运学生组织之间的内部关系及影响，从有些学生组织负责人的自我定位及心理因素方面，为什么没能及时撤出天安门广场进行分析和判断，力图让人们对此问题有豁然看清楚、想明白了的历史穿透感。

1. 自 5 月 24 日"保卫天安门广场指挥部"成立，其主导核心人物就是以他们才能保卫天安门广场，并作为宗旨和使命的，正是打着这个"保卫"的旗帜才"篡位"上位的，如果撤出天安门广场，那就是没有"保卫"成功，撤出则就名不副实。还有从这个"保卫天安门广场指挥部"名称及核心诉求指向是不恰当的，应该维持或设立的应该是【学生运动指挥部】，但是此前已经有这样的组织了——"北高联"和"外高联"，以及双方共同设立的派出机构"天安门广场临时指挥部"。我们学生运动的诉求不是保卫和占据天安门广场，是否定"四·二六"社论和要求政府承认是爱国学生运动，还有是自由民主啊！"北高联"常委郑旭光在多年以后回顾这一段历史时，感慨的说："我当时一听到这个'保卫'的名字出台就感觉很不好，广场有什么可保卫的？这是彻底堵死了退路，毕其功于一役的光棍思维。和前期北京 4.22、4.27、5.4 三次大游行的运动组织水准（绝不占领广场）相比简直 low 到家了。对此学运民运组织需要反思。"

如果还使用我们原来的名称"天安门广场临时指挥部"就更有回旋余地，"临时"多好，临时想来就来天安门广场，想撤就临时再撤了，进退自如。

2. 只有坚守在天安门广场，"保卫天安门广场指挥部"才能存在，才能影响和参与主导学运民运，"保卫天安门广场指挥部"的负责成员才拥有左右学运民运的所谓"权力"和影响力。因为只要撤出天安门广场了，"保卫天安门广场指挥部"就自动解散了，就不存在了。客观情形是柴玲此时已经不是北京大学的学生了，两年前就去了北师大读研究生了。但是柴玲又不是北师大学生自治会的成员。李录据说是南京大学的学生，但是他没有参加"外高联"指挥部，也不是"外高联"成员。因此，这让他们怎么会同意撤出广场呢？撤出广场就没有"组织"了啊！因此的因此，这是囿于"保卫天安门广场指挥部"的部门利益考量，没有站在学运全局和利益的高度进行决策。就像"绝食团指挥部"一样，绝食结束改为静坐抗议了，绝食团指挥部就自然解散，不复存在了。这个前车之鉴，柴玲、李录是有深刻认识和体会的，大家看看原来绝食团及指挥部的一些核心成员在"六四"之后自己的公开发言和著述，就更是一目了然。

3. 如果学生们全部都撤出天安门广场，中共将对参与学运的组织者进行"秋后算账"，因此某些学运自治组织负责人才坚持不撤。

这种说法和判断，我作为当年学生自治组织主要成员从内部审视，这不应该是主要因素。

以上是八九学运民运在 5 月 24 日以后，没能实现撤出天安门广场，不愿意撤出天安门广场的学运民运内部主要因素。即便"北高联"和"外高联"一再作出计划和宣布撤出天安门广场的努力，因为"保卫天安门广场指挥部"不承认是"北高联"和"外高联"的派出机构，自己"闹独立"，个人英雄主义"名利"心太重（或许有中共派遣打入我们学生组织内部进行破坏学运，虽然没有确定证据，但是这种可能性极高，这里只做提示。），并一贯对抗、贬损"北高联"和"外高联"。36 年后，再回望和审视八九当年没能及时撤出天安门广场的重要因素，一些八九学运组织的当事人有过经典评论，与本书作者研讨此事时有极大共鸣：从学生组织内部看，没能及时撤出天安门广场的实质影响就是"保卫天安门广场指挥部"，主要责任就在李录和柴玲。

这里必须强调和指出的是：以上阐述的是八九学运民运没能及时撤出天安门广场的民运组织内部因素，是为次要因素。八九民运当年没能及时撤出天安门广场的主因，是中共强硬拒绝请愿抗议学生和民众的所有诉求，并坚持使用军管武力解决，这才是导致学生无法退场的根本原因和主要因素，也是历史真相和正确的历史观。

第十二节　八九民运期间，涉及误导误传"外高联"的四个重大事项是必须严肃纠正和澄清的

这里专题一节对外界涉及误导误传"外高联"的四个重大事项问题，进行汇总和集中说明，是为了让人们看到"针对""外高联"的抹黑行为不只是个别现象，颇能说明问题啊！36 年后，这些事件都大白于天下了，世人都明白清楚这些真实历史了吧。

第一，是本章第九节已经专文介绍的所谓"绑架柴玲事件"的真

相。在八九年 6 月 1 日中午，保卫天安门广场指挥部召开新闻发布会，公开宣称在 6 月 1 日凌晨，"外高联"实施了绑架柴玲行动。但是，事实是并非保卫天安门广场指挥部召开新闻发布会宣称是"外高联"制造了"绑架"事件。八九六四之后，逃亡到海外的保卫天安门广场指挥部原副总指挥封从德等当事人发表公开言论，承认实际上是绝食团发起人和最初的团长、绝食指挥部副总指挥王文等人"绑架"了柴玲，而不是外高联；

在此，我和连胜德代表"外高联"，并一起作为此事件的见证人，对此进行了严肃纠正和澄清。

第二，八九民运期间和之后长期以来，总是有八九人物说当年是"外高联"不想撤离天安门广场，并声称是"外高联"坚持在天安门广场不撤。事实是"外高联"在 5 月 26 日之后即主张撤离天安门广场，并于六月一日发布了《胜利撤出天安门广场宣言书》并实施了撤离，陆续从天安门广场撤出了 1 万人到 2 万人之间，走向全国开展校园民主运动和全国民主运动。该事实已经在本章第十节做了详细介绍。

第三，保卫天安门广场指挥部在八九民运期间，对外总宣称说"外高联"要夺权，冲击广场指挥部，事实上是"外高联"支持"北高联"按照之前协议约定的"48 小时"返回天安门广场，继续进行正常的行使指挥权的配合北高联行为，是与"北高联"共同组织行为，根本不是"外高联"要夺什么控制权；

第四，"天安门三壮士"砸污毛像事件，多年以来总有人故意误导，或者不明真相的人言说"天安门三壮士"事件责任人是"外高联"。在这里必须纠正和澄清：当年现场"抓获"三人的纠察队是北京的体育学院纠察队和"工自联"纠察队，而不是"外高联"纠察队及人员；询问调查此三人的不是"外高联"和连胜德等指挥部成员；外高联及连胜德等成员没有见过此三人，也没有参与表决送此三人到公安局；此事件与"外高联"和连胜德、王醒等负责人无关。在第二章的第八节已经做了详细介绍和纠正、澄清。

王醒：决心整理记述《外高联与八九中国民运》并出版这本专著，就是对八九历史正本清源，还原历史。我是以组织为中心还原八九历史，总结经验教训。而不是有些个别人以个人为中心，抑或以利益为中心。咱们还是八九当年的那么纯洁无私啊！

连胜德：是的，我们还原尊重历史事实，以德服人，不谋私利，对得起良知，否者我们和依赖谎言而谋一党之私利的共党没有本质的区别，愧对八九为自由民主而献身死伤的同学和同胞。很遗憾，我们有的同学可能受共匪教育太深，满脑子的"权力中心""权力真空"，"夺权"的专制语言体系下的认知方式，而不尊重民主的程序法则，权力来源的合法性，自以为是，自以为中心，很是遗憾。

连胜德：【外高联与八九中国民运】研究课题和专著的研究，和未来出版面世，是对八九中国学运民运历史的正本清源，填补八九民运历史的重大空白。王醒作为当年【外高联】和天安门广场临时指挥部的主要负责人之一，在八九学运民运期间发挥了重要和关键作用，是重要组织者和历史见证者。由王醒来研究撰写【外高联与八九中国民运】是最佳人选，也是王醒同学再次做出的历史性贡献。我参与了【外高联与八九中国民运】初稿及主要事件的回顾和核对，其中很多历史事实是首次披露，相信【外高联与八九中国民运】会带给世人真实的八九民运和八九人物，其意义重大和深远！回忆录都是符合历史事实的，随着时间推移，严肃回顾历史的人会把以前不准确的说法和猜测纠正的。实事求是，相信我们的品性应该高于共党的水平！

第十三节　六四大屠杀与抗暴斗争

六月三日－六月四日

3日凌晨1点至2点，我被同学们送到了协会医院，在急救室先是处理好止血，之后进行了检查和输液。在医院里进行检查过程中，医生对同学们说我目前身体有炎症，是发烧状态，现状点滴的就是消炎药，再给他这些管发烧的药品，你们明天白天再把病人送来医院拍片子检查胸部，现在医院人满没有床位。几个同学商量就在医院找个走廊休息一晚上，等明天白天再进行拍片检查。

杨燕看到我极度虚弱和困乏，说道："王醒和你们晚上都没有吃饭，现在都病成这样了，还是先到我家住一晚上吧"，在杨燕一再的坚持下，杨燕和三位同学一起推着自行车带我到了朝阳区金台路 27 栋（东三环与东四环之间）的杨燕家里，到了杨燕家已经是清晨 5 点左右。

我们的到来，惊醒了杨燕的父母。两位老人家都是 60 多岁、70 岁年龄，是高级知识分子，都是对学生运动的强烈支持者。知道我们都一天没有吃饭了，老妈妈给我们赶紧做了米饭和一大盆炖菜，被我们几个狼吞虎咽的一扫而光，这是我两个星期以来吃的最好吃、最饱的一顿饭啦。

早上 9 点左右，我们几个都和衣而睡，挤在一个小房间里。我因为生病发烧啦，还有药物的作用，我睁开眼睡醒时，已经是 3 日下午 5 点多，我看到房间里就是连胜德、杨燕和我。

连胜德看我睡醒了，对我说："你一直在昏睡，我也刚醒来一会儿，我刚刚安排小刘和小吴同学去北大的'北高联'和清华联系一起到广场开个联席会事情，等他俩回来就送你去医院检查拍片"。

杨燕："我先去厨房做些吃的，等他俩回来我们就去医院"。吃饭后，杨燕给我吃了退烧药，让我再睡一会儿，等他俩回来再叫醒我。

大概在 6 月 3 日深夜，6 月 4 日凌晨，我被同学们叫醒。纷纷说听到了好像是枪声。是的，我们几位同学都听到了密集的枪声，判断是天安门和长安街方向，感觉是军队已经开枪镇压。连胜德对我说："刘、吴两位同学刚刚从外面回来，袁姐也来通报情况，他们正在吃面条呢，我们就听到很多枪声了。我们现在要赶到广场，你病了就不要去了"。我立马激动的说："我必须去广场，你们不带我，我自己也要去的"。我当即对同学们说，就这么定了，马上出发去广场。

我们赶紧从杨燕家出来，刘、吴两同学骑自行车载着我和连胜德，杨燕的自行车载着袁大姐，我们六个人从朝阳区的金台路出发，沿着呼家楼、朝外大街、朝阳门一线的街道胡同向着天安门广场方向行进。我们同学对北京的路况都不熟悉，幸亏有杨、袁两位北京人同行，看到很多大路口被学生民众围堵，有些路口有军车和士兵与民众对峙，一路上枪声四起。在一个大路口，看见市民、学生等人群不断的聚集，在我路过的瞬间有军车和军人通过，也是向西开进，并且不停的向涌向道路和路两旁的人群开枪，有些被枪击中负伤的人被人们抬着向后跑，有三轮车载着流血的人呼喊着人群让开道路奔向医院救治。我们六个人被冲散过两次又聚合在一起，在建国门立交桥那儿燃起大火，浓烟滚滚，附近的东长安街难以通过，我们绕道小胡同继续向西骑行。我们尽量绕过这些堵点，穿过东长安街，辗转赶到北京火车站、东单路口附近的东长安街地段，一心奔向天安门广场进发援救。

此时部队士兵已经封锁了很多通往天安门广场的道路并开枪驱赶民众，大量学生和市民在东长安街、火车站一带与部队展开拉锯战，能看到的大路口几乎都被市民和学生用铁栅栏、公交车等堆积起来作为路障阻挡军车和士兵。我们几位同学一起和一些学生、市民在东长安街及附近几条街道向天安门广场方向拥挤着向前，但是不断被官兵扫射和人群反复前进、后撤，在我们身边不断的有人中弹倒下。勇敢的北京市民和学生呼喊着"打倒法西斯""共产党开枪杀人了""到天安门救学生啊"，人们拿起石头、砖头、瓦块和瓶子等各种随手的东西砸向冲杀进来的士兵。一个年轻人点着一个汽车轮胎，奋起推着跑向前面的一排士兵，枪声再次响起，年轻人倒下了，冒着火的轮胎滚向开枪的士兵们，人群中冲出一群人抬起年轻人往回撤。戒严士兵和军队车辆越来越多，还有坦克车、装甲车在长安街上疾驶、冲撞。北京市民和学生也是人潮涌动，冒死与戒严部队僵持着。每当军车通过就会从人群中雨点般的石头、砖头投掷阻挡，还有民众不断拿着冒着火的燃烧瓶投向戒严士兵和军车、坦克、装甲车，马路上有两个军车被学生和民众推过去的一辆公共汽车挡住去路，士兵向路的两边人群开枪，军车被愤怒的民众扔过去的火把和燃烧瓶点燃。

　　跟随我们的两名中国历史博物馆的工作人员杨燕和袁大姐是北京当地人，带着我们找了几个路口想通过去，都没能成功，四处通往天安门广场的路都被戒严部队控制着。看着眼前的正在发生的惨象，四处传来密集的枪声，人群愤怒的呼喊声，被枪弹击倒和受伤的人们不断的被人们抬着，三轮车上载着奔跑着向医院奔去。这个时候的我完全没有任何的恐惧，真的一点怕死的念头都没有，连生病发烧的身体都没有知觉，整个人和脑子里就要冲到天安门广场去，要为学运牺牲，要为学运承担。

　　在这几个抗争激烈区域，我们六个人几次被冲散，我和连胜德载几次同民众一起冲向前时被击退回撤，我也是几次摔倒，身上也几处是伤口。大约 4 日凌晨 4、5 点，杨燕和袁大姐带着几名市民在人群中找到我和连胜德，强行把我和连胜德拉到一个三轮板车上，阻止我们再向前冲，并说带我们绕道去天安门广场。在激烈的枪声、呼喊声中我们找了几个胡同还是无法通过，随后我们被袁大姐带路带到她家龙潭湖附近，我和连胜德当时还没明白这是哪里？是什么地方？就被杨、袁两位大姐和两位同学搀扶着我进到一个地下室房间安置，为防止我们四个同学再出去，她们从外面锁住了大门。

　　6 月 4 日早上 8 点左右，在袁姐过来看看我们的情况，并给我们送来了几个馒头和咸菜早餐时，在我们的一再要求下，我和连胜德与两个秘书处的同学骑自行车，还有坚持要与我们一起去战斗的杨、袁两位大姐，一路从积水潭沿着天安门广场西侧、南侧、东侧进行寻找救援同学，还不停拍照记录沿途看到的战场同样的惨象，堵军车用的公交车还在燃烧，还有被坦克压碎的自行车和路障，有些路口和道路上人群聚集，还有听到枪声不时响起。路上遇见北京市民对我们说，你们是学生啊，已经打死很多学生和市民，很多送到附近医院了，你们必须躲起来啊。我们马上就想到应该到医院去看望死伤同学和市民，要调查取证伤亡情况。上午 10 点左右我们先去了北京协和医院，之后去了同仁医院、北京医院等多家医院查看死难同学和市民情况，帮着抬伤员和看望受伤同学，并拍照取证。

协和医院现场情况。在进入协和医院一会儿后，我们在诊室外遇见了曾经在天安门广场参加学生救护工作的协和医科大学的研究生李 Z 军，他是协和医科大学组织到天安门广场进行救护的组织者和主力医护人员，后来知道他还时协和医科大学研究生会的主席。我和李 Z 军是 5 月 19 日在天安门广场上认识的，当时我带一些同学到由北京协和医院、北京医学院及各大医院的红十字会成员所组成的抢救协调小组及医疗站联系救护绝食学生时认识的。我们在协会医院见到他时，他正在参加紧急救护工作。他看到我向他走来，就迎过来说："你还活着就好，真担心你们啊，已经死伤太多人了！我今天清晨才从天安门广场救护站回来的"。我们简单问了他天安门广场学生被镇压的情况，都非常悲愤异常，我急切的对 Z 军说，我们是来医院实地调查死伤同学和市民情况的，需要进行拍照，都要记录留个证据，这个血债，这个仇必须要报！李 Z 军先向我们介绍了协和医院当时送来的死伤人员情况，带我们在协和医院全面的进行了查看和拍照取证。当时我们看到协和医院牺牲死亡的学生和市民就有二百多人，有些是一排排停放在一个医疗房间里，有些堆在医院的一个大房间里，我没记错的话应该就是太平间。还有在一个走廊尽头也都是不久之前送来已经死亡的一堆尸体，因为没有地方存放，而暂时放在走廊的。这些死难者有的是被坦克碾压，有的是被枪击，有的是被刺刀杀死的，惨不忍睹，罄竹难书。在医院的急诊楼和几栋病房，受伤的学生和市民床位都是满满的，连医院的走廊里都挤满了临时搭建的病床和担架。我记得在我们去探访停尸房经过的走廊现场有三个受伤者，一个是河北的男同学，伤在腿上，已经治疗包扎躺在走廊的床上，他告诉我们说是在东长安街上受伤被市民送来抢救的。一个是胳膊处枪伤和手腕骨折的青年学生，一个女同学，也已经包扎完正在昏迷。还有一个是一位中年男子是北京人，伤在头部，满脸血迹，看着也是治疗包扎了，正在打吊针。我们继续向前走时，我给这三个人的床边每人放了 200 元钱，并请看护的同学和护士一定治疗照顾好他们。我们在协和医院各处大体上都查看了，那个场面估算，当时在协和医院的接受治疗的受伤学生和市民应该有上千人。面对这种惨无人道的屠杀，我们从不敢相信，到震惊愤怒，到感觉我们应该做些什么，让我想到了抢救受难者是迫不及待的事情，我们在医院找了个医生办公室，我给中国红十字会的蓝秘书长打了电话，总机转了两次总算找到他，我说我是外高联的负责人王醒，天安门广场和北京发生了军队大规模镇压屠杀学生和市民，我们现在一些同学正在协和医院调查取证，看到这个协和医院就有被打死的学生和市民死了几百人，要求和请求中国红十字会紧急迅速组织全北京的医院和医院医护人员进行紧急救助。蓝秘书长说已经有些了解，正在组织救助什么的。我因为激动，边哭边说，连胜德接过电话又与他说了一些要求医护人员到天安门广场和周边去抢救的内容。在协和医院临走时，李Z军和几个医生说很多医护人员在开枪现场冒死救护，也有一些受伤的和被打死的。我们也激动的对他们说，看到你们医院和医生对我们学生、市民的抢救场面，我们非常感动，你们医生是人道和伟大的，历史将会铭记你们付出的和正义功绩（几年以后，我还与李Z军通了信件，得知他因参与学运而被辞去协和医科大学学生会副主席职务，正在读博士生，计划以后留校或者出国深造）。之后，我们几个同学商量再去其它医院看看。

6月4日下午，我们四个同学一起从协和医院骑自行车赶往同仁医院。在沿途我们一直注意寻找从天安门广场撤出来的幸存同学，正好迎面驶来一辆人力三轮车，车上载着三、四个躺着的像是学生，都是疲惫不堪，其中一个女生我一眼就认出来是保卫天安门广场指挥部财务部的成员姚晓燕，我与她在广场上有过接触，我赶忙上前招呼，晓燕同学见到我们就痛哭悲伤难掩，述说昨晚军队开枪和使用坦克镇压学生和市民，很多同学牺牲了，死了太多人啊！她和一些同学今天早晨天快亮时从天安门广场撤出来的，万幸你们也还活着，我们要报仇啊，我们应该怎么办啊？我和胜德对她们说，我们先找一个地方安置你们，先躲起来，现在政府已经疯狂镇压、屠杀学生和市民，非常不安全了，你是女同学应该尽快离开北京，必须到外地去。晓燕同学说已经联系好了在北京的同学住处，现在就是往哪里去，之后再到外地。我说我们刚去协和医院做了学生市民死伤情况调查，看到这个医院就死了几百人，我们现在正要去同仁医院做调查取证。姚晓燕几个同学纷纷说要我们一定注意安全，我们相互留了彼此学校的通信地址，约定保持联系，互通情况。

同仁医院现场情况。同仁医院大门外挤满了人，我在说明身份后，经一个医护人员的许可，我们从同仁医院的这个大门进入，在问了两名医生并经指引下，我们先是到了医院专门存放尸体的一个大房间，里面是很多的冰柜，医生说冰柜全部都装满了今天送来的死难学生和民众。我们在医院几栋楼里穿梭查看死难者和受伤的人，还发现了有很多死难者的尸体摆放在走廊，我们都进行了拍照取证。同时，安慰一些受伤的同学市民，向他们了解情况。那种场景让我有赴死的冲动，死了那么多的人，他们昨天还鲜活的在我们身边，让人感觉一下子就进入地狱一般恐怖。根据我们亲眼目睹和医生的介绍，当时我与同学们还估算过，同仁医院的死难人数与协和医院差不多，大约 200 多人。受伤的群体的救治显得有些混乱，我们看到医院救治房间很多，但当时总体上比协和医院少一点，特别拥挤，而且还不断有受伤的人被送来。

当晚深夜我们回到杨燕家后，通过收听广播得知，6 月 3 日当晚 6 时 30 分，中央电视台新闻联播播放戒严部队紧急通告，宣布"戒严部队、公安干警和武警部队有权采取一切手段强行处置，一切后果由组织者肇事者负责。"根据后来披露的资料得知，中共当局在 6 月 3 日下午 4 时决定不惜一切代价强行进军北京市区，占领天安门广场，进行"天安门清场"，并命令军队务必在 6 月 4 日早 6 时前完成清场任务。

六月五日

6 月 5 日上午，我们通过了解和判断北京市急救中心应该是死伤人数最多的医院，因为是这个急救中心我前些天还被送去急救过，所以我们讨论当天行动方案时，我提出一定要去北京急救中心。我们四个人骑了两辆自行车从东面绕道前往西面的北京市急救中心，一路上看到戒严部队荷枪实弹，四处是坦克车、军车。很多路口设置了路障，还有烧毁的军车、公交车，沿途商户和工厂都已经罢市罢工。我们也看到在道路两边大楼的窗户、墙壁上有许多弹孔，街上、墙上到处都是血迹，可想而知昨日的惨况多么激烈。在去医院的路上，我们特意骑车先到了接近天安门广场的东长安街，穿过几个街道，绕行接近北京饭店和南池子路口附近，希望能亲眼再看看和了解天安门广场的情形。随着我们的靠近，由远及近的抗议声浪一阵阵响起，看到长安街两侧满是人群，在长安街上，人群中有推着自行车，有背着书包的，英雄的北京市民和学生赤手空拳高呼"打倒法西斯""杀害人民的刽子手"，并向天安门方向试探着移动推进。对面天安门方向一排排的坦克在不远处列队严防，还有军车和军人成队伍的把守，天空中还有盘旋的武装直升机。坦克和戒严军队不时的向抗议呼喊的人群和向前靠近的人群开枪，又是有很多人被射中，人群就抬着中弹的同伴后撤，过一会又反复喊口号和向广场靠近，就又被子弹一阵扫射打了回来，坦克反复游动，反复的开枪，迫使人群不敢向前靠近，就这样对峙着。我们也一起呼喊着口号，几次被扫射后我们被人群冲散了，刘同学骑车载着连胜德被夹在拥挤的人群里找不见了。我和刘同学反复找了半个多小时，总算在北京饭店路边找到他们。远远的看着天安门广场，看着曾经我们日夜坚守和战斗的地方，想想我们死难的同学和民众，和我们千千万万的苦难同学们，真是血海深仇、悲从中来啊！两名刘、贾同学和我们商量后，决定继续向北京急救中心行进。

大约是下午 3 点钟左右，我们到达了北京市急救中心。我们进入北京市急救中心医院后，向两个医生询问了学生和市民的伤亡情况，医生说停尸房堆满了尸体，上百人吧，现在已经被看管起来，已经有政府的人要安排处理。这两天被送到这里来的受伤治疗的人很多，有些被送到了其它医院，刚才还有几个救护车和市民送来的。我们在医院大楼里四处查看受伤治疗情况，拍照留证。医院的气氛紧张、忙乱，来医院的民众没有昨天协和医院的人多。一直到晚上，我们才从医院出来，骑车往朝阳区金台路杨燕家里。

六月六日－六月八日上午

7 日，我们还去了人民医院调查伤亡情况。在人民医院的医务大楼后面房间，看到了几十具死难者尸体，据医院工作人员说，截止昨天死难者大约就达到上百人吧。但是，现在医院接到通知已经安排封闭起来不让进去看了。

6 日上午，我们骑自行车先是到天安门广场南面的崇文区，四处查看戒严情况、拍照，还遇见了一些曾在广场上同学，打听着广场学生的信息，我们悲痛着，相互鼓励着。遇见来北京声援抗议的我的哈工大校友和另外两名同学，是我们航天学院的女同学黄某某，她老家是四川成都的，家长在新华社工作。她说学运已经回天无力了，现在非常危险，北京高校和北京四处都在抓捕学生领袖，你们不能再继续在北京待下去，如果你们愿意，可以到四川去组织抗争，她可以负责联络和协助，并且给我留下了四川的地址。我说学运失败，死了那么多同学，我不能走，或许通过抗争和时局各种变化有转机。我告诫她们尽快离开北京，回学校或者老家躲避。我后来被抓，记录了一些同学和民运朋友通讯联络地址的记事本被收缴，不知道是否对这位黄某某同学产生影响。

6 日下午晚些时，我们进到了中日友好医院。我记得北京的中日友好医院是一些老房子建筑，我们想先找我们在天安门广场结识的医务人员，打电话没有联系上，到了医院遇见两个医生说明身份和来意，问死伤情况，两个中年女医生泪流满面想我讲了这两天医院收治受难学生和市民情况，说主要都是被同学和市民送来救治的，但一些送到医院就已经没有生命体征啦，大约有几十人。现在医院还有大约三百多人正在救治，比前两天减少了很多。连胜德急切的说让医生带我们到病房现场去看看。我们在医生的引导者在医院来回穿梭，医生说你们看到了病房早就满了，这些在走廊加的床，还有那几个轻伤的只能被子铺在地上待诊。与我们同来的吴同学负责记录，我和刘同学轮流拍照片。

7日接近中午，我们五人骑自行车到了人民医院调查伤亡情况。在人民医院的医务大楼后面房间，看到了几十具死难者尸体，据医院工作人员说，截止昨天死难者大约就达到上百人吧。但是，现在医院接到通知已经安排封闭起来不让进去看了。我们在医院四处查看和访问了一些医生和同学，做了记录。看望了一些可以进入的病房里受伤人员，都进行了拍照。

7日下午，我们在西单和平安大街一带活动，在途经的一些路段还是会不时看到堵截军队的路障，还有停放堵路冒烟的公交车辆。在一个胡同里我们向一位商户，一个企业的负责人刘老板（印象中名字是刘胜利）借用复印机，把仅剩的二十几张白纸都使用了，复印的是我手写的那份传单。那时期，沿街很少有复印社、照相馆商户营业的，这两天本来计划把我们拍照取证的照片都洗印出来，我们在找了很长时间也没有找到，才不得已向这个企业办公室询问是否可以借用复印机，我们说可以付费。这个老板深明大义，给我使用了复印机，也没有收我们的钱。之后，我们将传单在骑行的路上小心的散发。这个传单，是我撰写的《北京六·三惨案——告全国同胞与中国人民解放军官兵书》，经过与连胜德讨论修改之后定稿，大部分传单还盖上了外高联的【人民万岁】印鉴。传单主要内容是揭露中共政府动用坦克、机枪血腥镇压和平请愿的学生和民众，号召全国人民抗争，呼吁有良心的解放军部队官兵打击消灭反人民的镇压军队，打倒开枪镇压爱国民主运动的反动政府，为死难的同学和市民报仇等。同时，我们在北京街上遇见的外国友人协助复印了一些我们拍摄的镇压场景照片、传单材料和《北京 6.3 惨案——告全国同胞与中国人民解放军官兵书》，到北京火车站分发给要到外地去的学生和人们，把北京开枪镇压学生和市民的真实真相情况尽快传递到外地。

7 日晚上，我们有打算到海定区的北京大学、清华大学、人民大学，但是听路上遇见的一些同学说北京各个大学已经空校罢课抗议，学生组织都已经撤离了。深夜后我们几个同学住在杨燕朝阳区金台路家里，杨燕是中国历史博物馆一位具有正义感和非常勇敢的知识分子工作人员。

这些天都是很晚才回到这个避难据点，我们大家挤在一个房间里，马上就打开一个收音机收听"美国之音""英国 BBC"等短波播音，这也是我们了解北京、中国政局和社会情况，以及世界反映情况的信息渠道。收听到欧美等全球海外华人华侨组织及各界人士严厉谴责中共武力镇压行径，声援中国大陆学生和民众的抗暴斗争。收听到国际社会特别是美国、英国等西方民主国家不仅在道义上对中共动用军队，使用坦克和开枪残酷镇压学生和民众的"六四"大屠杀予以谴责，而且在政治、经济等各方面都对中共予以制裁。美国布什总统谴责中国当局血腥镇压北京争取民主的示威者，他下令美国立即中止对中国的军事销售以及商业性军火出口。通过红十字会对那些在军事行动中受伤的人提供人道及医疗药物援助。美国众议院高票通过"谴责北京镇压事件，支持布希总统采取行动断绝与中国军事合作的决议"。还有美洲的加拿大、巴西等国家。欧洲共同体执行委员会发表关于中国局势的声明，"对于北京人民遭到镇压表示遗憾"。英国、西德、西班牙、瑞士等欧洲国家，日本、韩国、泰国等亚洲国家纷纷发布政府声明谴责中国武力镇压和平抗议的学生和民众。

还有台湾中华民国政府总统和中国国民党主席李登辉发表声明："为抗议中共以武力镇压大陆民主运动，呼吁全世界所有爱好自由，重视人权的国家与人士，对中共暴行给予最严厉的谴责。""对中国大陆同胞给予一切可能的支援，并与中共作彻底的决裂。"以及香港、澳门同胞，海外华人华侨及社团强烈谴责中共屠杀大陆人民和学生，掀起铺天盖地的抗议和声讨中共的浪潮，并大规模声援中国抗议学生和民众。

　　通过外媒电台，我们也收听到全国各地很多已经知道了北京发生中共对学生和市民的武力镇压，全国很多省份都爆发了抗议中共北京屠杀大规模活动，很多抗议活动参与的人数在当地城市是史无前例的，特别是在抗议活动当中很多民众与学生表达了跟中共体制的决裂。六四大屠杀就是一个分水岭，八九民运、学生运动在前期还是希望中共当局自己能够进行渐进式改革和政治体制改革，但是，发生"六四"中共动用军队屠杀人民后，北京和全国各地的抗议活动中民众喊出"打倒共产党""推翻独裁政权""绞死邓小平""绞死李鹏""绞死杨尚昆"等口号。

　　我们几个同学这些天一有机会都听外电报道了解有关信息，一边听着，一边头脑里回放着白天历历在目的北京街头和医院的惨不忍睹的画面，我们悲愤交加、义愤填膺，每个人眼睛都充满了泪水和血丝，就像充了电一样，第二天又热血纯真的奔赴到北京城街头开始了我们的抗争行动。

　　8日中午，我们没能看到有效反抗的发生，以及给予期望有正义的部队官兵起来站在我们学生和市民一边，对抗残暴镇压我们的戒严部队的希望破灭，北京局势已经被军队和政府当局完全控制。根据这两天的消息，北京已经开始大规模抓捕学生和市民了。鉴于形势所迫，我们意识到在北京已经没有抗争空间了，继续在杨家藏身下去，也会给杨家带来巨大危险，我们商量后决定到外地去，到南方省份组织和发动学运和民运，组织外地高校和社会组织力量继续抗争，计划先到天津，再筹划下一步。

　　我们这几天都是四个人挤在一个房间里，我们在这个家里避难时，都是杨燕的妈妈给我做饭吃，她告诉我们有她们一家吃的，就有你们同学饭吃的，你们最好不要再冒险出去了，就藏在她们家里，我就是要保护你们学生。这位可敬可爱的老妈妈和她们一家人是我和我的同学们永远铭记的恩人，我每当想起这段经历，就想起杨妈妈一家和所有支持、保护我们学生的英勇、正义的北京市民们，我们学生将铭记，历史将铭记！

从 6 月 4 日到 6 月 9 日，作为学运主要学生组织之一，我和连胜德作为"外高联"主要负责人，以及几位骨干成员同学，是有组织的进行了抗暴斗争的，医院调查死伤情况、撰写和散发传单《告全国人民及中国人民解放军书》、搜寻营救同学，这是发生六四大屠杀后的北京城，我们没有被吓到，还在进行有组织的斗争，没有枪响就跑，没有退缩，并坚持在北京直到 6 月 8 日晚上。

第十四节　王醒等同学被抓捕关押和押送秦城监狱

六月八日晚—六月十四日下午

8 日下午 3 点左右，我和连胜德及两位秘书处刘、贾同学骑自行车从朝阳区到东城区四处拍摄戒严部队情况，和沿路上这些天北京抗暴战斗过的景象，进行取证。大约晚上 7 点左右从北京乘座火车离开北京，8 日晚 10 点左右到达连胜德的学校天津民航学院。我们到达天津民航学院的学生宿舍，很多同学都来关心、慰问，都关切的询问北京发生镇压学运的情况。几位同学用小电炉给我们煮了方便面，还加了猪肉罐头，我们狼吞虎咽的很快就吃光了，同学们又再煮了一份，总算填满我们饥饿的胃。这是我一生中吃过的最好的方便面了，这也是我这两个星期吃的最踏实的一次饭，我那绷紧的神经一时得以放松一下，至今让我印象深刻。这个期间知道连胜德的父亲已经来到天津民航学院找连胜德了，这几天都在向学校要人，要求民航学院帮助找回儿子。连胜德去与父亲见面，我们于当晚深夜被同学们安排我们三个人住在学校的招待所，据说是学校安排的免费住，学校要求外来学生不能住在学校宿舍。

9 日凌晨 4、5 点钟，随梦中被惊醒，招待所里人声躁动，紧接着是砰砰的剧烈敲门声，房门被打开，进来十来个警察，一拥而上把我们三个人控制，我大声抗议，为什么抓我们，你们是什么人？一个领头的对我们说，上级通知对你们北京的动乱组织头目要进行关押。

之后不容分说就押上一辆汽车，关押到当地公安分局的拘留所。同期连胜德也被抓捕，被关押在同一个拘留所。9 日清晨，我和秘书处的刘、贾同学一起关押在一个牢房，我不停的喊警察抗议，一直没有人搭理，到了下午 2 点多，有人给送来一些饭菜，有米饭和两个小菜，有点像是盒饭，与我们后来在秦城监狱相比，显得有点奢侈。当天就给了一顿饭，到晚上也没有见到有人来。

10 日早上，乘着送饭的时候，我对送饭人提出要见警察局领导，否则我要绝食抗议。他说可以给传递要求，但是估计没有什么效果的。他还说你们都这么年轻，闹革命也要好好吃饭，身体要紧。看来说什么也没有作用，我就说咱们先吃饱饭再说。吃完饭我们就不停的大声唱歌，拘留所居然还是没有人来。到了晚上折腾累了，我慢慢冷静下来。我把两位同学拉着坐下一起商量对策，我重点讲两点，一是要做好长期被关押坐牢的打算，二是以后被审讯时，对学运期间每个人参加的活动要刻意忘却，注意分寸，对于重要的组织人事和活动不该说的，一定尽量保密。你们都不是学生组织的领导成员，知道的、交代的问题越少越能够早日获得自由，这一点非常重要，一定要记住。刘、贾两位同学都表示明白了这两点，让我放心，一定做到。这是我当时采取的一个非常及时和英明的决定和要求，事后看多亏了当时我们三个人是被关押在一起，有机会做那样一个沟通。

11 日上午开始，我向拘留所提出看报纸，什么人民日报、天津日报都行。我希望通过报纸了解外面的局势，在我的一再要求下，拘留所给了两份这两天的报纸，还有几份杂志。这在当时能够感觉到天津地方当局对如何处置我们这些学生组织首要分子，如何把握这个度还没有具体指令。地方公安局有些人也不想太激进，对学生多少还是有些同情。通过报纸了解，我已经有了基本判断，目前北京和全国局势应该是被中共当局控制了，民运已经被完全镇压了，我们已经被抓的学生今后将面临长期关押和坐牢了。

12 日上午，我向警察提出再要新的报纸，被严辞拒绝，态度非常严厉。这个快速转变让我们昨天以来的乐观情绪一下子落到了冰点，我们三个同学分析这个情况后，感觉很快出去已经不太可能了，接下来将会有更大的挑战。

13 日早上，拘留所负责人来到牢房们外，对我们说了北京已经发布对非法学生组织的通缉令，从现在起你们必须老老实实，不能违反拘留所规定。随之是安排了几个警察在牢房的走廊巡岗，我们也从警察嘴里得知他们已经接到上级的通知，要把我们当作学潮重点人物严加看管。

14 日接近中午时，我们三个同学被从天津市公安局来的警察押送到了天津市公安局。我被单独带到一个大楼的二楼的一个办公室，里面有两张桌子，已经有两个警察和一个穿便装的人，那两个警察管这个穿便装的人叫侯科长。审讯开始前，我首先问公安局为什么抓我？你们具体是什么部门？那个为首的高个子穿便装的侯科长说："我们是天津市公安局的，为什么抓你，你是学潮领头的，国家要缉拿的要犯自己应该知道吧。""今天对你做些基本的和我们想要了解内容的讯问，你一定要老老实实回答"。他们审问内容主要是三个方面，一是我的年龄、家庭等个人基本情况，以及所在学校等情况；二是我在学潮"动乱"期间参加什么组织，担任什么职务，干了主要违法活动？什么时间到的北京，什么时间到的天津等。三是你对你的行为是否认罪？对于前两个方面我都大体上配合回答，在他们问到我认不认罪的时候，我情绪一下子就爆发了，我从椅子上腾地一下站起来，我大声喊到："我有什么罪？我没有罪！是你们政府动用军队镇压爱国学生运动，打死了我们那么多同学和市民，我们都是和平请愿，却是遭到你们的枪杀，是谁犯下罪行天下人尽知，他妈的共产党，这笔血债，这个仇必须要报，历史也会做出公正审判的"。我语速极快，因为激动泪流满面，这么多天以来的压抑突然就爆发了，情绪完全失控。这三个警察被我突然的控诉弄的措手不及，也是发懵了，他们没有想到我会这样的举动，应该实在出乎他们的意料。那个侯科长反应过来后，先说了一句"你这双手叉腰的，这么激动干嘛，你先冷静冷静"。之后紧接对那两个警察说"今天暂时这样，你们先忙别的事情吧"。房间只剩下我们两人，这个侯科长给我倒了杯水，递给我两张纸示意我擦鼻涕。接着他说了一段话，我至今仍然清晰记得。他说："我比你年长很多，也经历了很多风雨，你这么年轻应该保护好自己。你刚才说的过激言论我们就不给你记录了，你要知道光是你的身份和刚才你说的那番话，也够判你个无期、死刑的，以后什么时候都要冷静。"他还说了他前几年负责的一个关于学生的案子，如果不是他动了恻隐之心，结局将是个大刑期，这次你们学潮已经闹的是天大的事了，结果已经非常不乐观了，以后你再说什么一定考虑后果。

这是个有良知的警官，某种程度上是保护了我，直到今天我都记得那六四屠杀让我当时在审讯现场达到了宁死不屈是什么状态，不知死活的直抒胸臆是一点点策略也没有了。我当时对这个警官后面的善意挺感意外的，我平静后回应他说，"我们学生是为了国家，为了人民挺身而出的，也当然包括了你们这些当警察的啊！我们这是责任和担当，我们学生还是有尊严、有思想、有骨气的"。这次的审讯经历的确提醒了我，在后来的漫长审讯时期还是让我有了策略的考量。下午4点左右结束审讯，我被拘押在天津市公安局看守所。

进入看守所监室正赶上吃晚饭，一个牢房很小，关押了十几个人。号长是一个中年人，名字叫李强。李强对我说，你是学潮里的大人物，你不用干什么活，也不会有人欺负你的。在之后与他聊天中，得知他是天津人，进来几个月了，之前曾做过中国远华总公司（或者与康华齐名的公司）的副总经理，因为你们学潮一起来反腐败、反官倒，他就最先被抓了典型，现在还是检察院阶段，争取免于起诉能尽快出去。他还对我说，你这反官倒的全国学生组织负责人和我这个全国最大的官倒关押在一起了，真是莫大的讽刺啊！

15日上午，有两个警察来监室将我提出，我以为应该是提审，但却被带到了户外大院子里，还看到很多辆警车和警察整装列队。我琢磨着枪毙也不应该这么快吧？我在天安门广场时写的遗书和我的书包一起遗失了，这帮共匪怎么也得让我写封遗书给家里吧。反正枪毙我时我一定高呼口号，我正胡乱想着喊什么口号啊，就看见又有几个学生模样的也被押到这儿，我被率先押到了一辆中型警车（可以做十人左右），之后陆续又押进 6、7 个学生，有四个持枪武装警察押送，前后都各有几辆警车警卫。一个押送要犯的车队从天津向北京方向开进，所有同学被带着手铐，并要求抱头蹲在车上或者坐在座位上。我上车过程中看到了连胜德和刘、贾三位同学也被押上了同一辆车。车大概行驶了 2 个小时左右，一路都是低头抱头蹲在车里，看不到车外面。一路上行驶一个多小时后感觉不是去刑场，因为刑场不会这么远吧。我判断应该是被押送回北京，在到达目的地下车时，大概是下午 4 点左右，根本不知道这里是什么地方，我就感觉到这气候天气就是之前在北京时那熟悉的体感。

在下车后被押送至监狱的路上，我放下抱头的手臂，抬起头向前走，被后面押送的警察踹向我后背的那要命的狠狠一脚，我瞬间就被踹趴下了，导致我那本来就虚弱了一个多月的身体留下了永远的内伤，每当季节天气变冷和下雨、下雪就隐隐作痛，特别是在监狱期间和出狱后的那十来年最为严重！我被人扶着进入到一栋建筑里，走过很长很多的走廊，关进 7 号牢房。

六四惨案发生后在北京 6 月 4—6 月 15 期间的"外高联"总结

在六四惨案发生后，作为主要的学生组织之一的"外高联"，有一部分负责人和学生在天安门广场坚持到最后，他们或者牺牲，或者在广场抗争、受伤到最后撤出，付出了惨重代价。有一部分在天安门广场周边范围和北京市进行抗暴斗争，及时到北京的医院进行调查取证，街头救援同学等工作。因为"外高联"在北京没有学校作为基础，外地学生被打散后难以聚集，只能做些力所能及之事。在作为全国主要学生组织主要负责人，没有去逃亡或者计划逃亡的，还坚持在北京寻找联系一些广场撤出同学返回各自学校和地方地区进行北京开枪镇压真相宣传和号召抗争，在北京进行有组织的抗暴斗争，拍摄取证血腥镇压现场，进行医院调查死伤同学和民众情况，以及抚慰看望等抗争的，我们代表"外高联"在此期间的行动是无愧我们的学运民运，无愧于天下人的，这应该是作为本次运动的主要学生组织进行的正式的有组织的持续五天的勇敢的和有担当的行动。还有我在前文写出了一段文字，在这里有必要重复贴出："从6月4日到6月9日，作为学运主要学生组织之一，我和连胜德作为外高联主要负责人，以及几位骨干成员同学，是有组织的进行了抗暴革命，医院调查死伤情况、撰写和散发传单《告全国人民及中国人民解放军书》、搜寻营救同学，这是发生六四大屠杀后的北京城，我们没有被吓到，还在进行有组织的斗争，没有枪响就跑，没有退缩，并坚持在北京直到6月8日晚上。"

在六四开枪镇压后，在北京期间，我们和一些同学讨论对于政府的开枪残酷镇压，造成那么多学生和市民死伤的事实，我们真的非常天真的期待和寄希望会有正义的部队和所谓人民子弟兵军人能够挺身站出来反戈镇压学生的戒严部队，站在学运民运一方，站在人民的阵营这边，形成武力斗争局面，为中华民族和我们苦难的人们争取到自由民主啊！非常非常遗憾啊，我们同学们没有等到，中国人民没有看到和等到本应该有的正义军队力量的在历史的关键时刻挺身而出！

王醒经管的外高联秘书处和天安门广场临时指挥部秘书处经费（3000元人民币和3000元外汇兑换券）支出使用情况：

刻制学生组织相关印鉴100元—150元；纠察队购买指挥喇叭400元；制作外高联旗帜300元；为组织游行为同学们购买了400元钱的面包；64后购买照相机胶卷50元左右；5人在6.4——6.8日之间的吃饭每天30元左右，5天大约200元左右；4个同学从北京到天津的火车票50元左右；给医院的三个受伤的同学和市民600元。总计花费支出2100元左右。

剩余人民币现金1000元左右，外汇兑换券3000元一直保存着，没有使用。关于兑换券，一是因为人民币还没有花完，二是咱是边疆省份来的，兑换券我也从来没有见过，说实话也不知道怎么使用，当时好像知道是与人民币一样的价值，三是组织上也没有安排使用，我只能保管。在天津市被抓捕时，这些经费资金全部被中共警察当局没收。因当时我说这些钱里有我从哈尔滨带来的我自己的 200 多元，后续在被关进秦城监狱前两个星期，我还被允许使用了一点钱用于购买简单必需品了，但是很快就被通知钱全部没收了。

第十五节 "外高联"（外地高校学生自治联合会）后期组织机构与主要核心成员

连胜德　　主席（总指挥）、执委/常委（天津民航学院）

王　醒　　副主席（副总指挥）兼秘书长、执委/常委，5.29 日兼任监察部部长，（哈工大）

葛　刚　　副主席（副总指挥）、执委/常委（这段期间主要时间已经不在广场，返回天津学校）/天津大学，天津市河西区人

蒋宏雷　　副主席（副总指挥）、执委/常委，（镇江船院，云南昆明人）

杨泽惠　　常委、宣传部部长，代理过副总指挥（河北大学）

李翠萍　　常委、卫生部部长/财政部部长（中国医科大学）

黄利峰　　常委，组织部部长（皖南医学院）

赵　昕　　轮值执委/常委、纠察总队总队长及义勇军负责人（长春师范大学，云南人）

刘志国　　常委、部长，指挥部主要成员　（秦皇岛燕山大学，武汉人）

刘　云　　常委、外联部部长

马福田　　常委、曾做过宣传部部长（西北大学）

林耀强、廖雪云、林亦子（女）和黎洪等 常委轮值代表（港澳

地区），香港专上学生联会与香港中文大学代表

柳永枝　　组织部副部长（吉林工业大学）

赵常青　　外联部秘书长（陕西师范大学）

郑　明　　指挥部主要成员

王　任　　指挥部主要成员

韩　晶　　指挥部主要成员

王　宾　　指挥部主要成员

殷宏为　　纠察总队分队长

李　斌　　纠察总队分队长（长春师范大学）

许　泉（全）　常委（山东曲阜师范）

张振华　　常委代表（哈尔滨高校学生自治联合会）

陈　垦　　常委代表（哈尔滨船舶学院，四川省自贡市人）

陈培钧　　常委代表（杭州高校学生自治会，浙江人）

但　斌　　河南大学学生自治会负责人之一

袁承志（化名：哈师）执委/常委（内蒙古师范大学，内蒙古包
　　　　头市人），

华鸿宾（化名：华夏）执委/常委（天津技术学院轻工业学院，
　　　　河北省魏县人）

秘书处主要成员：

刘传兵　　安全与设备管理（安徽师范学院，黑龙江人）

贾正宝　　文书与安全（江苏淮阴市人）

齐　霞　　文书与协调（长春地质学院，宁波人）

周金京　　文书与档案（北方交通大学）

**外地高校按照省、自治区、直辖市及大区推举委派的其他部
分常委或主要成员几十名，以下是部分名单：**

王世利、任宪伟、汪自力、朱利全（南京大学）、蒋奕（四川师

大）、蒋敏（南航 35*）、肖军（西安交大 87 级）、唐恺（深圳大学）、王啸（女生，常德教育学院）、藤刚、熊刚、李耕耘、江济良（厦门大学）、侯钟瑜、袁永忠（南开大学学生自治会主席）、齐大峰（南开大学学生自治会副主席）、张平亚（吉林大学学生，吉林省学生自治联合会主席）、潘强（山东大学北京声援团负责人）、陈美华（河北大学）、陈伯龄（女，哈尔滨二十四中学）

关于外高联常委需要特别说明的是：外地省份已经建立的高校学生自治会主要负责人常委代表，有些省市区没有成立该级别的学生自治组织，其省市区排名前三的学运最积极的高校学生自治会主要负责人轮流作为代表担任的常委，因为当时在推进实施过程中，名单无法统计。

"外高联"前期和后期的主要成员名单，是根据我出狱后早期记录的材料和记忆，以及与连胜德的一些回顾进行整理的，基本上大多数主要成员都在这本书的组织名单上了。但是，仍有一部分高校和省份委派的常委代表，因为经常变动更换而没能记住名字（部分省市自治区高校推举的常委记录缺失，待其他同学补充）。还有秘书处成员还有十几名同学名字记不清了，外联部、组织部等各个部门除主要负责人之外，其他的一些成员因为人数较多，名字记不清了。当年学运期间的两个记事本都写满了各种事项、会议要点和同学与各界支持人士姓名、联系电话、通信地址等方式，非常可惜和遗憾的是，被捕后都被公安局没收了。

第十六节　"外高联"及全国各省区直辖市、城市学生自治会及高校学生自治组织的学生领袖（北京以外）共计 18 万人左右

"外高联"最核心领导层成员 30 人左右，其它重要成员 80 人左右，下设各部门主要骨干成员 400 人左右；合计：500 人左右。

1989 年，中国普通高等大学数是 1075 所，在校人数 206.6 万人。减北京市 67 所，外地高等大学数为 1008 所。根据我们"外高联"及"天安门广场临时指挥部"在八九学运民运期间，向我们指挥部报到的外地高校，不完全统计数据为 500 所以上。

按照外地赴京高等学校（大学）500 所大学估算，每个大学 5—15 人。八九学运、民运期间外地省份陆续赴京各高校学生自治会和声援团主要负责人和骨干成员约 2500 人—7500 人。

全国各省市高校基本都先后成立了学生自治联合会，有些省区直辖市和主要城市还成立了当地高校（包括大中专院校）学生自治联合会等组织。1989 年全国外地省份普通高等大专院校 90%以上（估计有 900 所左右）不同程度的组织了和参加了学运民运，这些高校学生自治组织或各类学生团体，大部分都派出了赴京队伍或声援团，并且绝大部分加入了"外高联"组织。另外，还有全国 4022 所中等专业学校（中等技术学校和中等师范学校），在校人数 205 万人，减北京市 123 所，等于 3899 所中等专业学校，在校人数为 199 万人，约有超过一半以上，大部分的学校组织或支持、参加了学运民运。这其中有很多院校以各自的方式派出代表赴京声援，其中大多数院校参加了"外高联"。"外高联"的代表性来源和民主民意权力基础就是这全国 500 所左右的普通高等大专院校学生自治组织主体及负责人，以及部分中等专业院校学生代表。"外高联"通过在 5 月 25 日改组为"外地高校学生自治联合会"，通过吸纳新增各省市高校学生自治组织及高校学生组织负责人为省级常委方式，建立了全国各省市自治区的全国性组织。"外高联"因此代表和连接、指导全国外地高校学生自治会，同时上述这些院校也通过委派到"外高联"的代表提出主张意见和建议，行使参与领导和决策的权利，同时也将"外高联"的决策和学运安排传达给各高校和组织（这已经是一个全国高自联的架构，当时"外高联"与"北高联"是紧密合作关系，只要与北高联进行整合，全国高自联组织就形成了）。

八九年当时全国外地高等大学总计 900 余所大学，再减去有些学校或院系中没有正式成立学生自治组织或团体的 200 所大学，按照 700 所大学估算，按照每个高校学生校级主要负责人 10—20 人计算，大约 7000 人—14000 人；同时，各高校的每个大学的各院系的学生自治会负责人和骨干成员，按照 700 所学校计算，每个大学有 10 个院系，每个院系 10 人—18 人估算，为 70000 人—126000 人。

上述合计：8 万人—14.8 万人。

全国成人大学在校学生 170 万人，其中大多数成人大学不同程度地参加了八九学运民运，其各院校各级主要负责人及主要骨干成员，估算 12000 人。

全国外地中等专业院校 3899 所（不含北京市），按照 2000 所估算组织、参加和支持学运民运，其每个中等专业院校学生自治组织（包括院系）主要骨干成员按照 10 人估算，约为 20000 人左右。

以上总计：13.5 万人—18 万人。

第十七节　五月二十五日—七月十五日
与民运相关的中共政府重大行为背景摘要

（本节主要列出中共国家层面和北京市针对学运民运重大决策、压制行为概况，各省份针对本地区学运民运的重大压制、镇压与迫害行为将安排在第八章的各省份学运民运情况概要中对应省份分别进行整理、记述。）

五月二十五日

●李鹏在北京接见外宾，称赞邓小平是改革开放旗手，声称中共政府实施的北京部分地区戒严令是符合宪法的，是针对北京发生的动乱采取的必要措施，显示邓、李势力占据党内上风。

●国务院发出《关于坚决制止各地学生冲击铁路、强行乘车进京的紧急通知》。

■又有一些省、自治区党政领导机构致电中共中央、国务院，表示支持中共稳定大局采取的措施。这些省、自治区是：广西、辽宁、浙江、贵州省等。

五月二十六日

■中共中央顾问委员会召开会议，中共中央顾问委员会主任陈云主持会议并做了重要讲话，副主任薄一波、宋任穷，常委王平、伍修权等出席会议。会议一致表态拥护党中央和国务院为制止动乱、稳定局势作出的决策和采取的果断措施，支持李鹏政府和戒严令。当天，北京军区亦表态支持，全国各省市和军种已经陆续表态支持李鹏政府。

■26 日下午，全国人大副委员长受中共中央委托，邀请全国人大常委会副委员长中的民主党派、工商联负责人座谈。

彭真在座谈会上作了重要讲话。

彭真在讲话中指出，这次学生游行的动机是好的、纯洁的、善良的、建设性的，目的是为了克服工作中的缺点失误，把国家的事情、社会主义事业办得更好，这同我们的要求是一致的。但是，他们所采取的手段、方式不大妥当。他们对法律不熟悉或不很熟悉，他们缺乏政治经验，对极少数阴谋家、坏人，乘机制造动乱的险恶用心警惕不够。

参加座谈会的七位副委员长是：民革中央主席朱学范、民盟中央主席费孝通、民建中央主席孙起孟、民进中央主席雷洁琼、农工党中央名誉主席周谷城、九三学社中央名誉主席严济慈、全国工商联主席荣毅仁。他们在发言中对当前的局势深表忧虑，赞同彭真同志提出的以事实为依据，以宪法和法律为准来统一思想。他们说，民主党派同中国共产党长期合作，风雨同舟，今天彭真同志邀请我们座谈，通报了有关重要情况，进一步体现了共产党同民主党派肝胆相照的关系，体现了共产党领导的多党合作制度。

彭真同志最后说，我再讲三句话：一是，我这次讲的"一是为依据，以法律为准绳”，是用来统一思想的。二是，一定要坚持法制，不能搞人治，任何人都不能有超越宪法和法律的特权。三是，要爱护学生，希望大家再想些办法，做些工作，使学生和各方面的群众一道团结在党和政府周围，制止动乱，恢复秩序，改进工作，克服困难，把国家的事情办好。

中共中央政治局候补委员丁关根，中央书记处书记、统战部部长阎明复参加了座谈。

■26日，中共中央纪委就学习讨论李鹏、杨尚昆同志讲话的情况向党中央写了一份汇报材料。汇报说，大家认为，中央领导同志的讲话非常重要，党中央、国务院作出的决策，对于统一全党、全国人民的思想，制止动乱，恢复首都的正常秩序，维护全国安定团结的政治局面将起重大作用，大家表示赞同和拥护。

■近日来，最高人民法院、最高人民检察院、公安部，国家安全部、外交部、经贸部、国家教委、卫生部、国家计委，能源部、冶金部、铁道部、邮电部、中国民航局、纺织部、农业部、商业部、全国人大常委会办公厅、国务院办公厅机关，以及国防科委、航空航天部、机电部、财政部、化工部、水利部、林业部，交通部、国家计委、审计部、国家体改委等部门，都认真地组织了学习，表示拥护李鹏、杨尚昆同志的重要讲话，拥护党中央、国务院的重要决定。

■中共中央直属机关工作委员会今天向中直各机关党委发出《关于坚决执行中共中央和国务院迅速结束动乱的指示的紧急通知》。

■很多媒体报道了全国人大委员长万里提前结束访问美国的行程回国，但是，并不是回到北京，而是先期停留在上海。

■北京市开会传达李鹏等人的讲话时，市委副书记徐惟诚说，现在在外面折腾的（指的是游行示威者）不外是两种人，一是"精英"，一是痞子。这个徐惟诚就是"四·二六社论"的起草人。

五月二十七日

■中共发布全国人大委员长《万里书面谈话》，明确表示坚决拥护中共中央政治局常委的重要决定，完全同意国务院李鹏总理发布的在北京部分地区实行戒严，时符合宪法的，时完全必要的，支持人民解放军和武警部队等。

■中共中央中央发出传达学习李鹏、杨尚昆、姚依林、乔石讲话精神，要求各部门和各地方执行。

■政协第七届全国委员会第十八次主席会议今天下午在中南海举行，会议一致表示，坚决拥护党中央、国务院为制止动乱、稳定局势作出的正确决策和采取的果断措施，坚决拥护李鹏、杨尚昆同志在中央和北京市党政军大会上的讲话。

五月二十八日

■媒体报道，北京城周围戒严部队兵力继续增加，执行戒严的军队已经由日前的原地待命改为准备继续进发北京城。

■国家广播电影电视部发出《关于坚决执行党中央、国务院制止动乱，稳定局势的决策的通知》。

五月二十九日

■29 晚上，中央军委召开紧急会议，久违露面的国防部长秦基伟在主席台就座，出席会议的主要是各集团军司令员等高级指挥员。此次会议上，中央军委已经根据北京市人民政府要求，正式向各军下达戒严的具体任务。邓小平在会议前会见了戒严部队的军长和政委以上人员。

■人大副委员长彭真出席民主党派座谈会，讲话中强调法治的重要性，军队不是对付学生的。

■全国人大常委胡绩伟通过媒体表示，对当前新闻自由受到严重限制，表示十分忧虑。现在压制报道真实情况、片面宣传一方情况、禁止刊登不同意见等现象，严重违反十三大的关于"重要情况让人们知道，重要问题让人们讨论"的重大决策。如果不设法纠正，不仅会助长国内不安定的因素，而且将极大地损害我们党和国家在国际上的声誉。

•中共北京市委、市政府成立"市政府总后勤部"，为戒严部队筹集粮饷。

五月三十日

•全国人大常委胡绩伟就动议要求召开人大常委会紧急会议报道，作出四项声明。对五月十七日厉以宁等二十四位常委，十八日叶笃正等十二位常委联名要求立即召开全国人大常委会紧急会议，以及之后又进行的第三次常委签名，作出了这是履行人大常委的神圣职责，作为我国国家的最高权力机构，在这个紧急关头，召开紧急会议是十分必要的，也是"在民主与法制的轨道上解决问题"的一个师傅重要的措施。委托四通社会发展研究所来代为广泛征求各位常委意见，是完全正确的。以及对国内报纸不刊登这些人大常委的签名信，表示很难理解。

五月三十日

•据北京市公安局负责人介绍：一直扰乱首都正常社会秩序的号称"飞虎队"的摩托车队组织已被摧垮，其中，十一名带头闹事分子已被公安机关拘留审查。

•外交部新闻司已经向各国新闻机构驻华记者发出通知，内容如下：

一九八九年五月二十日北京市人民政府发布了第二号和第三号令，就在北京市部分地区实行戒严期间外国人应注意的事项和记者采访问题作出决定，请遵照执行。在此期间，记者在北京市进行采访活动有关事宜，请经与北京市人民政府外事办公室联系。

五月三十一日

•人民日报转载新华社消息，中央军委副秘书长洪学智于昨日（30日）视察了屯驻在北京郊外执行戒严令的军队。洪学智告诉官兵应该学习了解戒严法的重要性，"维护首都的安全和平压动乱"。

■进驻首都重点警卫目标区的戒严部队官兵近日开始着装上哨。进驻首都十多个重点目标区的官兵是五月二十一日陆续进驻的。进驻的单位包括首都机场、北京火车站、电报大楼等。

■中共政府组织北京怀柔县、顺义县等郊区农民进行拥护邓李政府官方游行和集会，人数在几千人，呼喊口号是拥护中共李鹏政府作出的制止动乱，拥护戒严令，共产党万岁等。

■全国人大万里委员长今天中午从上海乘飞机回到北京。

六月一日

■中共政府举行"外交部新闻发布会"，发言人对赵紫阳辞职和邓小平住院进行辟谣，称中国领导人无改变，邓小平身体健康。

■三份报告送达全体政治局委员：一、北京市委市政府李锡铭、陈希同提交的《关于动乱的实质》报告，二、国家安全部《关于美国等西方国际政治势力对我国的思想与政治渗透》报告，三、中央军委提交的"戒严部队全体官兵已经做好了从精神到物质的全面准备，只待中央军委的命令，即可开赴天安门广场进行清场"（吴仁华《六四事件中的戒严部队》）。

■连日来总参谋长迟浩田、总政治部主任杨白冰、总后勤部部长赵南起等领导同志，分别看望了在首都部分地区执行戒严任务的部队，转达了中央军委主席邓小平和常务副主席杨尚昆对部队的关怀和慰问。

■外交部今天举行新闻发布会，北京市人民政府发言人丁维峻就北京市人民政府根据国务院关于在北京市部分地区戒严令所发布的第一号、第二号和第三号令的有关条款作如下说明：

1. 在北京市部分地区实行戒严期间，外国记者、港澳台记者如要在北京进行采访，必须事先向北京市人民政府外事办公室提出申请，经批准后才能进行。

2. 北京市人民政府发布的第二号第二条和第三号第二条的规定

也包括不得在天安门广场、人民大会堂周围、新华门前以及其它公共场所对北京市人民政府令所禁止的活动进行采访、变相采访、拍照、录像、包括不得约中国公民到外国记者、港澳台记者驻地、寓所、饭店等场所进行北京市人民政府令所禁止的活动内容的采访。

3．未经北京市人民政府批准，外国记者、港澳台记者不得对戒严部队进行采访、照相、录像。

4．外国记者、港澳台记者不得通过不正当途径获取戒严期间严禁进行的挑唆、煽动性活动的材料。

5．在戒严期间，如其它有关规定与北京市人民政府令相抵触的以北京市人民政府令为准。

6．违反北京市人民政府令的，由北京市人民政府有关部门视情节予以处理。

7．对北京市人民政府令的解释权在北京市人民政府。

六月二日

■6 月 2 日上午，邓小平主持中共高层特别会议，李先念、杨尚昆、彭真、薄一波、王震等中共元老，以及政治局常委李鹏、乔石、姚依林参加了会议。会议对"迅速制止动乱，恢复首都秩序"，对天安门广场进行武力清场做出了决定。

邓小平最后拍板，本次会议对天安门实施武力清场作出最后决定，6 月 2 日正式启动。邓小平最后意见表示，戒严部队指挥部今天晚上开始实施清场计划，两天完成。

■6 月 2 日下午，中共中央军委常务副主席杨尚昆召集主持，政治局常委李鹏、乔石、姚依林，以及包括戒严指挥部成员的军队高级将领秦基伟、洪学智、刘华清、迟浩田、杨白冰、赵南起和北京军区司令员周衣冰、政委刘振华，北京市委书记李锡铭、市长陈希同等参加会议。会议做出决定：一、从 6 月 3 日晚上 9 点起，戒严部队开始平息北京发生的反革命暴乱；二、戒严部队于 6 月 4 日凌晨 1 点抵达天安门广场，清晨 6 点完成清场任务；三、要求戒严部队按计划和命令完成任务，不得拖延；四、戒严部队开进途中，任何人不得阻拦。否则，戒严部队可以采取各种自卫措施和一切手段排除；五、中央人民广播电台、中央电视台、和北京市电视台及北京市人民广播电台向北京市人民持续不断广播，发布北京市人民政府和戒严部队指挥部的紧急通告。

■有数辆军车从复兴门开到天安门广场附近，有三名市民被撞死。

■国务院秘书长罗干日前已经通知国务院各部门领导，在北京戒严期间，凡是党员干部上街游行将以党纪处置；非党员干部上街之前，必须先行辞去公职。

六月三日

■从凌晨起，有上万名军人着便装，从东、西长安街方向往天安门广场开进，学生、市民奋力堵截，学生、市民和军人，双方激烈冲突。下午 5 点左右，从人民大会堂出击意图冲入天安门广场的 1 万多名军人，被几万名学生、市民阻拦，军队使用催泪弹、器械攻击，局面惨烈，形成对峙局面。

■中共人民日报等各大报纸刊载北京市委宣传部文章《认清动乱的实质和戒严的必要性》，已经在为镇压行动进行舆论宣传。

■中共北京戒严部队指挥部紧急通告：

要求（一）各界群众支持军队戒严；（二）不得阻挡军队执行戒严任务，否将采取一切手段排除；（三）市民不要围观，听信谣言；（四）对打砸抢烧暴徒一定打击，严加惩处。

■中共北京戒严部队指挥部紧急通告：

中国人民解放军奉命在北京市部分地区执行戒严任务，履行制止动乱，维护首都社会安宁的神圣使命，得到了各级政府和广大人民群众的支持。但是，近日来，极少数人制造谣言，恶意丑化、攻击戒严部队，用极其恶劣的手段，挑拨人民群众和戒严部队之间的关系，煽动一些人堵砸军车、抢夺武器，殴打干部战士，盘查、围攻军人，阻拦戒严部队的行动，蓄意制造事端，扩大动乱。极少数人的这种严重的违法行为，引起了广大人民群众和部队官兵的极大愤慨，已经到了忍无可忍的地步。

我们郑重宣告：任何人不得以任何借口非法拦截军车，阻拦、围攻解放军，妨碍戒严部队执行勤务。军队行动时间、方式、着装均属军务，任何人不得干预。我们坚决执行国务院戒严令和北京市政府一、二、三号令，如果有人不听劝告，一意孤行，以身试法，戒严部队、公安干警和武警部队有权采取一切手段，强行处置，一切后果由组织者、肇事者负责。希望北京市的广大人民群众严守戒严令的规定，支持军队制止动乱、维护安定团结的行动。

中国人民解放军戒严部队指挥部

一九八九年六月三日

■3日下午4点，中共中央常委乔石召集戒严的紧急会议，研究天安门清理问题。会议决定，今晚从北京各方面集结待命的戒严部队，向天安门进军，与已经隐藏在天安门广场四周的戒严部队会合，在政府组织的工人纠察队的引导下，对天安门广场实行清场。

■3日深夜、四日凌晨开始，中共命令戒严部队从北京四面八方开进北京城，军人携带武器，荷枪实弹，在行进过程中对学生、市民进行了血腥屠杀，造成大规模死伤。清晨4时左右，戒严部队大规模坦克、军车和多只军人队伍从东西长安街和广场周围开入天安门广场，使用坦克、机枪等军事装备镇压请愿学生和支持同情学生的市民，成千上万的学生、市民惨遭屠杀，制造了震惊中外的"六四大屠杀"事件。

六月四日

■中共北京市政府和戒严部队指挥部发出《关于迅速恢复天安门广场正常秩序的通告》，决定立即对天安门广场清场，要求（一）所有人员听到广播立即撤离现场；（二）如有人违抗滞留广场，有权采取一切手段强行处置；（三）清场后由戒严部队管理广场；（四）希望学生和群众配合执行清场任务。

■4 日凌晨 1 点 30 分左右至 2 点左右，解放军戒严部队完成了对天安门广场的封锁包围，戒严部队在向北京市内武装进发过程中，戒严部队从四面八方向天安门广场武装突进过程中，军队使用坦克、机枪等武力杀死和杀伤大量学生和市民，并在天安门广场周围设立警戒线，阻止前来声援的广大学生和市民进入，致使坚守在天安门广场纪念碑附近的几千名学生形成孤立状态。

■4 日凌晨 2 点至 4 点左右，戒严部队使用坦克推进和开枪追杀学生和市民，对纪念碑外的广场进行武力清场。面对中共已经大开杀戒和面临坚守天安门广场的学生、市民更大规模杀戮紧急情形，前日开始绝食的知识界人士侯德健、周舵等人前去与戒严部队谈判，争取撤出广场、保护学生。

■4 日清晨 4 点至 5:30 分，坚守在天安门广场的学生、知识界人士和市民最后时刻围绕在纪念碑处。

中共北京市政府和戒严部队指挥部发出紧急通告，表示将反击反革命暴乱，要求在天安门广场的学生和市民立即离开，否则无法保证其安全。随后发出广播通知，同意学生撤离天安门广场，开始清场行动。

■清晨 4:40 分左右，经坚守在天安门广场纪念碑处的现场学生、市民表决，决定即刻撤出天安门广场，在戒严部队的追赶和枪声中陆续撤离。戒严部队武力驱逐了聚集在天安门广场纪念碑的几千名学生，清晨 6 点左右，戒严部队完全占领了天安门广场。

■天安门广场以外的北京市范围，解放军戒严部队荷枪实弹，武装进入各个戒严军管位置，沿途沿线向学生和市民开枪射击，坦克开路碾压，造成成千上万学生和市民死伤。

■中共《解放军报》发表《坚决拥护党中央决策 镇压反革命暴乱》的社论，表示戒严部队在制止动乱的斗争中取得胜利，对那些继续策划暴乱的不法之徒将给予严惩，绝不手软。

■中共戒严部队指挥部发言人发表谈话，在六月三日军队入城执行任务中，发生了严重的反革命暴乱，被砸毁军用汽车上百辆、烧毁军车三十一辆、警车二十三辆、装甲车二辆、公共电气车三十一辆，数名军人被烧死。

六月五日

- 中共中央、国务院联合发表《告全体共产党员和全国人民书》，中共采取军事行动是对付"反革命暴乱"。

- 中共北京市政府、戒严部队指挥部发出紧急通告，要求市民（一）不轻信、传播谣言；（二）不随意上街；（三）离开军民冲突现场；（四）检举暴徒特征；（五）配合中共军队打击暴乱分子。

- 中共北京市政府、戒严部队指挥部发出紧急通告，警告民运分子（一）立即停止反抗活动，否则采取一切措施，当场制止；（二）立即自首，争取从宽处理；（三）枪支弹药应即刻交还，不得隐藏或擅自处理；（四）全面揭发检举暴乱分子。

六月六日

- 中共政府举行记者招待会，发言人袁木表示局势还不稳，秩序还相当混乱。初步统计，戒严部队受伤五千多人，误伤市民两千多人，死亡近三百人，还有四百多军人失踪，学生死亡仅二十三人。张功表示戒严部队在清场过程中没有打死一个学生和群众，也没有轧伤一个人。

- 中共戒严部队逮捕焚烧军车市民张文奎、祖建军、王汉武等人。

六月七日

- 中共北京市政府、戒严部队指挥部发出第八号紧急通告：（一）对搞打、砸、抢、烧、杀的现行犯，当场拘捕，反抗者就地处置；（二）投案者从宽处理，继续作恶反抗者从严惩处。

- 中共中央纪律委员会发出《关于严明党的纪律，维护党的团结统一的通知》。要求各级党组织和党员站稳立场，经受考验，在政治上和行动上与党中央保持一致，坚守岗位，支持和配合军队执行任务，对策划、组织和领导暴乱活动的开除党籍。

■国务院发出《关于坚决制止冲击铁路确保铁路运输安全畅通的公告》。

■中共八家新闻机构记者在六四屠杀发生后，首次集体采访清场后的天安门广场。

六月八日

■中共北京市政府、戒严部队指挥部发出第九号通告：规定（一）不得设置各种路障；（二）不得拦截破坏各种车辆；（三）不得破坏各种交通设施；（四）不得围攻阻扰公安干警执行公务；（五）违规者将当场强行处置。

■中共北京市政府、戒严部队指挥部发出第十号通告：宣布"北高联""工自联"为非法组织，要求自动解散和自首。

■中共北京市政府、戒严部队指挥部发出十一号通告；要求检举反革命暴乱分子，并公布举报电话。

■中共国家教委发出《关于恢复和稳定正常教学秩序通告》，要求尽快复课，并查处继续参加学运学生。

■李鹏、王震探望并赞扬戒严部队，官方否认在天安门广场开枪杀人。

六月九日

■邓小平公开露面，在首都中南海接见戒严部队军以上干部代表，发言指责民运是一场"反社会主义的暴乱"，赞扬戒严部队在这次反革命暴乱斗争中经受考验，证明是合格的。

■中共北京市政府、戒严部队指挥部发出十二号通告；

要求立即清除标语、大字报、小字报，不许张贴、印制、散发和观看，否则有权当场制止并惩处。

■国务院发出《关于坚决制止破坏经济秩序，确保工业生产正常进行》公告，要求采取措施抓紧抓好工业生产，加强对重要企业的保卫，阻止破坏市场秩序的演说、串联活动，对破坏生产的行为，要予揭露和惩处。

六月十日

■中共北京市政府、戒严部队指挥部发出十三号通告：

要求参与学运分子立即自首，否则缉拿归案，从严惩处。并要求民众揭发检举，协助缉拿案犯。

■北京市公安局消息，截止十日止已经抓获四百多所谓"打砸抢分子"的抗暴民众。

■北京戒严部队消息，抓获"高自联"秘书长郭海峰等民运分子。

六月十一日

■中国公安部发出《关于转发北京市公安局通缉令》通知，正式通缉方励之、李淑娴夫妇。

六月十二日

■中国公安部发出《关于坚决镇压反革命暴乱、制止社会动乱的通告》。

■中共北京市政府、戒严部队指挥部发出十四号通告：

取缔"北京市民自治联合会""首都知识界联合会""首都各界爱国维宪联席会议""外地赴京高校自治联合会"等非法组织，要求首要分子自首，否则缉捕严惩。

■国家教委发出《关于维护中小学正常教学秩序的通告》。
■中国民政部发出《关于做好拥军优属工作紧急通知》。

六月十三日

■中共中央、国务院召开各部门负责人会议，传达邓小平六月九日在接见戒严部队军以上干部代表的讲话。

■中国公安部转发北京市公安局通缉令，通缉北高联王丹、吾尔开希等二十一名学生领袖。

六月十四日

■中共中央召开"全国人大"副委员长、"政协"副主席、各民主党派主要负责人会议，传达邓小平在接见戒严部队军以上干部代表的讲话。

■国务院办公厅发出《关于各地不要来京慰问戒严部队通知》。

■公安部转发北京市公安局对"工自联"负责人韩东方、贺力力、刘强的通缉令。

■国家保密局发出通知，要求严格保密法纪，确保国家秘密安全。

六月十五日

■人民日报发表评论员文章《团结起来，共同对敌》。

■中共对外宣称，北京动乱导致北京市经济损失达十亿人民币。

■中国红十字会公开否认其透露过任何有关天安门事件伤亡数字。

六月十六日

■【人民日报】发表社论《统一全党思想的纲领性文件——认真学习邓小平同志重要讲话》。

■总参谋部紧急通告，《严防高自联、工自联等头头等犯罪分子外逃》。

■国务院发言人袁木接受美国全美广播公司记者访问，对于记者提出的该公司拍摄数千尺影带足以证明学生、市民被杀害，袁木表示"现代社会科技发达，一些人可以摄制很长的影片，歪曲事实真相"。

■北京市公安局消息，六月五日至十六日，已经有 109 人投案自首。

六月十七日

■中共中央召开党外人士座谈会，讨论邓小平讲话。

■国家教委发出通知，要求对应届高中毕业生进行爱国主义教育和形势教育。

■北京市中级人民法院一审宣判林昭荣、张文奎、陈坚、祖建军、王汉武、罗红军、班会杰、王连禧死刑、立即执行，剥夺政治权利终身，罪名是"在反革命暴乱中打砸抢烧"。八名被告向北京市高级人民法院提起上诉，除王连禧被改判死缓外，其余上诉被驳回，维持原判。

■北京市公安局消息，六月五日至十七日，已经有 128 人向公安机关自首。

六月十八日

■中国政府宣布出国旅游新规定，取消以往签发的出境通行证，重新申请新的出境许可证。

六月十九日

■中共推迟了原定于六月二十日举行的七届人大常委会第八次会议，宣称因北京仍未恢复正常而推迟举行。

六月二十日

■最高人民法院发出通知，要求各地法院及时地严惩"反革命暴乱分子"。

■【人民日报】发表署名文章，指此次民主运动中，"华盛顿的某些先生们扮演了很不光彩的角色"，并指这次运动有"国际北京"。

■北京、上海、福建实行新的签发出镜卡办法。

六月二十一日

■北京市公安局逮捕杀死戒严部队通信排长刘国庚的"工自联"骨干分子李宾。

■北京市公安局抓获在立交桥杀死武警李国瑞的孟多等人。

六月二十二日

■北京市公安局发出通缉令，通缉"首都知识界联合会"的七名主要成员：严家其、包遵信、万润南、陈明远、苏晓康、王军涛、陈一咨。

■国务院港澳办公室主任姬鹏飞发表讲话，表示不能允许港澳成为颠覆中国政府的基地，不能允许港澳人士到内地从事反政府活动。

■北京市中级人民法院裁定的火烧军车罪名成立，而被判处死刑的林昭荣、张文奎、陈坚、祖建军、王汉武、罗红军、班会杰等，经上诉后被维持原判，被残酷枪杀。

六月二十三日

■中共召开十三届四中全会，听取、审议李鹏代表中共中央政治局提出的《关于赵紫阳同志在反党反社会主义的动乱中所犯错误的报告》。

■【人民日报】发表社论《必须旗帜鲜明地坚持四项基本原则》。

■北京市公安局拘留审查北京师范大学中文系讲师刘晓波，指其"煽动学潮"。

六月二十四日

■中共中央四中全会结束，赵紫阳被撤销中共中央总书记、政治局常委政治局委员、中央委员和中央军委第一副主席职务，免去胡启立的政治局常委、政治局委员、书记处书记职务，免去芮杏文、阎明复的书记处书记职务。选出江泽民为总书记，增选江泽民、宋平、李瑞环为中共中央政治局常委，增补李瑞环、丁关根为中央书记处书记。中央纪律检查委员会会议决定进行一些列清党整党措施。（李鹏、乔石仍继续担任常委）

■【人民日报】摘登邓小平《关于坚持四项基本原则，反对资产阶级自由化的论述》。

六月二十五日

■中共在全国各地组织学习、讨论"四中全会"公报。

六月二十六日

■全国人大召开委员长会议，万里主持。决定六月二十九日举行七届人大常委会第八次会议。

■北京市公安机关逮捕了著名法学家于浩成。

六月二十七日

■国务院通过《集会游行示威法（草案）》。

六月二十九日

■七届全国人大常委会第八次会议召开，首先学习中共四中全会文件。

六月三十日

■七届全国人大常委会第八次会议通过撤销赵紫阳的国家军事委员会第一副主席职务。并听取北京市市长陈希同所作《关于制止动乱和平息反革命暴乱的情况报告》。

■北京市人民检察院分院对五月二十三日污损天安门毛泽东画像的余志坚、喻东岳、鲁德成提起公诉。

■中共中央军委发布命令，授予在在六四大屠杀和抗暴中被杀的刘国庚、崔国政等十名士兵"共和国卫士"称号。

■七届全国人大常委会第八次会议闭幕，会议通过《关于制止动乱和平息反革命暴乱的情况报告》，并完成《集会游行示威法》草案的初审。

七月十五日

■中共政府于十二日至十五日在北京召开"全国高校工作会议"，确立"教育必须为社会主义服务，教育必须坚持社会主义方向，用马列主义毛泽东思想教育青年学生，培养社会主义事业接班人"的思想。

■最高人民法院院长任建新公开表示，"要乘胜追击"，把"阴谋分子""反革命分子"，"坚决、彻底、干净、全部地清查出来""不留后患"。

十二月八日

■1989 年十二月八日，北京市中级人民法院一审宣判"在北京反革命暴乱中残杀共和国卫士李国瑞烈士的凶手"孟多、周继国死刑，立即执行，剥夺政治权利终身。12 月底，孟多、周继国被处决。

■北京市范围在八九六四期间及之后，参加学运民运人士死伤者数万人，被抓捕、关押、判刑的人士数千上万人。其中，主要关押在秦城监狱和北京市各监狱、看守所。其名单在有些八九民运专著和相关报告中陆续都有详细披露，读者都查阅相关专著和资料，在此不做详述。

第四章

全国外地高校的学生自治会等组织及学运民运概况

八九民主运动期间，中国首都北京无疑是这场运动的发源地和中心，尤其北京发生了震惊世界的、血腥的六四大屠杀和抗暴事件。在北京市之外，全国外地其它 29 个省市自治区（未包括台湾）也是这场历史性的、规模空前的全国民主运动的重要组成部分，外地各高校学生自治组织、区域院校学生联合自治组织机构是当地学生运动和民主运动的主导力量，在上海、四川成都市等很多个省份的中心城市形成了区域性的民主运动中心，使其全国性民主运动的定义名副其实，涌现出非常多的运动领袖、英雄和积极进步人物，展现了各地社会各界广大民众对学生运动和民主运动的广泛同情和支持，以及对专制极权和官倒腐败等的痛恨，对自由民主的追求和向往。

"外高联"作为全国性高校学生自治组织，其发起成员就是全国各地赴北京声援的各省份高校学生自治组织及负责人。"外高联"在北京天安门学生绝食请愿期间成立组建，是八九民运最重要的学运民运组织机构之一。不但在北京、天安门广场发挥着运动的主导力量作用，通过后期改组成除北京市之外的全国外地院校的学生自治组织——"外地高校学生自治联合会"，在"外高联"指挥部核心成员基础上，新增每个省份高校选出了相应省份的学生代表成为"外高联"的省份层级的常委。并且全国各地省份高校学生自治组织或前三名民运最活跃高校学生组织的主要负责人为外高联常委轮值代表的制度安排，形成了覆盖全国范围的学生自治组织联合领导机构，"外高联"成为指导和联结外地高校的中枢，外地省份各院校的相关民主运动历程也当然是"外高联"历史最为重要的组成部分。外地各类高校学生自治组织是全国外地各个省份中学生运动和民主运动的主导组织，在与当地"工自联"等各类民运组织的支持与合作下，形成了这些外地省份的八九民运浪潮。

八九民运发生后的三十多年以来，中国外地省份的八九民运情况很少有全面和系统性的研究和历史记录，海外媒体或多或少有些报道，但关注度不高。为了完整的将"外高联"与八九民主运动的历史客观的进行还原和全面反映，根据我对八九民运亲身经历和一些记录资料，以及多年来对很多省份的相关同学、人士的访谈、历史调查等，以及近年来美国哥伦比亚大学做访问学者后通过很多的大学图书馆、社会图书馆进行资料查阅，还有综合参考各类新闻媒体报道和各方研究八九民运的学者、亲历者关于八九六四的记述和专著研究基础上，还有在 2009 年左右中国民运人士编写的《中国六四受害者状况民间报告》收集、整理记录了北京和全国各地参加民主运动而死伤人员情况和遭受关押、判刑、坐牢等迫害情况，对此我都有所参考和摘录（在此同时向所有真实记述和研究八九民运的朋友致以敬意），来撰写本专著的，当然必须包括对八九民主运动期间所有外地省份的学生运动和民主运动作出系统性、概括性记述，以让世人了解、记住八九民主运动期间发生在北京以外省份的学生运动和民主运动，以示纪念，让世人铭记，并向所有当年的参加者、支持者致敬。

第一节　全国外地学运民运最活跃、最突出的省份概况

1. 天津市

学运民运主要活动与组织概况

89 年 4 月 15 日胡耀邦逝世，天津南开大学学生开始进行悼念活动。4 月 23 日，南开大学、天津大学等高校发起罢课活动，上万名学生举行游行活动。人民日报"四·二六社论"激起天津学生 4 月 27

日大游行，南开大学等各大院校开始陆续罢课。

■5月2号，中国民航学院学生自治会负责人连胜德代表天津高校参与给全国人大和国务院的递交请愿书活动。

■5月11日，天津市各大中专院校教职工，文化、新闻、科技等单位工作人员，部分政府机关干部、工矿企业工作人员，上万人上街游行。

■5月13日，按照和北京发起、筹备绝食活动学生达成的协议，天津地区高校派出500多名学生参加了在天安门广场的绝食请愿团，中国民航学院派出数十人参与北京天安门广场五月十三日开始的绝食抗议。

■5月14日，天津市高校学生自治联合会、南开大学学生自治会决定组织"和平民主请愿团"，700多名学生骑车进京请愿，5月16日1500多名学生乘火车抵达北京，截止17日已经有上万名学生赴京声援。

■5月20日北京戒严后，南开大学、天津大学等校5000余名学生上街游行，呼喊"打倒李鹏""打倒腐败政府"等口号。

■5月21日上午，十几所高校万余名师生在南开大学集中后上街游行，呼喊"邓小平、李鹏下台""紫阳出来"等口号。

■5月25日，天津爆发自戒严令发布以来最大规模的游行、示威活动，文艺界、教育界、科技界、新闻界及高校学生三万多人参加。

■28日。南开大学等校一千余名学生参加了全球华人大游行，呼喊"打倒独裁政府"等口号。

■6月1日，南开大学、天津大学等高校呼吁搞"不合作运动"，口号是"李鹏不下台，我们不回来"。

六四镇压消息传到天津，6月5日，天津市高校群情激愤，在校内放哀乐。有些学生到街头和市政府门前演讲，有十余所高校数千名学生上街游行、抗议。

自89年4月中旬至6月上旬，天津市的大专院校绝大多数学生不同程度的参加了学运民运，其中赴北京声援的学生达2万多人，是全国进京声援最多的省份。在此期间，南开大学、天津大学、中国民航学院等高校率先成立了学生自治会，并且成立了"天津高校学生自治联合会"。5 月初以来，有部分知识分子和工人等民众开始参与运动，天津民众支持和同情者较为广泛。陆续成立的社会组织有"天津工人爱国联合会"，"天津爱国民族自治会"（负责人是李振琪）、"天津市民请愿团"（主要成员有冯国伟、叶福展、贾长领）、"中华各界爱国民主联合会"（主要负责人是周恩东）。

天津市中共天津镇压与迫害概况

■6 月 8 日，天津市武警抓捕了参加北京民运和抗暴斗争的民运人士汪胜利、陆新明。

■6 月 9 日，天津市公安局在中国民航学院抓捕刚刚从北京来校开展民运活动的"外地高校学生自治联合会"主席连胜德，副主席王醒，以及其他两名骨干成员，关押在天津市公安局看守所。并于六月十四日被押送到北京秦城监狱关押。

■6 月 9 日，天津市公安机关抓捕了"天津工人爱国联合会""天津爱国民族自治会"的负责人王宁、李振琪，以及其他十几名骨干成员。

■6 月 11 日，天津市公安局取缔"天津工人爱国联合会""天津爱国民族自治会"等民运组织，抓捕十几名民运人士。同日，天津公安机关抓捕了 19 名从北京和其他地区来天津的民运人士。

■6 月 12 日，天津市政府明令取缔"天津市高校学生自治联合会""天津爱国工人联合会""天津爱国民族自治会""市民声援团"，以及各高校学生自治会等民运组织通告，限五日内自首，否则从严惩处。

■6 月 15 日，天津铁路公安分局抓捕了在北京参加民主运动和抗暴的民运人士龚永刚、龚辉、刘建强。

■6 月 15 日，截止今日，天津市公安机关已经抓捕了 67 名由北京及外地进入天津地区的民运人士。

▪据天津相关人士了解和综合信息，六四镇压后，天津市一批学生领袖和骨干被抓捕，遭受牢狱、判刑，开除学籍等处分迫害。社会各界人士被关押、判刑和遭受迫害者也有很多。

2. 上海市

学运民运主要活动与组织概况

自 4 月 15 日到 4 月 23 日世界经济导报发表悼念胡耀邦的文章，4 月 17 日到 4 月 22 日，复旦大学、同济大学、华东师大等高校持续几天举行悼念胡耀邦活动和游行。人民日报社论发布"四·二六"社论后，上海发生了大规模抗议活动，"上海市高校学生自治联合会""上海工人自治联合会"等组织陆续成立。

▪5 月 2 日开始，复旦大学、同济大学、华东师大等绝大部分上海高校学生在上海人民广场、外滩、市政府举行万人大规模静坐、游行示威，还有文化界、科技界、部份工人和市民参与。向上海市政府和市人大递交请愿信，声援北京学生运动，要求承认学生运动是爱国运动，不惩罚任何示威者，恢复《世界经济导报》前主编辑钦本立职务，以及与政府之间进行平等对话。同时，各高校组织了大批赴北京的声援团，赢得了上海民众的广泛支持和同情。5 月 4 日，数万名学生再次示威游行，要求与市委领导对话。

▪5 月 16 日，复旦大学、同济大学、上海工业大学等高校学生几千人示威游行，声援北京绝食学生，要求市委取消对《世界经济导报》的不公正处理。

▪5 月 17 日，上海各大高校五千多名学生游行，声援北京绝食学生，并由三十多位学生代表与上海市党政官员对话。

▪5 月 19 日，上海复旦大学、同济大学等高校大批学生陆续前往外滩市政府门前声援北京和上海绝食学生，20 多所中学、大中专的师生和一些小学的教师、学生到外滩声援。同济大学、上海财经大学等校和游行队伍中矛头指向邓小平和李鹏的横幅、标语，如"我们不要白痴总理""垂帘听政何时休""打下傀儡，拆掉后台"等。当天下午因绝食送进医院治疗的学生累计 188 人次，仍在医院接受治疗的学生 77 人。

■5 月 20 日。复旦大学等校 1 万余名师生上街游行，游行、聚集在外滩时，学生和民众达五十万人，学生绝食人数已达 600 多名，呼喊"反对戒严""反对镇压"等口号。

■5 月 21 日，复旦大学全校师生罢教罢课，上海 15 所高校的学生、教师和一些工厂的工人共 3 万人上街游行，呼喊反对邓小平、李鹏、杨尚昆、反对北京戒严等口号，从凌晨持续到晚上。

■5 月 23 日，上海 30 多万各界人士上街游行，抗议北京戒严，支持助威游行队伍的市民达百万人。

■5 月 25 日，20 余所高校的万余名学生上街游行，公开打出了"上海高校学生自治联合会"旗帜。游行队伍在人民广场长时间停留，表示要向提前结束在美国访问回国的万里请愿，"要求召开人大特别会议，罢免李鹏，解除戒严令"。

■5 月 28 日，20 所高校及中科院上海部门、上海市社科院等约12000 人参加"全球华人大游行"，打着"为民主、为自由，不达目的决不罢休""一息尚存，我们要呐喊""我们敢于顶着压力干"等标语，先到人民广场，后到市政府门前游行抗议。

北京六四镇压后，6 月 4 日上午，上海高自联、工自联與学生、民众上街设置路障，堵塞交通，中断铁路，与政府武装警察对抗。14 所高校的逾 3 千名学生上街游行，呼喊"屠杀人民，不得好死""打倒李鹏，讨还血债"等口号。一些高校学生在全市交通要道设置了 50 多处路障，致使千多辆车辆被堵，18 条公交路线被迫停驶，还有一、二百公交车辆轮胎被刺坏或放气。6 月 5 日，上海各院校全面罢课，工人罢工。16 所高校逾 7 千名学生上街游行，呼喊"讨还血债""反对暴政"等口号，在全市交通要道设置 120 多处路障，利用成千上万辆公交等车辆，堵塞交通，市内交通全面瘫痪。有的铁路道口也多次被堵，造成火车一度停驶。上海师范学院、上海工业大学、上海音乐学院等校少数学生强占校广播站。复旦大学、上海交通大学等校学生自治组织在校内设立大喇叭，广播有关北京开枪屠杀的消息。6月6日。上海9所高校的许多学生继续上街，有一些市民与学生一起又新设一大批路障。当晚，北京开来的61次列车撞倒正在围堵的民众9人，死亡5人，现场民众与军警爆发激烈冲突。到22时，现场已聚集3万人，铁路运输中断。6月7日上午，同济大学、华东师大、上海工业大学等校相继出现部分学生冲击学校礼堂、教学大楼，要求设立灵堂。华东化工学院、华东师大、上海交大、上海铁道医学院等校一些学生上街设置新的路障，使交通再次全面受阻。6月8日，全国各地局势趋向平缓，少数地区仍有游行抗议。上海师大、上海海运学院、上海机械学院等校少数学生继续设置路障。复旦大学、上海纺织大学、上海师大、同济大学等校一些学生在校内设灵堂，在人民广场集会，悼念北京的死难学生和民众。复旦大学有学生在校门口降半旗。上海机械学院学生自治会组织三四百人参加的沙龙，讨论行动方案。6月9日，上海"市高联"发动5万多名学生、工人、市民不顾当局的严厉警告，举行盛大游行、集会，悼念北京六四惨案的死难者。游行队伍中出现近千名打着"上海市自治联合总工会"旗号游行的工人。6月10日，复旦大学、同济大学100多名学生在市公安局前示威，抗议逮捕七名"工自联"领袖。

八九学运期间，上海各大院校大多数都成立了学生自治会，并成立了"上海市高校学生自治联合会"。其它成立的民运组织还有"上海工人自治联合会""上海爱国个人声援团""中国民主监督同盟会筹委会""民主党派联盟""爱国义勇军""野鹅敢死队"，以及"中国青年民主党"，负责人翁正明。"赤子治国自由社"，负责人李治国。

上海市中共镇压与迫害概况

■6月6日，上海市公安局抓捕了11名参与拦截火车，与警察冲突的抗暴民众。

■6月8日，截止今日，上海市公安局已经抓捕参与抗暴斗争的民运人士 90 名。

■6 月 9 日，上海市公安局抓捕 4 名拦截车辆，阻塞交通，对抗警察的飞车队成员；抓捕了"上海工人自治联合会"和"爱国义勇军"数名负责人。

■6 月 10 日，上海市政府发出通告，宣布"上海市高校学生自治联合会"为非法组织，强行解散，之后陆续抓捕了相关负责人。

■上海市公安机关声称破获两个民运组织"中国青年民主党"和"自由社"。

■6 月 11 日，上海市公安边防部门在虹桥机场逮捕"上海高自联"学生领袖、复旦大学学生姚勇战（香港居民身份）。

■6 月 12 日，上海市公安干警截止目前已经抓捕一百六十六名民运人士。

■6 月 15 日，上海市中级人民法院对被控焚烧火车的徐国明、卞汉武、严雪荣判处死刑。

■6 月 15 日，上海市公安局通告，限参与非法活动者，七天内自首，并要求民众检举。

■6 月 20 日，中共上海市高级人民法院对在六四抗暴期间焚毁火车的徐国明、卞汉武、严雪荣三名被告驳回上诉，原判死刑终审裁定，执行枪决。

■6 月 21 日，上海市中级人民法院对光新路铁路道口冲击事件的被告彭家明、韦迎春判处无期徒刑，赵建明有期徒刑 12 年，艾启明、袁志明有期徒刑 10 年，孙满红有期徒刑 5 年。

■6 月 22 日，上海市黄浦区法院判决，参与在上海民运活动的尤荣林、赵国正、王勤、李华忠四人有期徒刑三至七年。

■6 月 23 日，杨浦区中级人民法院以聚众闹事、破坏交通工具等罪名，判处宋瑞英、刘亚捷有期徒刑 5 年，俞嘉丰、王志强、顾培军、张克斌为 3 至 4 年有期徒刑。

■6 月 24 日，上海市黄浦区法院对上海市"野鹅敢死队"民运组织的唐坚忠有期徒刑 13 年，陈宏根有期徒刑 11 年，展兴虎、袁志强有期徒刑 8 年，戴忠伏等其他十名成员分别判处三年至七年有期徒刑。

▪7 月 6 日，普陀区中级人民法院对光新路铁路道口冲击事件的抗暴人士唐兴良有期徒刑 10 年，赵家骏有期徒刑 6 年，林象利有期徒刑 4 年，单宏光、仰大东有期徒刑 3 年，袁国正、钱红卫分别为有期徒刑 5 年和 4 年。

▪7 月 18 日，"中国民联"成员杨巍被上海市公安局以进行"反革命宣传煽动"罪名拘留。

▪孙宝强：女，上海炼油厂打字员。1989 年 6 月 5 日，被虹口看守所拘押。

同年 9 月，以"聚众扰乱交通秩序罪"被判刑 3 年。

▪李国涛：上海人，被判刑 3 年。

▪戴学忠：上海人，被判处 3 年劳动教养。

▪据上海市相关人士了解和综合信息，六四镇压后，上海市一批学生领袖和骨干被抓捕，遭受牢狱、判刑，开除学籍等处分迫害。社会各界人士被关押、判刑和遭受迫害者有很多。

3. 四川省

学运民运主要活动与组织概况

▪4 月 20 日，胡耀邦逝世消息引发成都市部分大学出现示威活动，几千名学生、民众走向街头游行，并拆掉成都市政府牌匾。

▪4 月 21 日，四川大学等院校学生继续举行示威游行，在成都市政府前形成抗议浪潮，违规者达数万人。

▪5 月 4 日，为声援北京学运，反对"四·二六"社论，成都一些高校的学生们不顾校方阻拦，上街游行抗议。

▪5 月 15 日夜，为声援北京绝食学生，成都地区多所大学几千名学生走上街头游行请愿，并在人民南路广场静坐请愿。

▪5 月 16 日，四川师范大学、成都科技大学、气象学院、华西医科大学六千多名学生上街游行，声援北京学生运动，并在成都市人民广场主席台发表演讲，到四川省政府前示威请愿，要求对话。

■5月17日下午，成都市大部分院校委派二十多名学生代表与省政府协商对话事项。

■5月18日凌晨，来自成都市几所院校的40名学生在人民南路广场开始静坐、绝食。成都市各大院校和各界人士数十万人游行，声援北京和成都绝食请愿学生。

■5月20日，成都一些高校的8000多名学生游行，呼喊"打倒李鹏"等口号。21日，成都、重庆各有2000余名学生上街游行，呼喊"反对镇压""李鹏下台""邓小平下台"等口号。24日，成都各大院校上万名学生和民众举行示威游行，在市中心广场静坐请愿，声援成都市已经绝食请愿5天的学生。

■5月28日，成都的8所高校逾两千名学生参加全球华人大游行。6月2日，"成都高校自治联合会"发动《空校运动》。6月3日，中共四川省当局强力驱散在人民南路广场静坐请愿学生，以及周围支持、声援民众。激起学生和民众的强烈反弹，继续举行游行，并阻拦的武警发生流血冲突事件。

■6月4日，北京开枪镇压消息传来，成都市各院校的成千上万名学生聚集市中心广场，群情激愤，在人民南路广场与武警发生冲突，在"成都市人大和市政府"进行游行抗议，面对武力镇压，学生市民砸毁数十辆警车，有八名学生市民被武警打死，上千名学生、市民受伤。6月5日上午，愤怒的民众聚集在"市人大常委会"大楼，焚烧三辆汽车。下午，民众向"市人大"办公室投掷了汽油瓶。晚上，民众砸毁"市清理整顿领导小组办公室"，焚烧了大批文件，砸毁"市工商局"十二辆摩托车，整个市政府周围的交通被阻断。6日，学生和民众抗议者在成都市继续在市政府和市区进行大规模游行抗议，在被武力镇压过程中，民众愤怒的焚烧了"人民电影院""省展览馆"。

重庆。"四·二六"社论和4月29日政府发言人袁木与北京学生对话引发重庆各大院校学生对政府的不满，游行和示威活动逐渐扩大。5月4日举行的示威活动中，有7,000人在重庆市政府大楼内静坐，要求政府承认他们的活动是合法的，并要求媒体给予公平对待。

■5月17日，大约有10,000人示威游行，声援北京绝食学生，并且有162人开始绝食抗议。5月18日，重庆各大院校三万多名学生和重庆的新闻出版界、文学艺术界、民主党派、科研单位和有些工厂陆续加入游行、请愿队伍。

■5月23日，超过20,000名示威者在市区继续游行抗议。5月24日，十多所院校联合起来共同行动，在重庆人民大礼堂和解放碑集合、静坐抗议。

■6月4日北京开枪镇压学运后，重庆各大高校进行了罢课斗争，学生及各界堵塞城市的交通，进行激烈抗议。6月8日，重庆大学等高校学生上街设置路障。

重庆的许万平和代勇等人对"六四"中共开枪镇压学生和民众极为愤慨，书写了"惊闻屠刀举，儿女热血洒，山河化悲哀，仇恨涌我心"等诗词。积极筹备组织以推翻共产党领导的专政政权为目的的"中国行动党"。陆续撰写了"中国行动党宣言""中国的现状""中国的明天""枪杆子才能推翻共党""关于宣传工作""关于地下工作""关于组织工作"等文章，拟定了该组织机构设置和军队编制的方案以及"中国行动党党员标准""纪律""誓言"等，设计"中国行动党"的"党旗""公章""军旗""军徽"的图案。许在其所写的文章中，明确了"中国行动党是为了推翻共产党的专制，独裁，以消灭共党为宗旨"。（摘自《六四抗暴者法庭档案》）

在八九民运期间，成都市、重庆市各大院校陆续成立了学生自治会，之后成立了"成都地区高校学生自治联合会"，这些学生组织是运动的主体和主导机构。其它的组织有，"成都市民声援团""中国正义团""社会大学"（校长杨海波，系成都铁路局职工）。

四川省中共镇压与迫害概况

■5 月 3 日至 5 月 20 日，重庆日报报导了当地有示威者 14 人被捕。

■6 月 4 日，成都市各院校的成千上万名学生在人民南路广场与武警发生冲突，在"成都市人大和市政府"进行游行抗议，面对武力镇压，学生市民砸毁数十辆警车，有八名学生市民被武警打死，上千名学生、市民受伤。

■6 月 10 日，成都市政府发出通告，要求群众检举揭发参与民运打砸抢分子，并公布举报电话。

■6 月 13 日，成都市公安局第二号通告，取缔"成都高自联""市民声援团"等民运组织。

■6 月 16 日，成都市人民检察院消息，截止六月十六日止，全市已经逮捕 106 名"打砸抢分子"。

■6 月 20 日，成都市公安局消息，截止 20 日，已经抓捕 129 名民运分子。

■6 月 22 日，成都市公安机关破获反共组织"中国正义团"。

■7 月 1 日，成都市中级人民法院判处"6 月 5 日抗暴事件"抗暴人士王贵元、周相成两人死刑。

■7 月 8 日，成都市中级人民法院判处"6 月 5 日抗暴事件"抗暴人士何强死刑，缓期二年执行；陈勇等三人为无期徒刑。

■8 月 4 日，成都市金牛区人民法院近日判处与北京民主运动遥相呼应参与抗暴活动的刘国辉、赖碧辉有期徒刑 10 年；易良辉等三人分别被判处有期徒刑。

■9 月 1 日，成都市中级人民法院判处"6 月 5 日抗暴事件"抗暴人士徐涛死刑。

■据四川相关人士了解和综合信息，六四镇压后，四川省一批学生领袖和骨干被抓捕，遭受牢狱、判刑，开除学籍等处分迫害。社会各界人士被关押、判刑和遭受迫害者很多。

以下是摘录自《中国六四受害者状况民间报告》之四川省部分八九六四良心犯名册（2009 年左右发布）：

被判处徒刑者：

刘贤斌：男，汉族，生于 1968 年 10 月 2 日，四川遂宁人，中国人民大学劳动人事学院 87 级学生。六四之后，刘贤斌一直因参与八九民运而受到北京市公安局和遂宁市公安局的审讯和迫害，并于 1991 年 4 月 15 日被北京市公安局抓捕，于 1992 年 12 月 8 日被北京市中级人民法院以"反革命宣传煽动罪"判处有期徒刑二年零六个月，1993 年 10 月 14 日出狱。

余万宝：男，生于 1958 年，四川广元人。1989 年时任中国农业银行广元支行副行长，因支持和参加八九民运被判处有期徒刑四年，被关押在四川省第三监狱服刑。1993 年出狱。

丁　矛：男，汉族，生于 1968 年，四川绵阳人，兰州大学哲学系学生。1989 年 8 月 19 日被兰州市公安局以"聚众扰乱交通秩序罪"投入看守所，后于 1990 年 5 月 4 日免予起诉获释回到学校。1991 年与刘文胜、刘白瑜、高长云、张鉴等一起组建成立"中国社会民主党"，担任执委、建设规划部部长，于 1992 年 4 月 29 日（临大学毕业前）被秘密逮捕投入兰州市看守所。后于 1995 年以"组织领导反革命集团罪"为罪名判刑七年，转入兰州监狱。

廖亦武：四川涪陵人，生于 1958 年，成都著名诗人。六四后不久因宣传八九民运以"反革命宣传煽动罪"判处有期徒刑四年，曾关押于四川省第二监狱，1992 年 11 月转至四川省第三监狱。

李必丰：四川绵阳人，生于 1964 年。八九民运期间任成都青年自治会主席，被以"反革命宣传煽动罪"判处有期徒刑四年，并被关押于四川省第三监狱。

覃礼尚：贵州遵义人，生于 1964 年，西南师范大学物理系学生。因
　　　　参加"八九"民运被以"反革命宣传煽动罪"判处有期徒
　　　　刑五年，先后关押于重庆看守所和四川省第三监狱。
赵明洪：四川乐山人，年龄不详。因参加八九民运被以"反革命宣传
　　　　煽动罪"判处有期徒刑五年，曾关押于四川省第三监狱。
倪凯波：四川自贡人，年龄不详。因参加八九民运被以"反革命宣传
　　　　煽动罪"判处有期徒刑三年，曾关押于四川省第一监狱，并
　　　　在 1992 年 10 月转至四川省第三监狱。
刘　平：四川自贡人，年龄不详。因在八九民运中呼喊"反动"口号
　　　　被以"反革命宣传煽动罪"判处有期徒刑三年，曾关押于
　　　　四川省第一监狱，并在 1992 年 10 月转至四川省第三监狱。
张　晔：江苏徐州人，年龄不详，四川气象学院学生，因参加八九民
　　　　运被以"反革命宣传煽动罪"判处有期徒刑三年，曾关押
　　　　于四川省第一监狱，并在 1992 年 10 月转至四川省第三监
　　　　狱。
侯多蜀：四川达县人，年龄不详，四川达县师范专科学院教师。因参
　　　　加八九民运被以"反革命宣传煽动罪"判处有期徒刑八
　　　　年，曾关押于四川省蓬安监狱，1992 年 9 月转至四川省第
　　　　三监狱。
蒋世华：重庆人，年龄不详。因参加八九民运被以"反革命宣传煽动
　　　　罪"判处有期徒刑四年，曾关押于四川省第三监狱。现居重
　　　　庆。
戴　林：重庆人，年龄不详。因参加八九民运被以"反革命宣传煽动
　　　　罪"判处有期徒刑二年，曾关押于四川省第三监狱。现居重
　　　　庆。
杨　伟：四川都江堰人，年龄不详。因参加八九民运被以"反革命宣
　　　　传煽动罪"判处有期徒刑二年，曾关押于四川省第三监狱。
　　　　在八九之后继续从事民主运动，多次参与公开签名活动。
　　　　2000 年流亡国外，现居加拿大。

蒲　勇：四川南江人，年龄不详。因参加八九民运被以"反革命宣传煽动罪"判处有期徒刑十年，曾关押于四川省蓬安监狱，1992 年 9 月转至四川省第三监狱。1999 年出狱后不久病逝。

雷凤云：四川广安人，年龄不详。因参加八九民运被以"反革命宣传煽动罪"判处有期徒刑十二年，曾关押于四川省蓬安监狱，1992 年 9 月转至四川省第三监狱。

廖品华：四川自贡人，年龄不详。因参加八九民运被以"反革命宣传煽动罪"判处有期徒刑二年，曾关押于四川省第一监狱。

唐先全：四川绵阳人，生于 1962 年。因参加八九民运被以"反革命宣传煽动罪"判处有期徒刑三年，曾关押于四川省第一监狱。出狱后一直在绵阳打工。

叶　林：四川广安人，年龄不详。因参加八九民运被以"反革命宣传煽动罪"判处有期徒刑三年，曾关押于四川省第一监狱。

李子金：四川广元人，年龄不详。因参加八九民运被以"反革命宣传煽动罪"判处有期徒刑四年，曾关押于四川省第三监狱。

钟　林：四川富顺人，年龄不详。因参加八九民运被以"反革命宣传煽动罪"判处有期徒刑二年。

姜　建：四川成都人，年龄不详。因参加八九民运被打成打砸抢分子，并被判处无期徒刑。曾关押于四川省第一监狱，后转监到四川省蓬安监狱。

冉　明：四川成都人，年龄不详。因参加八九民运被打成打砸抢分子，并被判处无期徒刑。曾关押于四川省第一监狱，后转监到四川省蓬安监狱。

被判刑的还有重庆的许万平和代勇，罪名是所谓的"反革命宣传煽动罪"和"组织反革命集团罪"。

被劳动教养者：

杨　伟：四川绵阳人，年龄不详。因参加八九民运被劳动教养三年。出狱后一直在绵阳打工。

汪世能：四川绵阳人，年龄不详。因参加八九民运被劳动教养二
年。出狱后一直在绵阳打工。

余小林：四川三台人，年龄不详。因参加八九民运被劳动教养二
年。

汪建辉：安徽人，生于 1966 年。因参加八九民运被劳动教养一
年。出狱后，一直在四川打工，现供职于《成都商报》，
是成都著名异议作家。

4. 湖南省

学运民运主要活动与组织概况

■4 月 22 日，长沙市爆发学生游行，湖南大学上千名学生走上街头悼念胡耀邦，并在省政府示威，与武警发生冲突。

■4 月 24 日，湖南师范大学等多所高校出现大批抗议政府的海报。4 月 25 日，警察拘捕了抗议示威者 100 多人。

"四·二六"社论发布导致了长沙市当天和 4 月 27 日的上万名学生参加的大规模游行，抗议"四·二六"社论，参加游行抗议的高校主要有湖南大学、中南工业大学等，邵阳市也发生了学生示威抗议活动。

■5 月 4 日，长沙部分高校 6,000 多名学生举行游行，沿途宣传和发动农民、工人和企业家的支持。

■5 月 13 日，长沙开始有部分高校学生响应声援北京学生的绝食抗议。

■5 月 16 日、17 日，湘潭市湘潭大学等院校上千名学生举行游行示威，声援北京学生绝食请愿。

■5 月 17 日，湖南大学、湘潭大学等部分高校一万多名学生、教师举行游行示威，声援北京绝食学生。常德市常德师专上千名学生举行游行示威。

■5 月 18 日，为支持和声援北京学生绝食请愿，长沙市部分高校数万名学生、教师和各界人士举行游行示威，岳阳市各大中专院校师生和各界人士上街游行示威，衡阳市各大中专院校师生、民众上街游行示威，益阳市各大中专院校师生、民众上街游行示威。

■5 月 19 日，长沙市各院校 30,000 多名学生举行游行抗议，有 300 多名学生进行了绝食抗议。邵阳市 5 月 19 日有近万名学生示威者聚集在城市广场举行抗议活动，期间与武警发生冲突。

■5 月 20 日，长沙高校的 4000 多名学生游行到市政府，呼喊"反对独裁""反对法西斯""打倒李鹏"等口号。

■5 月 21 日，长沙市各高校和社会其他各界共约 10 万人上街游行，反对北京戒严，声援北京学生。抗议活动持续到 22 日，并在省政府大院和火车站前静坐抗议。

■5 月 28 日，长沙市部分高校数千名学生响应参加了"全球华人的游行"。

■6 月 1 日，长沙市部分高校 300 多名学生在长沙市政府前进行绝食抗议。

■6 月 4 日，北京开枪镇压的消息传到长沙后，500 名学生聚集在火车站周围进行抗议，并摆放花圈悼念在在北京遇难的学生和市民。

■6 月 4 日—7 日，湖南省邵阳市，工人李旺阳于 6 月 4 日公开在邵阳市人民广场交通指挥牌上张贴了"为对付反动当局的血腥镇压，号召全体工人立即举行罢工，立即控制市区主要交通"大字报。发动民众打着"向为爱国捐躯的英烈们致哀"的横幅游行，呼喊"反对血腥镇压""消灭法西斯""向死难烈士致哀"等口号。6 月 6 日，李旺阳又与邵阳师专等高校的学生一起组织和召开了有数千人参加的"追悼会"。6 月 7 日，李旺阳又到邵阳市造纸厂、糖厂、金笔厂、肉联厂等单位进行反暴政宣传，发动工人罢工。

■6 月 5 日，湖南省长沙市 20 多所院校二万多名学生上街游行，呼喊"讨还血债""报仇"等口号，一些学生和市民在路口设置路障，使交通瘫痪。抗议学生和民众以卧轨等方式阻断了湖南省境内的鹰广线、湘黔线铁路，长沙、湘潭、岳阳等地公路交通瘫痪。长沙"工自联"组织民众堵塞长沙卷烟厂厂门、断电等方式呼吁罢工。

■6月6日，株洲市中南林学院、株洲工学院举行游行抗议。

■6月7日，长沙市内交通仍然堵塞，铁路疏通几小时后又被堵塞；6月7日晚，岳阳市的工人胡敏和很多人一起听到从北京南下演讲的大学生们对李鹏政府开枪杀人的血泪控诉，群情激愤，不能自已。他与岳阳市数千名大学生、工人、市民一起，在京广铁路上卧轨静坐，并将备用铁轨抬上铁路，造成京广铁路线中断。随后，胡敏、郭云乔、毛岳君、樊立新、潘秋保、万岳望、王昭波、樊凡和岳阳市上万群众自发游行，捣毁市政府大门和牌子。胡敏并与上述人士宣布成立"岳阳市工学联盟会"并担任会长。

■6月7日—9日，在长沙参加民主运动的湘潭市的陈钢、陈定兄弟和彭实于六四北京的镇压发生后，回到故乡湘潭。6月7日到9日，陈氏兄弟等人组织了上千工人游行，围堵湘潭电机厂大门呼吁工人罢工抗议镇压。6月9日，示威者被湘潭机电厂公安处警察打伤。

■6月8日，湖南省长沙市一些高校学生和社会各界人士一万多人在火车站广场举行悼念北京死难学生和市民的追悼会。

■6月9日，湖南省湘潭大学一些学生到湘潭电机厂、电缆厂门前静坐，鼓动工人罢工。

湖南省在八九民运期间的学运民运组织主要是各院校成立的学生自治会和"湖南高校学生自治联合会"，以及"长沙工人自治联合会"（名誉会长：彭玉章，会长：李枧，副会长：周敏）、"邵阳工人自治联合会"（会长：李旺阳）、"衡阳工人自治联合会"（副会长：朱英鸣）等。

湖南省中共镇压与迫害概况

■6月4日，长沙市公安局抓捕了4名"制造事端"的抗暴民众。

■6月6日，长沙市公安局抓捕3名拦截火车的抗暴民运人士。

■6月8日，益阳市公安局抓捕民运人士傅兆钦。

■6月9日，邵阳市公安局抓捕了邵阳市"工自联"负责人李旺阳。

■6月10日，邵阳市政府发出通告，取缔当地"工自联"民运组织。

■6月11日，衡阳市政府通告，取缔当地"高校学生自治会"和"工人自治联合会"民运组织。

■6月12日，长沙市政府发出通告，取缔"湖南高校学生自治联合会""长沙市工人自治联合会"。

■6月13日，长沙市公安局抓捕了"北京高校学生自治联合会"纠察队分队长武云、徐岳。

■6月17日，邵阳市召开公捕大会，以反革命宣传煽动罪等罪名逮捕了吴鹤鹏、朱正英、刘继业等9名民运人士。

■6月18日，湘潭市公安局召开公捕大会，逮捕了17名对抗公安机关的民运人士。

■6月22日，长沙市中级人民法院一审判决参与"四二二"打砸抢事件的二十七名被告，李卫红死刑缓期二年执行，其它二十六名有期徒刑。同日，湖南省高级人民法院召开新闻发布会，公布陈耀文、黄红旺、莫冬华、杨万喜张凤友、杨万庭、敖杰、曹文斌、易飞、张星、彭万钧、胡宏伟周强等死刑判决，并已经于当日上午在长沙株洲等地区执行枪决。

■6月27日，湖南省公安机关消息，截止六月二十七日已经有二十三名湖南"高自联"首要分子登记自首。

■7月31日，株洲市公安局逮捕了进行反共宣传的民运人士江联赛生。

■8月5日，《湖南日报》披露，近日湖南省常德市公安局抓捕了参与抗暴运动，并在反抗抓捕过程中打死两名警察的北京"工自联"常委朱勇；零陵地区公安机关抓捕了印制和散发反共材料，组织学生游行示威的新田县农业技术学校校长颜家志；长沙市公安机关抓捕了被通缉的"中国民主党"负责人钟亮。

■据湖南相关人士了解和综合信息，除以上镇压迫害，在六四镇压后，湖南省一些学生领袖和骨干被抓捕，遭受牢狱、判刑，开除学籍等处分迫害。还有其他一些社会各界人士被关押、判刑和遭受迫害。

以下是摘录自《中国六四受害者状况民间报告》之湖南部分六四良心犯名册（2009 年左右发布）：

1989 年衡阳监狱（现更名为雁北监狱）当时共关押六四犯四、五十人，下面列出二十一人：

喻东岳、鲁德成、余志坚被北京法院以"反革命破坏罪"和"反革命宣传煽动罪"，分别判刑 20 年、16 年和无期徒刑。

胡　　敏：1964 年生人，岳阳市轴承厂工人。组建"岳阳市工学联盟会"并担任会长。1989 年 8 月 8 日被岳阳市法院以所谓"流氓罪"判处无期徒刑。

郭云桥：1969 年生人，岳阳市 3517 厂工人，胡敏同案，被判 15 年。

毛岳君：1965 年生人，岳阳市省建三公司五处工人，胡敏同案，被判 12 年。

王昭波：1965 年生人，岳阳机务段工人，胡敏同案，被判 12 年。

樊立新：1967 年生人，岳阳市郊区农民，胡敏同案，被判 10 年。

樊　　凡：1966 年生人，岳阳市钢球厂工人，胡敏同案，被判 7 年。

陆景国：1964 年生人，新田县某中学教师，被永州市法院以"反革命宣传煽动罪"判刑 10 年。

宋灶发：30 多岁，陆景国所任学校的教导主任，同案，被判 8 年。

颜家志：40 多岁，陆景国所任学校的校长，同案，被判 5 年。

王六兰：1960 年生人，祁阳县中南制药厂保卫科干事，被永州市法院以"反革命宣传煽动罪"判 3 年。

段某某：1965 年生人，祁阳县某中学教师，王六兰同案，被判 3 年。

蒋少雄：1967 年生人，祁阳县某中学教师，王六兰同案，被判 2 年。

谭寿林：1963 年生人，祁阳县第一中学教师，被判 1 年。

李　　煜：1969 年生人，衡阳市人，在校大学生，"反革命宣传煽动
　　　　　罪"，被判 1 年。

雷诺衡：1969 年生人，衡阳市人，工人，"扰乱公共秩序罪"，被判
　　　　　2 年。

胡定峰：1963 年生人，汨罗人，律师，"反革命宣传煽动罪"，被判
　　　　　2 年。

夏　　阳：20 多岁，岳阳市团委书记，"反革命宣传煽动罪"，被判 2
　　　　　年。

闵和顺：30 多岁，岳阳师专教师，"反革命宣传煽动罪"，被判 3 年。

　　1989 年永州监狱（当时叫"湖南省第三监狱"）当时关押六四
犯约有五、六十人，下面列出六人：

李旺阳：邵阳人，湖南省邵阳市"工自联"负责人，被判刑 13 年。

周志荣：1959 年生人，安乡人，湘潭二中教师，"反革命宣传煽动罪"，
　　　　　被判 5 年。

颜德云：1964 年生人，湘潭市个体户，"扰乱公共秩序罪"，被判 4
　　　　　年。

刘永祥：1970 年生人，湘潭市人，高中生，"扰乱公共秩序罪"，被
　　　　　判 3 年。

唐　　敔：1962 年生人，邵阳市人，工人，"扰乱公共秩序罪"，被判
　　　　　7 年。

陈天成：湘潭大学历史系本科生，被判 2 年。

　　1989 年赤山监狱（湖南省第一监狱）当时关押约六十名六四犯，
下面列出十九人：

刘建安：1951 年生，益阳人，被判 10 年。

张京生：1952 年生，长沙人，被 13 年。

张善光：溆浦人，被判 7 年。

谭　　力：长沙人，被判 5 年。

刘克文：株洲人，被判 5 年。

李金鸿：郴州人，被判 5 年。

陈学金：郴州人，被判 4 年。

李　枧：湖南长沙"工自联"副总指挥，长沙人，被判 4 年。

张　帆：长沙水利电力学院学生，湘阴人，被判 3 年。

胡作义：长沙人，被判 3 年。

刘　伟：长沙人，被判 3 年。

谭明奇：长沙人，被判 3 年。

张旭东：长沙人，被判 5 年。

周　敏：长沙人，被判 4 年。

李卫红：长沙人，死缓。

张　捷：长沙人，被判 4 年。

王长怀：被判 3 年。

刘丰就：被判 3 年。

陈　帅：被判 1 年半。

　　1989 年新开铺劳教所当时有五、六十名六四犯被劳教，下面列出九人：

谢长发：长沙人，被劳教 2 年。

卿　昭：永州人，被劳教 3 年。

郑世和：永州人，被劳教 3 年。

邓立明：邵阳人，被劳教 2 年。

张国汉：长沙人，被劳教 2 年。

潘明栋：长沙人，被劳教 3 年。

肖会度：怀化人，被劳教 2 年。

段　平：祁阳人，被劳教 2 年。

李旺敏：邵阳市，被劳教 3 年。

　　湖南六四良心犯中，还有邵阳的莫莉花、卢四清，永州的唐柏桥，娄底的谭力量，湘潭的陈刚，以及何朝辉四人。

莫莉花：邵阳师专教育科教师莫莉花（笔名茉莉）。莫莉花于 6 月 4
　　　日晚和 5 日上午，在邵阳师专和黎某某等人为抗暴人士召
　　　开的‘追悼会’上和邵阳市人民广场发表演说，揭露中共
　　　政府动用军队镇压学生和民众的‘法西斯政府对人民的血
　　　腥镇压’行为。呼吁‘修一座更加高大、更加壮丽的民主女
　　　神’。要以推翻中央人民政府去祭奠牺牲者的‘英灵’等
　　　等。"之后，她因所谓的"反革命宣传煽动罪，判处有期徒
　　　刑三年，剥夺政治权利一年。"
何朝辉：1966 年出生，郴州人，被判 4 年。
姜连生：株州 331 厂车间主任，被判 4 年。
柏小毛：1966 年出生，资兴人，被判 8 年。
陈学金、李金鸿、蒋复兴：与柏小毛同案，皆被判刑。

5. 湖北省

学运民运主要活动与组织概况

■4 月 19 日至 22 日，武汉市发生学生悼念胡耀邦活动。因人民日
报"四·二六"社论指责学生动乱，导致武汉爆发大规模示威、抗议
活动。

■5 月 4 日，武汉大学等二十几所高校近万名学生举行示威游行，
抗议"四·二六"社论，反腐败，反官倒。

■5 月 15 日、16 日，中南财经大学、湖北医学院、湖北省教育学
院等校 1000 余名学生，武汉大学、华中师大、武汉工业大学等高校
3000 多名学生到湖北省政府游行静坐，声援北京学生绝食，向省政
府递交请愿书。近些天来，武汉市部分大专院校成立了"学生自治联
合会"等组织。

■5 月 17 日，2000 多名学生游行至武汉长江大桥静坐，长江大桥
公路交通全部中断。

■5 月 18 日，十多万名学生和各界民众继续上街游行抗议。

■5 月 20 日中共发布北京戒严令后，武汉市华中师大等 5 所高校的 1 万多学生上街游行，呼喊"反对军管""打倒独裁"等口号。

■5 月 21 日，武汉的 16 所高校约 5500 多名学生上街游行，并在市区和锅炉厂等大型企业进行演讲，散发、张贴"李鹏丧尽天良""邓小平祸国殃民""呼吁民众起来反抗暴政"标语、传单，呼吁工人罢工。在武汉大学校园，武汉大学、华中理工大学、华中师大等 25 所高校的学生代表开会，宣布成立武汉高校学生自治联合会。

■5 月 22 日，武汉十多所高校 3 万多名学生先后游行到武汉钢铁公司，堵塞全部道路。部分学生进入炼钢厂等生产区游行，向武钢工人散发了大量呼吁罢工的传单。

■5 月 23 日，武汉 10 所高校的 2000 学生在武汉钢铁公司大门前游行、演讲、散发传单、静坐，要求武汉钢铁公司通电全国：不承认李鹏政府，号召工人大罢工。18 时许，武汉大学等 5 所高校 3000 名学生到长江大桥和汉阳立交桥静坐，要求公安机关无条件释放被捕人士。

■5 月 26 日，武汉 20 所高校 40 余名学生代表在武汉大学开会，宣布成立武汉地区高校学生自治联合会，会上决定将洪山礼堂一带建成像天安门广场那样的根据地。

■5 月 28 日，武汉大学、华中师大等校两万多名学生参加了"全球华人大游行"。

■6 月 4 日得知北京镇压的消息后，武汉全市各大院校的上万名学生举行了游行示威，抗议北京学生被镇压，学生们封锁了武汉、武昌和汉阳之间的主要道路以及京广线的铁路。6 月 5 日，武汉市 17 所高校 5 千多名学生先后上街游行，并在武汉长江大桥武昌桥头静坐，使连贯武汉三镇的公路交通一度中断。下午 14 时，武汉大学 4 千多名学生游行到火车站，数百名学生进入火车站，阻止列车通行。当晚，武汉大学、华中师大等高校的学生自治会分别组织召开大规模的追悼大会。中南财经大学校内多处出现"打倒共产党""共党不除，国无宁日""向共党宣战"等标语。6 月 6 日，武汉市 10 余所高校 7

千多名学生上街游行，有学生在铁路上静坐，造成京广、武大（冶）线铁路运输一度中断。有些学生到工厂呼吁罢工。武汉"高自联"负责人频繁开会，筹划更大的行动。6月7日上午，中国地质大学300余名学生在武昌东门十字路口拦截9辆公共汽车作为路障。10时许，中南财经大学等8所院校的400余名学生游行至大东门，举行北京镇压死难者追悼会，万余人围观。追悼会后，部分学生沿途将一些公共电汽车、卡车、面包车放置作路障。武汉钢铁学院等校200余名学生在武汉钢铁公司周围设置多处路障，当地公共交通和武大（冶）铁路运输中断。20时，华中师大部分教师率学生1500余人在武汉工业学院、武汉工业大学、武汉大学、武汉水利电力学院之间游行。6月8日，湖北大学200名学生打着"湖大敢死队"横幅到武昌车辆厂大门前静坐，号召工人罢工。武汉钢铁学院百余名学生在任家路铁路道口挡车，在铁轨上静坐，武大（冶）铁路中断4小时。武汉"高自联"在武汉大学开会，准备筹建地下电台和转移印刷设备问题。

湖北省的八九民运组织主要是各院校成立的学生自治会和"武汉高校学生自治联合会"，以及"武汉市工人自治会""湖北工人自治联合会"等。

湖北省中共镇压与迫害概况

▪5月中旬，武汉市公安局抓捕了参加游行示威的抗议人士多名。

▪6月7日，武汉市公安局抓捕胡良兵、杨革闯、金涛等23名在武汉长江大桥阻拦车辆，对抗武警的抗暴民众。

▪6月10日，武汉市公安局消息，近日收审了28名"赤膊游击队"抗暴成员。

▪6月14日，武汉市政府通告，取缔"武汉高校学生自治会"；武汉市检察院批准逮捕邓文斌等6名民运人士；湖北省公安厅抓捕了在襄樊市参加卧轨拦截火车的东北财经大学学生自治会负责人李洪林。

▪6月15日，武汉市洪山区检察院批准逮捕了日前在运动中摘取湖北省政府牌子的民运人士邓绍武。

■6月15日，武汉市中级人民法院判处2名抗暴民运人士有期徒刑3至7年。

■6月26日，武昌区人民法院判处参加拦截火车、阻塞交通的抗暴的民运人士徐崇善有期徒刑8年，纪洪生有期徒刑5年，苏铭有期徒刑4年，叶志彪有期徒刑3年。

■7月19日，武汉市中级人民法院召开公判大会，以杀人、抢劫、盗窃的罪名，枪决了田家龙等6名民运人士。

■7月29日，武汉市中级人民法院召开公判大会，枪决了与武警对抗其致死亡的余春霆、郭振华二人。判处另一人死缓，2名人士无期徒刑，9名人士有期徒刑。

■据湖北相关人士了解和综合信息，六四镇压后，湖北省一批学生领袖和骨干被抓捕，遭受牢狱、判刑，开除学籍等处分迫害。社会各界人士被关押、判刑和遭受迫害者众多。

6. 山东省

学运民运主要活动与组织概况

"四·二六"社论激起4月27日的山东济南部分高校学生的校园抗议、游行活动。在北京学生5月13日开始进行绝食请愿后，山东省部分高校即开始筹划组织声援和游行活动。

■5月16日济南，山东大学学生率先冲出校门，一路上串联山东师范大学、山东工业大学等高校二千多名学生上街游行，并在山东省政府前进行请愿、抗议，声援北京绝食请愿的学生。

■青岛5月16日上午，山东纺织学院十七名教师和十一名学生，打着"声援北京十二名作家声明"的横幅上街游行，到青岛市政府递交了"请愿书"。下午，青岛海洋大学两千多名学生和青岛建工学院300余名学生上街游行，并鼓动青岛医学院的学生一起游行，声援北京学生绝食请愿。

■5月17日济南，山东大学、山东师范大学、山东工业大学、山东医科大学六千多名学生举行游行活动，声援北京绝食请愿和学生运动。山东大学学生自治会成立，哲学系赵广明，中文系杨春梅等五人当选自治会常委。

■5月18日济南，山东大学、山东师范大学等二万多名学生在举行大规模游行示威，之后游行队伍达到10万人以上，声援北京的学生运动。当天，山东大学自治会派出包括科社系八七级的杨宽兴、江波、刘梦溪，法律系八八级的赵洪顺，社会学系八七级张继军和潘强在内的二十名赴京请愿和声援代表，与送行的近两千名同学突破车站的阻拦，成功地踏上奔赴北京的列车。

在此期间，山东省其他部分高校也陆续成立了学生自治会。青岛海洋大学等高校和中专近2万名学生到汇泉广场集合，游行声援北京学生。上午，青岛各校学生自治会负责人开会，决定成立"青岛高校联合自治会"。海洋大学出现"打倒李鹏"等口号，建工学院出现大字报，内容是要"加强各民主党派的力量，并联合起来在政治上与共产党对抗"。

■5月24日、25日，济南2000多名工人开始参与罢工，上万名学生、工人和市民举行游行抗议。标语和口号是"济南市民支持学生""工人来了""人民不可战胜""李鹏下台""打倒独裁"等。截止6月4日，山东各大高校学生连续几日冲进车站乘火车进京，有几千名大学生乘火车进京声援。

■6月4日济南，山东大学等院校4000多名学生抬着花圈在济南游行，在省政府前抗议，哀悼死于北京镇压的遇难者。

■6月6日济南，山大，山师，山工，山医等学校的自治会共同召集会议，选举成立了济南市学生自治联合会，并选举领导机构。举行了大规模游行抗议，学生和市民在解放桥，天桥等地阻断了交通，上万名学生走上街头游行抗议、演讲，号召社会各界起来抗议屠杀，活动获得了空前规模的民众支持和参与。市区主要路口，用公共汽车、隔离墩设置路障一百多处，交通部分瘫痪；一些高校开始"空校"，

3000 多名学生离校。晚 10 时，设置路障的百余名市民与历下区公安发生冲突。晚 11 时，一些民众冲击历下区公安分局，砸毁了分局的牌子，捣毁了分局的服务部。

■6 月 7 日，济南市，刘玉滨、李凤林、车宏年、王长安、魏强、马晓骏等人于 6 月 7 日夜，在山东大学成立了"济南各界自治联合会"。计划积极组织革命的武装以反抗中共军事镇压，下设'革命军事委员会''城市工作委员会''内务委员会'等八个委员会，计划'筹备长短利器''迅速调查部队情况''铲除秘密警察''罢工''空机关'以及破坏铁路运输等。

■6 月 8 日上午，青岛海洋学院有百余名学生上街拦车，堵塞交通。

山东省的民运组织主要有："山东高校学生自治联合会""济南高校学生自治联合会""山东大学学生自治会""山东师范大学学生行动委员会""青岛高校学生自治联合会""曲阜师范大学学生自治会""聊城师范学院-高校学生自治会聊城分会"，以及"济南市工人自治联合会""济南市工人民主联合会"等。

山东省中共镇压与迫害概况

■6 月 6 日，济南市公安局抓捕 3 名焚烧汽车拦截警察的抗暴民运人士。

■6 月 7 日，济南市公安局抓捕了 50 多名冲击公安机关的抗暴民运人士。

■6 月 10 日，山东省政府发出通告，宣布取缔一切民运学生组织和群众组织，要求首要分子立即自首，要求群众揭发检举。

■6 月 13 日，青岛市政府通告，宣布"青岛高自联"及其"敢死队""市民声援团"为非法组织，必须立即自动解散。

■6 月 14 日，山东省济宁市宣布取缔"曲阜师范大学学生自治会"非法组织。

■6 月 15 日，济南市公安局取缔"济南市各界自治联合会"，逮捕了其负责人刘玉滨、车宏年，以及骨干成员张新潮、邓良臣、郝劲光；同日，山东省聊城市政府通告，宣布"高自联聊城分会"为非法组织，明令解散；德州公安机关在德州火车站查获参加北京民运活动的成员刘建强、宫永刚、宫辉。

■6月16日，滕州市公安局抓捕了正在该地区张贴反攻标语的北京"农自联"骨干成员刘生昌。

■6月20日，济南市公安局至今逮捕制造动乱打砸抢分子108名。"外高联"学生领袖之一潘强，在山东大学校区被济南市公安机关抓捕。

■6月21日，济南市中级人民法院召开万人公开审判大会，判处45名所谓"打砸抢分子"的民运人士死刑、死缓、无期徒刑和有期徒刑。

■6月21日，山东省公安机关截止二十一日抓获七名北京民运骨干分子。同日，济南市中级人民法院召开公审大会，对45名参与民运活动的人士，分别判处死刑17名，死刑缓期两年执行9名，无期徒刑9名，有期徒刑9名。

■6月22日，济南市政府通告，取缔济南"高自联"、山东大学"学自会"、山东师范大学"学生行动委员会"等非法组织。

■据山东关人士了解和综合信息，六四镇压后，山东省一批学生领袖和骨干被抓捕，遭受牢狱、判刑，开除学籍等处分迫害。社会各界人士被关押、判刑和遭受迫害者众多。

以下是摘录自《中国六四受害者状况民间报告》之山东省部分八九六四良心犯名册（2009年左右发布）：

被判处徒刑者：

陈兰涛：山东青岛人，被判刑18年（两罪并罚），1999年假释。

张　杰：山东青岛人，被判刑18年（两罪并罚），2001年假释，2002年到深圳画家村打工。

张宵旭：山东青岛人，被判刑15年，1998年假释，现以打工为生。

孙维邦：山东青岛人，被判刑 12 年，1999 年减刑释放。

吴旭升：被判刑 12 年，山东青岛人，1996 年减刑释放，1998 年参与
　　　　民主党筹组。

孟庆秦：被判刑 10 年，山东烟台人，1998 年刑满释放。

王在京：被判刑 8 年，山东青岛人，1995 年保外就医（不确），01 或
　　　　02 年病逝。

刘济潍：被判刑 8 年，山东潍坊人，1997 年减刑释放，现为出租车
　　　　司机。

姜福祯：被判刑 8 年，山东青岛人，1995 年底年减刑释放。

牛天民：被判刑 7 年，山东青岛人，1996 年减刑释放，靠低保看大
　　　　门度日。

姜春源：被判刑 5 年，山东青岛人，1993 年减刑释放，靠小生意为
　　　　生。

李　楠：被判刑 10 年，山东烟台人，后因精神失常保外就医。

张铭山：被判刑 2 年，山东临朐县人，1991 年 12 月 18 日刑释。

陈延忠：被判刑 17 年，山东青岛人，1995 年保外就医，2005 年病
　　　　逝。

张本先：被判刑 12 年，山东青岛人，1997 年 7 月 13 日假释。

窦建刚：被判刑 10 年，山东青岛人，95 年保外就医。

王衍辉：被判刑 10 或 12 年，山东青岛人。

毛永亮：被判刑 7 年，山东青岛人，1992 年刑释。

范强胜：被判刑 1 年，山东青岛人，1990 年刑满释放。

丁洪江：被判刑 2 年，山东青岛人，1991 年减刑释放。

郭　刚：被判刑 3 年，山东青岛人，1992 年减刑释放。

王　建：被判刑 10 年，山东青岛人，出狱时间以及其他情况不明。

史晓东：被判刑 5 年，山东青岛人，1992 年底出狱。

杨跟东：被判刑 1 年，山东青岛人，青岛"市民声援团"发起人，原
　　　　青岛市检察院干北部，以渎职罪判处。

杨建国：山东青岛人，因在海洋大学搞"反革命煽动"被拘禁近半年，

青岛教育学院教师。

秦志刚：被判刑 7 年，山东济南人，1995 年底减刑释放，出狱后以自己专业自谋生路。

李海云：被判刑 12 年，1998 年减刑释放。

张士斌：被判刑 13 年，戒严部队士兵（执行任务时掉转枪口），1999 年减刑释放。

牛胜昌：被判刑 10 年，1998 年出狱。

郝劲光：被判刑 11 年，1996 年出狱。

车宏年：被判刑 2 年，山东济南人。

刘玉宾：被判刑 3 年，山东济南人。

王福荣：山东青岛人，女，被判刑 7 年，潍北劳改农场服刑，后神经失常。

严志鹏：学生以"破坏公共秩序罪"判刑半年。

周中华：学生以"破坏公共秩序罪"判刑半年。

被劳动教养者：

卢振道：男，42 岁，青岛外贸食品冷藏厂工人. 因煽动司机罢工和堵塞交通被劳教 2 年。

邱丰磊：男，21 岁，青岛市公交公司工人，因参与"市民声援团"和冲击市政府事件被劳教 3 年。

刘锡文：男，34 岁，青岛市南饮食服务公司工人，因收听和传播美国之音有关信息被劳教 3 年。

刘青松：男，20 余岁，青岛皮鞋厂工人，因煽动司机罢工，堵塞交通被劳教 2 年。

付春雷：男，20 多岁，单位不详，因参与相关抗暴活动被劳教 3 年。

吴　波：男，20 多岁，单位不详，因参与相关抗暴活动被劳教 2 年。

韩涌泉：男，42 岁，单位不详，因参与相关抗暴活动被劳教 3 年。

王　然：男，20 多岁，单位不详，因参与相关抗暴活动被劳教 3 年。

马大生：男，30 多岁，市北区医院医生，因参与各种抗暴活动，被劳教 3 年。

魏孝明：男，30 岁左右，青岛市人民医院医生，因煽动和带领同事
游行被劳教 2 年。

魏明秀：单位不详，20 多岁，因参与相关活动被劳教 1 年。

李　钊：男，20 多岁，单位情况不详，因参与相关活动被劳教 2 年。

单振衡：男，20 余岁，北京人，因为个头小，被称为"小北京"，
因参与北京相关活动，被劳教 2 年。

史晓强：男，17 岁，无业，因设置路障，参与推翻一辆汽车，被劳
教 2 年。

马洪宾：男，不到 20 岁，史晓强同案，因设置路障，参与推翻一辆
汽车被劳教 2 年。
在济南王村劳教的还有王勇（3 年）、温红军（2 年）等济南
籍 30 人左右。

积极组织和参加学运的潘强在秦城监狱被非法关押八个多月，
1991 年 5 月，山东大学将已经回校继续念书的潘强和杨宽兴同学，
以"莫须有"的罪名开除。参与八九民运的学生赵广明、杨春梅、马
良、傅谨、徐华、严志鹏、周建林、周中华、孙志敬、陈权、杨宽兴、
张继军、赵洪顺，任志宏，张志杰、周进、王强等于 1991 年 3 月受
到行政处分。

7. 陕西省

学运民运主要活动与组织概况

■4 月 15 日，北京发生学生悼念胡耀邦逝世活动，西安的高校在
随后的几天学生开始聚集进行胡耀邦逝世哀悼活动，每天约有上万
名学生聚集、游行，其中包括学生、工人、市民。

■4 月 20 日，西安市部分高校的 10,000 多名学生举行游行，并陕
西省政府请愿，要求与省长对话。

■4 月 22 日，西安交大、西安大学等高校 40,000 多学生，以及支

持的市民在陕西省政府前的新城广场聚集，举行观看胡耀邦葬礼的现场直播活动。学生们要求省委省政府解释胡耀邦辞职原因，并递交请愿书，在迟迟没有得到陕西省政府答复的情况下，引发学生们的强烈不满和抗议，警察强行暴力维持秩序，与学生发生激烈冲突。

■4 月 24 日，学生举行游行示威被警察暴力驱散，警察拘捕 200 多人。5 月 4 日，西安 12,000 多名学生举行示威游行，抗议报纸上有关 4 月 22 日事件的指责学生的言论，并要求政府与学生对话。

■4 月 29 日，北京学生代表与中央政府发言人袁木对话，西安学生举行游行，抗议政府的对话没有诚意，抗议"四·二六"社论。

■5 月 4 日，西安市部分高校学生再次组织大规模游行，上万名学生参加，抗议"四·二六"社论，向省政府递交了《请愿信》，与副省长孙达人进行了对话。

■5 月 15 日，延安市，延安大学的 1000 多名学生上街游行，声援北京绝食学生。并聚集在"延安地委行署"递交《请愿信》。

■5 月 17 日，西安二十几所院校数万名学生、教师举行游行示威，声援北京学生绝食请愿，有 1000 多名学生在省政府前的新城广场进行绝食请愿。当天，大约有 2,000 名学生乘火车赴北京声援学生运动。

■5 月 18 日，西安市的所有院校几十万名学生、教职人员和众多企业人员、知识界、省市机关团体人员等举行了大规模游行示威。陕西籍的"全国政协委员"苗永寿等十名专家、教授，还有西政法大学的 112 名教师分别向中共中央和国务院发出《紧急呼吁书》《公开信》，呼吁敦促中共和国家主要领导人与学生进行对话，解决当前事态和危机。

■5 月 19 日，西安市部分院校数千名学生继续在省政府前新城广场进行声援北京绝食学生，有 300 名学生在现场民众捐款的支持下，出发前往北京声援。

■5 月 20 日，北京宣布戒严令后，西安市的西安交大等 11 所高校上万名学生上街游行抗议，口号集中在"打倒李鹏""取消戒严"等。

■5 月 21 日，西安市 15 所高校共约 15000 名学生上街游行，学生们演讲，张贴传单，呼吁工人罢工。23 日，5000 多名学生宣誓进京声援，对抗戒严令。

■5 月 25 日、26 日，西安市二十几所院校二万多名学生举行游行，聚集在西安市新城广场，组织成立了"陕西高校民主爱国运动联合会"。

■28 日。西安的 10 所高校 5000 多名学生参加"全球华人大游行"，并在新城广场集会，呼喊"罢免李鹏""为捍卫人权而战"等口号。

六四开枪镇压当天，西安市 14 所院校二万多学生上街游行抗议，新城广场参加游行和集会的学生、市民和各界人士达五万人，悼念北京镇压的受害者。6 月 5 日，西安市一些高校的二、三千名学生上街游行抗议，一些学生开始到各大中型工厂呼吁和发动工人罢工，各院校开展了"空校运动"。6 月 9 日，西安市的钟楼、新城广场等仍有三个广播站持续的广播外电报导和北京来电来函，并有从北京回来的学生演讲"六四镇压真相"。之后几天持续发生示威活动，直到 6 月 11 日，山西省、西安市政府方面开始对游行抗议活动进行镇压。

山西省八九民运期间起主导作用的主要是各高校成立的本校学生自治会，和各高校联合成立的"陕西高校学生自治联合会"（主要负责人：马宏良）。其它组织主要是"西安工人请愿团""西安工人纠察队""西安市民声援团"等。

陕西省中共镇压与迫害概况

■5 月 5 日，西安市中级人民法院判处西安"四二二"事件中的抗暴人士王军死刑。

■6 月 10 日，西安市政府通告，宣布取缔当地"西安工人民主联合自治会""市民请愿团""敢死队"及"工人纠察队"等民运组织。

■6 月 11 日，西安市政府发出通告，取缔"山西省高校学生自治联合会"及其在各院校的所属组织。同日，西安市公安局抓捕刘晓尧、朱琳、于云刚、李涛、庞小斌、王建军 6 名"敢死队"成员。

■6 月 13 日，公安部通缉的"北高联"学生领袖之一的周锋锁在西安市被捕。

■6 月 14 日，西安市治安人员抓捕了北京"工自联"骨干成员贺群印、尤建齐。

■6 月 19 日，陕西省子洲县公安局抓捕了北京"工自联"骨干成员李宝勤。

■6 月 20 日，陕西省武功县公安局抓捕了组织该地区民运组织的负责人任正言，以及宋玉杰、田良俊、李志德、郑建云等骨干成员。

■8 月 16 日，西安市中级人民法院，以及新城、灞桥、雁塔区法院对参加"四二二"事件的一些抗暴民运人士作出判决。判处芮朝阳无期徒刑，张兵兵有期徒刑 16 年，范长江有期徒刑 12 年，王尊宁、萧三峰、赵君安、孙朝辉有期徒刑 4 年和 3 年。

■据陕西相关人士了解和综合信息，六四镇压后，陕西省有些学生领袖和骨干被抓捕，遭受牢狱、判刑，开除学籍等处分迫害。一些社会各界人士被关押、判刑和遭受迫害。

以下是摘录自《中国六四受害者状况民间报告》之湖南部分六四良心犯名册（2009 年左右发布）：

被判处徒刑者：

马洪良：1987 年考入哈工大，因参与抵制日货运动被学校开除，1988 年考入西安冶金建筑学院，1989 年参加八九民运被以"反革命宣传煽动罪"判刑 4 年，现下落不明。

连党敏：西北大学大二学生，因参加高自联，被以"反革命宣传煽动罪"判刑 3 年，现在原籍陕西澄城县务农兼做个体经营。

薛　焰：西北大学哲学系二年级学生，被以"反革命宣传煽动罪"判刑 2 年，现从事广告工作。

田　丰：西安政法学院学生，被以"反革命宣传煽动罪"判刑 2 年，现下落不明。

李贵仁：时任陕西华岳文艺出版社副总编，被以"反革命宣传煽动罪"判刑 8 年，开除公职。

周　勋：1965 年 1 月出生，西北大学作家班学员，被以"反革命宣传煽动罪"判刑两年，又因服刑后"认罪态度恶劣，抗拒改造"等罪名加刑 8 个月。

六四镇压后，西北大学一些参加八九民运的学生于 1989 年 9 月秘密组织了"民主救国委员会"，1990 年春天这个组织被中共当局破获，定为反革命集团案，主要成员被判刑，他们是：

张　明：男，四川省成都人，生于 1969 年。1986 年考入西北大学中文系。1990 年 3 月，因在学潮后期组织"中国民主青年联盟""民主救国委员会"等政党性组织，被西安市中级法院以"反革命集团罪"判处 10 年有期徒刑，先后关押在西安市看守所、陕西省第一劳改支队、陕西省第二监狱。

许建雄：化学系二年级学生，民主救国委员会主席，被判刑 10 年，狱中加刑 1 年，2000 年出狱。

孙正刚：生物系三年级学生，被判刑 6 年，目前从事采编、撰稿工作。

张红旗：被判刑 5 年。

王　磊：被判刑 1 年零 9 个月。

被劳动教养者：

西安地区因参加八九民运而被劳教的人员有 200 多人，其中女性 2 人，罪名都是"参与动乱"，劳教期一至三年不等。现能查问到的有：

艾　东：西安飞机制造公司工程师，劳教 3 年。

付　升：西安导航研究所干部，劳教 2 年。

付　瑜：西安政法学院教师，劳教 2 年。解教后回校工作。

安保军：第四军医大学车队职工，劳教 2 年。解教后失去工作。

李庭禄：西北国棉四厂工人，劳教 2 年。

秦小峰：陕西省粮食学校学生，劳教 2 年。

白应学：7171 厂工程师，劳教 2 年。

苑建平：西安飞机制造公司工人，建立钟楼广播站并任负责人，劳教
　　　　1 年半，解教后辞职，现从事个体经营。

王进平：西安飞机制造公司技术员，组织游行，声援学生，判劳教 1
　　　　年，加教 1 年。

贺国安：西安导航研究所工人，劳教 1 年半。

白复勋：西安导航研究所工人，劳教 1 年。

郝若燕：西安制药厂子弟学校教师，被劳教。

8. 江苏省

学运民运主要活动与组织概况

■4 月 17 日，南京部分高校大约 10,000 名学生向公安局请愿，要求政府批准为哀悼胡耀邦逝世而举行的游行。到 4 月 20 日，学生们开始封锁交通，"南京大学"一千多名学生举行游行，并在省政府前示威。

■5 月 4 日，南京大学等部分高校一千多名学生在市政府前示威，抗议"四·二六"社论对学生运动的动乱定性。

■5 月 16 日上午，南京大学 30 多名学生占领了校广播站，播出罢课宣言，声援北京绝食学生，2000 多名学生走出校门，向鼓楼广场方向游行。

■5 月 17 日，南京十多所高校联合行动，上街游行和静坐示威的学生达到二万名左右，声援北京绝食学生请愿活动。《南京日报》、南京电视台、南京人民广播电台、江苏省作家协会、《雨花》《钟山》杂志社等文化、新闻单位等文化知识界、新闻界人士也走上街头表示声援。沿途民众夹道欢迎，受到广泛同情和支持。

■5 月 18 日早晨七时起，南京各界人士声援北京学生绝食活动进一步升级，南京几乎所有院校的学生都走出了校门上街游行，游行队

伍和围观群众达六七十万人。游行队伍在南京城区的主要街道上绵延不绝，鼓楼广场全部是游行的民众。标语口号主要有；"当官不为民作主，请你回家捉老鼠""治国何必元老，掌舵无须垂帘""晕倒二千，唤醒十亿""强烈要求李鹏下台"等标语。游行队伍中还有教授、教师、工人、共青团南京市委、市学联、妇联等机关工作人员、新闻工作者等。截止 18 日下午五时，在鼓楼广场宣布绝食的学生已达五十二人。

■5 月 19 日，超过 10,000 名抗议者在南京街头继续游行请愿。这一天，南京橡胶厂的工人宣布罢工，很多新闻界人士和老师也加入了游行请愿队伍。

北京宣布戒严后的 5 月 20 日。南京有 6 所高校的 6000 余名学生上街游行、抗议北京戒严。并高呼"打倒邓小平""打倒李鹏"等口号。

■5 月 21 日，南京市政府前，大约五万名学生、知识分子和民众举行游行抗议，200 多名学生进行绝食，抗议北京实施戒严令。抗议活动持续到 22 日，并在市中心举行游行抗议。

■5 月 24 日到 26 日，上万名学生继续举行游行示威，在市中心、鼓楼广场张贴大字报和散发传单。

■5 月 28 日，南京高校响应"全球华人大游行"活动，3 万多名学生和民众举行游行抗议，博得各界广泛支持和同情。

■5 月 30 日，南京高校学生自治联合会发起学生徒步赴京请愿活动，南京各高校都贴出通告，各高校自治会组织报名，6 月 1 日上午 9 时在南京鼓楼广场集合出发。计划通过这次徒步赴京请愿行动沿途宣传，形成学生运动的一个新的高潮。

■6 月 1 日 9 时，南京十几所院校 800 名左右的学生组成的"南京高校联合赴京民主长征队"在南京鼓楼广场集合出发。据参加长征队的负责人吴建民同学讲"这次徒步赴京的目的是：沿途宣传民主，唤起民众，6 月 18 日抵京，掀起新的高潮，对即将召开的人大常委会会议施加压力"。

■6月4日，南京鼓楼广场上，超过十万人的学生和民众举行悼念北京死难学生和民众。6月5日，南京市一些高校学生在省高自联的鼓动下上街举行游行抗议，数千名学生在鼓楼广场集会、演讲，呼喊"绞死李鹏"等口号，并堵塞交通，并呼吁工人罢工。由南京部分高校学生组成的"民主长征队"今日已经陆续撤回学校。6月6日至9日，南京市一些高校学生继续奋起抗议北京开枪镇压学生，在南京市几个进出城的主要路口设置路障，包括南京长江大桥公路桥，堵塞南北交通，市内交通中断。南京大学、南京航空学院等校一些学生占据校广播站，转播"美国之音"有关北京屠杀的消息。工人举行了罢工，民众协同学生一起堵截车辆，封锁交通。

六四中共开枪镇压学生后，江苏省当时政治环境非常险峻，但是，南京的学生自治组织仍然带领很多坚持理想的同学，继续办民运刊物，还成立了"中国民主前线"组织。之后，大批学生领袖被判刑和遭受迫害。

江苏省的民运组织主要有"南京大学"等各院校陆续成立的学生自治会，还有"南京高等院校学生自治联合会"（负责人：陈学东）、"南京市高校学生自治联合会广播站"（站长：孙峰）、"南京高校联合赴京民主长征队"（副总指挥：吴建民）、"徐州救国联合自治会"（负责人：卜文格）、"徐州师院赴京声援团"，以及"南京工人自治联合会""南京工人纠察队""南京市民请愿团"等。

江苏省中共镇压与迫害概况

■6月2日，南京市公安局取缔"南京高校学生自治联合会广播站"，逮捕负责人孙峰及"工人纠察队队长"王伟。

■6月5日，江苏省南京市政府发出通告，明令取缔南京"高自联"等非法组织。

■6月9日，徐州市公安局抓捕了进行反共宣传活动的"徐州救国联合自治会"负责人杜文革，及其骨干成员16人。

■6月10日，南京市公安局发出通告，要求当地民运组织"工自联""工人纠察队"首要分子，立即自首，否则严惩，并要求民众揭发检举。随后逮捕了"工自联"常委朱惠明等 10 人。

■6 月 13 日，南京市公安局取缔"南京高校学生自治联合会"，抓捕了其负责人陈学东。

■6 月 14 日，南京部分高校学生自治会一些负责人被迫到公安机关登记；南京"高自联"委员王阳被捕，北京"高自联"成员王彬在海河大学进行串联活动时被捕。

■八九年，南京高校学生自治联合会及"南京高校联合赴京民主长征队"主要负责人之一的吴建民，被判处 10 年有期徒刑。

■陈学东：南京某高校大学生，被判刑 2 年。

■齐治平：南京某高校大学生，被判刑 2 年。

■据江苏关人士了解和综合信息，六四镇压后，江苏省一批学生领袖和骨干被抓捕，遭受牢狱、判刑，开除学籍等处分迫害。社会各界人士被关押、判刑和遭受迫害者众多。

9.　浙江省

学运民运主要活动与组织概况

■4 月 19 日晚上，浙江大学上千名学生冲出校门游行到武陵广场，悼念胡耀邦。"四·二六"社论发表后，4 月 27 日杭州"浙江大学"等部分高校发生了一些局部抗议活动。

■5 月 1 日，浙江大学 100 多名学生代表与浙江省委书记、副省长进行对话。

■5 月 4 日，浙江大学、杭州大学等高校近万名学生游行，要求惩治腐败、新闻自由。

■5 月 14 日至 16 日上午，杭州，为声援北京绝食学生，浙江大学 2000 多名学生游行请愿。下午，参加游行的学生增加到 3000 人以上，口号是"声援北京爱国学生绝食""反对终身制、世袭制""尊重人权、反对特权"等，有 40 名学生开始绝食抗议。

■5月17日，杭州游行抗议的院校增加到十所，参加的学生到上万名。晚上，绝食抗议的人数增加到几百人。今日，为声援北京和杭州学生绝食请愿活动，浙江省宁波市部分院校1000多名学生和教师举行游行，温州市今日也有数百名学生、教师和新闻界游行。

■5月18日，大约有十万名学生和民众参加示威游行和集会，声援北京绝食学生请愿活动。其中，浙江大学、杭州大学300多名学生在武陵广场进行绝食请愿。中共浙江省委书记李泽民和省长沈祖伦等官员探望了绝食抗议的学生，并要求学生停止绝食，遭到绝食学生的坚决拒绝，截止5月19日，绝食学生已经到达800名，赢得社会各界广泛声援支持。18日的浙江省湖州市十几所大中专院校2000多名学生和教师举行示威游行。

■5月20日，获知北京即将军管消息后，杭州一些高校在学生自治会的组织下，上万名学生凌晨起进行游行，呼喊"打倒邓小平、李鹏""李鹏杀气腾腾，邓小平调兵遣将"等口号，之后的几天游行、抗议活动持续不断。

■5月23日，为反对北京宣布戒严令，抗议当地政府，杭州部分高校学生、教师继续举行大规模示威游行，新闻界和文艺界组织了声援队伍参加了游行。杭州部分工人于5月23日开始罢工，并参加到学生示威游行的队伍中。

■5月26日，5000多名学生继续在杭州武陵广场进行抗议示威]。28日，浙江大学、杭州大学等高校4000多名学生响应和参加了全球华人大游行活动。

■6月3日晚上，北京发生中共暴力镇压学生的消息传到杭州，浙江大学、杭州大学等高校学生发动了游行抗议，持续到6月4日北京开枪血腥镇压后，游行抗议的学生达4000多名，呼喊"反对暴力镇压""严惩凶手"等口号。6月5日，浙江省杭州市一些高校大批学生成群结队地出来游行抗议政府开枪镇压学生运动，号召罢工、罢市，并在街上设置路障，市内交通全部中断。"杭州市工人自治会"发布通告，宣布进行罢工、罢市。6月9日，杭州市一些高校学生到工厂、军队驻地进行串联，希望策动军人支持学生正义爱国运动，占到人民一边。

浙江省的八九民运中的组织主要是："杭州高校学生自治联合会""浙江大学救国会""浙江医科大学学生自治联合会""杭州大学大团结学生会""杭州商学院声援团""温州高校学生联合会""宁波高校学生敢死队""浙江师范大学学生自治会""温州大学学生临时自治会""温州青年同盟会"，以及"杭州市工人自治会""杭州市工人民主联合会""杭州市民自发声援团"等。

浙江省中共镇压与迫害概况

■6月5日至6日，浙江省宁波市公安局陆续抓捕16名参加抗暴活动的民运人士。

■6月10日，浙江省政府通告，宣布取缔"高自联""工自联"等一切民运组织及活动。并且要求各地各单位根据政府部署，建立保卫和纠察组织；同日，杭州市公安局取缔"杭州市工人自治会"，抓捕其主要成员高锦堂、朱光华、李小虎等7名民运人士。

■6月12日，浙江省公安厅发出通告，取缔"杭州高校学生自治联合会""浙江省高校改革促进会""杭州市工人自治会""杭州市工人民主联合会"及各院校的学生自治会、团结学生会等组织，并限令各首要分子是日内自首。

■6月14日，温州市公安局发出"关于坚决取缔非法组织的通告"。同日，宁波市江北区公安局抓捕"扰乱公共秩序"的抗暴民运人士曹岳伟。

■6月21日，宁波市镇海区公安局抓捕书写反共信件的民运人士傅振海。

■6月22日，浙江省公安厅发布消息，自六月十二日至二十二日，已经取缔十八个"非法组织"，157名人员登记自首。

■8月26日，杭州市中级人民法院判处向"美国之音"提供抗暴民运信息的张平反革命宣传煽动罪，有期徒刑9年。

■9 月 14 日，慈溪市公安机关近日逮捕了多次制作、散发反共宣传材料，进行反共宣传煽动的民运人士胡瓊炯。

■据浙江关人士了解和综合信息，六四镇压后，浙江省有些学生领袖和骨干被抓捕，遭受牢狱、判刑，开除学籍等处分迫害。一些社会各界人士被关押、判刑和遭受迫害。

以下是摘录自《中国六四受害者状况民间报告》之浙江部分六四良心犯名册（2009 年左右发布）：

被判处徒刑者（表中年龄为 1989 年时）：

毛国良：30 岁，浙江教育学院学生，原安吉四中化学教师，反革命宣传煽动罪，刑期 7 年。

王东海：43 岁，杭州文澜商场经理，反革命宣传煽动罪，刑期 2 年。

吴高兴：42 岁，台州供销学校讲师、政治教研室主任，反革命宣传煽动罪，刑期 2 年。

陈龙德：32 岁，浙江铝制品厂工人，反革命宣传煽动罪，刑期 3 年。

叶文相：26 岁，兰溪市农业银行会计，反革命宣传煽动罪，刑期 3 年半。

付　权：23 岁，杭州萧山商业大厦职工，反革命宣传煽动罪，刑期 3 年。

赵万敏：23 岁，椒江染织厂技术人员，反革命宣传煽动罪，刑期 5 年。

张金林：27 岁，浦江县农民，反革命宣传煽动罪，刑期 3 年。

杨忠信：19 岁，仙居县液压厂工人，反革命宣传煽动罪，刑期 5 年。

金秀元：18 岁，嵊县职业高中学生，反革命宣传煽动罪，刑期 3 年。

叶良才：59 岁，玉环县建筑单位退休工人、联防队员，反革命宣传煽动罪，刑期 3 年，已亡故。

谢志坚：26 岁，秦山核电站技术人员，反革命宣传煽动罪，刑期 2 年。

盖宇峰：26 岁，秦山核电站技术人员，反革命宣传煽动罪，刑期 1.5
　　　　年。

黄　　强：23 岁，杭州 9 路公交车售票员，阻塞交通罪，刑期 2.5 年。

王星山：28 岁，宁波某医院职工，反革命宣传煽动罪，刑期 2 年。

陈一标：34 岁，丽水农民，反革命宣传煽动罪，刑期 4 年。

李小虎：32 岁，杭州洗衣机厂工人，反革命宣传煽动罪，刑期 3 年。

高锦堂：33 岁，无固定职业，反革命宣传煽动罪，刑期 3 年。

施明军：30 岁，余杭县农民，阻塞交通罪，刑期 5 年。

郑小满：28 岁，兰溪市面粉厂工人，反革命宣传煽动罪，刑期 4 年。

马德良：38 岁，杭州花圃工人，组织反革命集团、反革命宣传煽动
　　　　罪，刑期 13 年。

鲍瑞清：28 岁，义乌市乡村中学教师，反革命宣传煽动罪，刑期 3
　　　　年。

王九红：30 岁，无固定职业，扰乱社会秩序罪，刑期 3.5 年。

钱　　伟：28 岁，个体户，扰乱社会秩序罪，刑期 3.5 年。

汤德法：28 岁，无固定职业，扰乱社会秩序罪，刑期 3 年。

孙光清：27 岁，无固定职业，扰乱社会秩序罪，刑期 2.5 年。

施　　强：24 岁，杭州某厂工人，反革命宣传煽动罪，刑期 4 年。

姚　　华：27 岁，浙江工学院教师，阻塞交通罪，刑期 2 年。

杨泽敏：23 岁，浙江电子工学院学生，扰乱公共秩序罪，刑期 5 年。

陈　　刚：22 岁，宁波大学学生，反革命宣传煽动罪，刑期 5 年。

张　　成：21 岁，浙江医科大学学生，反革命宣传煽动罪，刑期 3 年。

叶坚定：23 岁，杭州大学学生，扰乱公共秩序罪，刑期 2 年。

李宝库：25 岁，浙江大学学生，扰乱公共秩序罪，刑期 2 年。

胡溶溶：28 岁，浙江大学硕士研究生，反革命宣传煽动罪，刑期 2
　　　　年。

方月松：23 岁，杭州大学学生，反革命宣传煽动罪，刑期 2 年。

徐南南：20 岁，浙江农业大学学生，阻塞交通罪，刑期 2 年。

胡文奎：23 岁，丽水师专学生，反革命宣传煽动罪，刑期 2 年。

黄志道：24 岁，浙江师范大学应届毕业生，捕前已考取山东大学欧
　　　　美文学硕士生，反革命宣传煽动罪，刑期 2 年。
崔建昌：26 岁，浙江美术学院学生，扰乱公共秩序罪，刑期 2.5 年。
张伟平：25 岁，浙江美术学院学生，反革命宣传煽动罪，刑期 9 年，
　　　　（1990 年底改判为 5 年）。
董怀明：44 岁，浙江嘉兴卫生学校的讲师，八九民运期间曾经担任
　　　　北京工自联的特约评论员，反革命宣传煽动罪，被北京当局
　　　　判了四年。
傅国涌：22 岁，因去北京参加八九民运，被处以三年劳动教养。

10. 黑龙江省

学运民运主要活动与组织概况

自 4 月 15 日胡耀邦逝世，黑龙江省会哈尔滨部分高校陆续发生悼念胡耀邦活动。"四·二六"社论污名化学生运动为动乱激起全国各地高校学生的不满和抗议，哈尔滨 4 月末爆发反对"四·二六"社论，支持声援北京学生运动的活动，哈工大、黑龙江大学等部分院校组织了游行示威声援活动。5 月上旬，哈工大、黑龙江大学等部分高校成立了学生自治会。

■5 月 14 日晚，哈尔滨部分高校的学生到省政府门前静坐请愿。省长邵奇惠等出面劝说学生撤离返校。

■5 月 15 日，哈尔滨工业大学、哈尔滨建筑工程大学、黑龙江大学、哈尔滨船舶工程学院、哈尔滨师范大学等十多院校三千多名学生和部分青年教师游行，声援北京绝食请愿运动。

■5 月 16 日，继续游行示威，抗议学生增加到上万人，在黑龙江省政府前宣读《游行宣言》。

■5 月 17 日，哈尔滨工业大学、哈尔滨医科大学等二十二所高校，1 万名学生上街举行大规模游行。黑龙江省齐齐哈尔的东北重型机械

学院、齐齐哈尔医学院一千多名学生、教师举行游行示威，声援北京学运。

■5 月 18 日，哈尔滨部分高校学生继续游行示威，并到省政府请愿抗议，人数增加到三万多人，包括学生、文化新闻、科技人员，并有上百名学生开始绝食抗议。很多民众纷纷捐款响应、加入支持队伍。其中 16 日，哈工大等校的游行经过激烈抗争获得哈尔滨市公安局批准。

■5 月 20 日北京正式戒严后，当日傍晚，哈尔滨的 12 所院校学生自治会的代表开会，成立了"哈尔滨市高等学校学生爱国民主运动联合会"，决定于 5 月 21 日举行全市高校抗议戒严大游行。同时决定，到工厂企业串联，到市中心地区进行街头演讲、散发宣传品，唤起民众的活动，以争取社会的同情和支持。

■5 月 21 日。哈尔滨 10 所高校的 1 万多学生上街游行，呼喊"反对军管""抗议强权""李鹏下台"等口号，并到省政府门前递交了抗议书。哈尔滨市高校学生联合会宣告成立。

■5 月 23 日。哈尔滨十几所高校的一万余名学生上街游行，呼喊"反对军管、李鹏下台"等口号，游行队伍沿途演讲并散发传单。

■5 月 28 日，哈尔滨工业大学、黑龙江大学等校逾四千名学生游行，呼喊"打倒李鹏""反对戒严"等口号。自 5 月上旬以来，黑龙江各高校学生们陆续组织大批声援团赴北京。从 5 月 21—28 日，全市大学生有 3.7 万人次上街游行，到省委、省政府、省人大常委会和驻军机关门前请愿、静坐，递交《抗议书》《请愿书》。

六四惨案发生后，哈尔滨高校学生举行了大规模游行抗议。6 月 4 日。哈尔滨部分高校的 5 千名学生上街游行，呼喊"反对武力镇压""打倒李鹏"等口号。6 月 5 日，哈尔滨市 10 余所高校 1 万余名学生上街游行，游行队伍中有少数工人和市民，呼喊"反对暴力""打倒李鹏"等口号。6 月 6 日，黑龙江省哈尔滨市 22 所高校绝大多数开展了罢课，一些学生上街设置路障，进行街头演讲，呼吁工人罢工。很多响应的市民和工人先后成立了"市民声援团"（后改为"爱国敢死队"）、"哈尔滨市工人自治会"等自治组织。6 月 7 日、8 日，部分学生坚持上街演讲。哈尔滨轴承厂 4 百多名工人上街游行，哈尔滨汽轮机厂等企业 6 百多名工人上街游行。7、8 百名学生深入工厂鼓动工人游行、罢工，大部分工厂形成了事实上的停业罢工，全市主要街道有一百多处被学生和民众设置了路障。

黑龙江省范围及哈尔滨市的学运、民运主导组织是黑龙江省及哈尔滨市的各院校的学生自治会以及"哈尔滨高校爱国民主运动联合会"（即"哈高联"）。其它社会民运组织有，"哈尔滨市工人自治联合会""哈尔滨市工人声援团""哈尔滨市市民声援团""哈尔滨市太平青年敢死队""哈尔滨敢死队"。

黑龙江省中共镇压与迫害概况

■1989 年 5 月 20 日，中共黑龙江省委、黑龙江省人民政府召开党政领导干部会议，号召全省人民团结起来，同党中央保持一致，旗帜鲜明地反对动乱，维护安定团结的政治局面。23 日，省委、省顾委、省人大、省政府、省政协主要负责人集体学习李鹏重要讲话，表示坚决拥护中共中央、国务院关于对北京所发生的严重动乱所采取的正确决策和果断措施。5 月 26 日，省政府发出《关于坚决禁止学生冲击铁路、强行乘车进京的通知》，要求坚决贯彻国务院通知精神，采取有力措施，坚决劝阻强行乘车进京的学生。

■6 月 8 日，哈市公安局抓捕了"市民声援团"成员 38 名。抓捕"太平青年敢死队"11 名队员。

■6 月 15 日，哈尔滨市人民政府发布《关于取缔非法组织的通告》，宣布"哈尔滨高校爱国民主运动联合会"（即"哈高联"）、"哈尔滨市工人自治联合会"（即"工自联"）、"市民声援团"（即"民声团"）和"敢死队"等组织为非法组织，予以取缔。要求首要民运人士限期自首，要求知情者揭发检举。

对参加所谓"动乱、暴乱"的人员在查清事实的基础上，分情节轻重和认错态度，给予了相应的处理。

■6月23日，哈尔滨市公安局近日相继抓捕了"工自联"骨干刘在滨、张忠文、宫照允、吴云龙等，以及"爱国敢死队"负责人王延丰、贾岩、关志杰及其他7名骨干成员。

■7月13日，哈尔滨市公安局抓捕到保定市"公民敢死队"负责人金瓯。

■据哈尔滨相关人士了解和综合信息，六四镇压后，黑龙江省一批学生领袖和骨干被抓捕，遭受牢狱、判刑，开除学籍等处分迫害。社会各界人士被关押、判刑和遭受迫害者很多。

11.　广东省

学运民运主要活动与组织概况

■4月22日，为悼念胡耀邦逝世，中山大学200多名学生在广州市海珠广场集会、演讲、示威。

■4月25日，深圳大学学生发表《联合声明》，表示坚决支持北京学生爱国民主运动。

■5月4日晚上至5日凌晨，中山大学、暨南大学等高校学生举行游行，纪念五四运动七十周年，主要口号是"要民主""反对官僚，打到官倒"等。

■5月16日，广州。晚上，华南师大、华南理工学院、暨南大学等校2000多名学生游行声援北京学生绝食请愿，冒雨游行到省政府紧张示威。同日，深圳市，深圳大学600多名学生和200多名教师举行记者会，发布《深圳大学教工声援北京学生爱国民主运动的声明》，校共青团代表发表致辞支持北京学生运动。

■5月17日，广州二十几所大中专院校上万名学生继续举行游行示威，很多教师、知识界、新闻界组成声援团加入游行队伍，市民纷纷捐款支持。学生组织代表在省政府前宣读《请愿信》和《告广州同胞书》。同日，深圳市，深圳大学、深圳师专5000多名学生、教师和新闻媒体人士上街游行，声援北京学生绝食请愿。

■5 月 18 日，中山大学、暨南大学、华南理工学院等二十四所院校二万多名学生、教师、新闻界等人士在省政府前集会示威、演讲，声援北京学生绝食请愿。示威活动持续到 19 日，并有 50 多名学生进行绝食请愿。同时，数万名学生和新闻界人士同从香港专程来广州的 100 多名学生举行"环市大游行"。同日，深圳市，深圳大学 2000 多名学生、教师举行游行，部分学生在市政府前通宵静坐。特别值得一提的是，深圳大学党委召开全体党员会议，表态支持学生爱国运动，通过《致中共中央紧急通电》。同时，该校学生开展了支持学生爱国民主运动的市民签名活动。

■5 月 20 日，广东省政府大门前绝食的学生增加到 100 多人，1000 多名学生静坐抗议。同日，深圳大学 2000 多师生冒雨向全市散发《告全国同胞书》，强烈要求和呼吁人民子弟兵顺应民意，拒绝镇压爱国民主运动。

■5 月 21 日，广州 10 多所高校的三万余名学生上街游行，呼喊"打倒李鹏""邓小平下台"等口号。

■5 月 22 日，深圳大学等院校三万多名学生、教师和工人等民众的大规模游行抗议，发布《告深圳市民书》，呼喊"李鹏不下台，深圳无前途"等口号，成立了深圳大学声援北京紧急协调委员会。同日，广州一些高校的近万名学生上街游行，呼喊"邓独裁，李奴才，杨蠢才，快进棺材"等口号。

■5 月 23 日，广州爆发"省港澳"环市爱国民主大游行，约 50 多万广州学生、新闻界、知识界等各界人士及 300 多名香港 11 所院校的学生代表冒雨参加游行，高呼"省港学生心连心""要求民主自由""打倒李鹏""声援北京学生"等口号。

■5 月 28 日至 30 日，广州市各院校连续三天发动大规模游行、抗议活动。

■6 月 4 日，广州高校学生和各界民众数万人举行游行示威，抗议中共北京六四血腥镇压。5 日，广州部分高校学生设置路障占据海珠大桥、海印大桥，阻断京广、广深铁路。6 日，广州市部分高校学生持续罢课，并在主要路口和桥梁设置了路障。上万名学生在海珠广场集会，追悼北京"六四"死难学生和民众。各高校盛传高校要被军管，80%学生离校回家。6日，深圳市3千多名中学生在深圳大剧院广场集会，抗议北京屠杀学生和民众，集会后，抬着花圈在市区主要街道游行，围观民众有几万人。8日，中山大学、暨南大学等高校学生进行"空校运动"。

广东省在八九民运期间的民运组织主要是很多院校成立的学生自治会组织和"广州高校爱国学生联合会"（主席：刘俊国）、"中山大学学生民主自治会"（主席：陈卫），以及"广州工人自治联合会"等。

广东省中共镇压与迫害概况

■6月7日，广州市公安局对封堵海珠大桥进行抗议的60名民运人士进行收容审查。

■6月11日韶关市公安局拘捕张贴民运标语的香港人郭文深。

■6月14日，中共通缉的北高联二十一名学生领袖之一马少方向广州白云派出所说明情况时被拘捕。

■6月15日，广州市政府发出《关于解散广州高校爱国学生联合会》的通告。

■6月25日，广州市人民政府昨日发出通告，

要求尚未到公安机关登记非法组织"高爱联"头头须到公安局登记。通告指出未登记和拒不执行的主要是：刘俊国（"广州高校爱国学生联合会"主席、中山大学研究生）、陈破空（"广州高校爱国学生联合会"顾问、中山大学学生自治会名誉主席、中山大学教师）、李天正（"广州高校爱国学生联合会"顾问、广州美术学院讲师）、陈卫（"广州高校爱国学生联合会"常委、中山大学学生自治会副主席、中山大学学生）等人。市政府决定，以上人员须在7月8日零时前到广州市公安局登记并彻底交代问题，否则将依法通究。

■7月5日，广州市政府发出《关于解散"广州工自联"非法组织

的通告》。

■六四镇压后，"广州高校爱国学生自治联合会"和"中山大学学生民主自治会"主要负责人被通缉、抓捕、判刑情况：

陈破空，1989 年发起并参与组织广州学潮，于当年一月在中山大学成立"民主沙龙"。四月，前往广州市海珠广场，与组织学潮的学生领袖陈卫、于世文等一道，启动广州地区民主运动。期间为鼓动民主运动发展而撰写大量文告和宣传品。八九民运结束后，遭当局通缉，两度入狱（1989 年和 1993 年），历四年半。

陈卫，广州高校爱国学生联合会常委，中山大学学生民主自治会主席，"六四"屠杀发生后，继续组织"空校运动"。学潮失败后遭通缉，七月间被捕，入狱一年半。

于世文，中山大学哲学系八五级本科生。广州学潮最早的发起人和组织者之一，先后任中山大学学生民主自治会主席、演讲团负责人。学潮失败后，仍积极组织营救从北京南下的逃亡学运骨干和知识分子，七月间被捕，入狱一年半。

刘俊国，中山大学英语系研究生。先后任广州市"高爱联"常委、主席。主动将其宿舍曾在学潮中被充作校或市学生组织的日常办公室。"六四"屠杀发生后，继续组织"空校运动"。学潮失败后遭通缉，唯一成功逃脱的学运骨干。现居美国。

易丹轩，广州商学院八七级本科生，先后任广州市"高爱联"常委、副主席，省府广场主要负责人。"六四"屠杀发生后，继续组织"空校运动"。学潮失败后，仍积极组织营救从北京南下的逃亡学运骨干和知识分子，七月间被捕，入狱并被判刑两年。现居美国，任当届全美学自联主席。

李正天，原籍山东，广州美术学院讲师，原"李一哲"大字报起草人之一，为此曾入狱。八九年时任广州市高爱联顾问，学潮失败后遭通缉，传讯后免于监禁。

王连平，华南师范大学研究生，广州市高爱联常委，学潮失败后被捕，入狱半年。

张宇，中山医科大学八五级本科生，广州市高爱联常委、行动部负责人之一，并承担与北京学运组织的联络工作。学潮失败后，曾短期被捕入狱；九四年再度因政治原因短期入狱。

余厚强，华南理工大学本科生，广州市高爱联常委、纠察队负责人之一，学潮失败后，曾短期被捕入狱。

刘东华，中山大学物理系职工，积极参与广州民运，尤其早期的筹备，为广州学潮最早的发起人和组织者之一。运动失败后被捕，入狱并被判刑三年。

陆子斌，河南省人，河南外贸厅广州办事处负责人，积极参加广州八九民运并为游行学生起草文件。运动失败后被捕，入狱判刑五年并被原单位开除工职收回住房。

陈志祥，广州海员学校教师，积极参加广州八九民运，"六四"屠杀发生后，在广州书写巨型抗争标语，旋即被捕，被"从重从快"判刑十年。

冯思明，广东省人，出租车司机，广州市工自联负责人之一，运动失败后，成功逃脱，现居香港。

12. 安徽省

学运民运主要活动与组织概况

自 4 月 25 日，合肥部分高校学生在校园开始声援北京学生运动。5 月 15 日，安徽大学等部分高校 1000 多名学生上街游行，声援北京学生绝食请愿行动。

■5 月 16 日：上午，安徽大学、医科大学等六所高校的一千多名学生上街游行，声援北京学生绝食请愿行动。下午，安徽大学、中国科技大学等七所高校的两千多人又上街游行。下午四时，安徽师范学院二百多名学生到市人代会代表驻地静坐和发表演讲，声援北京学生绝食行动。晚上，在安徽大学等高校的联系、影响下，安徽农学院一千多名学生走上街头游行。

■5 月 17 日，中国科技大学等十多所高校上万名学生、教师和作家上街游行，支持声援北京学生绝食请愿行动，要求政府进行改革。在游行队伍中参加过 86 年学潮的中国科技大学的学生、教师市主要的主导力量。

■5 月 18 日，安徽省的省会合肥，合肥各高校五万多名学生、教师，以及知识界、新闻界等单位上街游行。省委书记、副省长等政府负责人与高校学生代表进行座谈对话。同一天，为声援北京学生绝食行动和相应协同合肥高校的学生运动，安徽其它地区也举行游行声援活动。淮南市，淮南煤炭学院等院校 5000 多名学生上街游行；芜湖市，安徽师范学院等院校学生上街游行；蚌埠市，安徽财经学院等院校近五千学生上街游行；巢湖市，巢湖师专、巢湖财校等院校上千名学生上街游行；铜陵市，铜陵财专数百名学生上街游行；宿州市，宿州师专上千名学生示威游行；贵池市，池州师专数百名学生上街示威游行。

■5 月 21 日，合肥部分高校的上万名学生和社会各界人士上街游行抗议，口号是"打倒李鹏""邓小平下台""反对戒严"等口号。

■5 月 22 日到 24 日，安徽各高校学生加大了乘火车进京声援活动，22 日就有合肥市一些高校的 1000 余名学生乘火车赴京声援。为阻止学生行动，当局强令部分列车停开。

■5 月 24 日，合肥各高校学生自治组织继续了上千名学生的游行抗议，声援北京学生运动，一些工人组织起来参与了游行抗议。

■5 月 28 日，大约有上万名学生，几百名工人和知识界举行游行活动，响应"全球华人的游行"。6 月 1 日，合肥，上名学生继续进行游行。有 300 多名学生向在从天安门广场返回途中被火车撞死的学生致敬，进行悼念活动。

中共当局进行六四镇压大屠杀后，6 月 4 日安徽蚌埠市，安徽财经学院等院校近五千学生上街示威游行，声讨北京开枪镇压学生运动，一直持续到 6 月 5 日。6 月 6 日，安徽省合肥市部分高校上千名学生到合肥钢铁公司呼吁工人进行罢工，合肥街头被学生设置路障、阻断交通。6月7日，合肥市一些高校学生在市区多处设立广播站，传播"美国之音"有关北京屠杀的消息。中医学院百余名学生到合肥钢铁公司铁厂等处卧轨，新闻工人罢工支持学生运动。6月8日，合肥市部分高校学生继续上街抗议、设置路障。6月9日，中国科技大学 100 余人上街游行，部分高校学生举行游行至淮南华东电网，鼓动工人罢工。

安徽省在八九民运期间的自治组织主要是："合肥高校学生自治联合会""安徽大学学生自治会""中国科技大学学生自治会""安徽工学院学生自治会""蚌埠高校学生自治联合会"（总指挥：张林），以及"合肥市工人自治会""合肥工人联合会""合肥退伍军人自发队""人民之声广播站"等。

安徽省中共镇压与迫害概况

▪6月8日，蚌埠市公安局逮捕在该市进行民运活动的"蚌埠市高自联"总指挥张林。

▪6月10日，淮南市谢家集区等五个区和矿务局分别成立官方纠察队，协助支援公安局。

▪6月11日，安徽省教委发出通知，责令各高校"学生自治会"等民运组织立即解散。

▪6月11日，合肥市政府发出通告，要求当地"工人自治会"等民运组织立即自动解散。

▪6月14日，安徽省教委发出补充通知，要求各高校在六月十九日以前全面复课；同日，芜湖市公安机关共抓捕各类抗暴民众 199人。

▪6月15日，汤阳县公安局抓捕参与民运活动的赵凤荣。

▪6月20日，金寨县公安局抓捕了在北京参加民运活动的徐文斌、王明丽。

▪6月21日，安徽省公安机关截止 21 日，取缔"非法组织"四十个，抓捕抗暴民众 68 名，协助北京市公安机关抓获"逃犯"4 名。

■7月4日，合肥市公安机关逮捕在合肥市建立"人民之声"广播站的杨丰；截止今日，安徽省及各地辖区取缔了43个各类民运组织，被迫到公安机关登记的民众达304人。

■7月7日，安徽省人民检察院检察员谈念淮被控支持动乱，遭到撤职。

■据安徽相关人士了解和综合信息，六四镇压后，安徽省合肥市等地区有些学生领袖和骨干被抓捕，遭受牢狱、判刑，开除学籍等处分迫害。还有其他一些社会各界人士被关押、判刑和遭受迫害。

被判刑的民运人士还有：

张　林：安徽蚌埠人，八九后被当局以"反革命宣传煽动罪"判处2年徒刑。2005年因为赴京参加赵紫阳追悼会被再次以"煽动罪"判处徒刑5年，在安徽铜陵监狱服刑。

马粮钢：安徽合肥人，八九后被当局以"反革命宣传煽动罪"判处2年徒刑。现在自由职业，独身带一个上中学的儿子生活。

孙向东：安徽黄山人，八九后被当局判处徒刑6个月，后经商，现状不明。

13. 山西省

学运民运主要活动与组织概况

自四月中下旬山西省部分高校纷纷在校内开展了纪念胡耀邦活动和反对"四·二六"社论活动。山西工业大学等部分高校学生开始串联准备游行活动，5月4日凌晨，山西工业大学、山西矿业学院等高校近千名学生冲出校园举行游行，在山西省委和省政府前静坐示威，支持声援北京学生运动，抗议"四·二六社论"，要求山西省主要领导出来对话。

■5月8日夜晚，太原工业大学、山西医学院上千名学生上街游行，抗议政府"对话"搪塞、无诚意，省内其它院校纷纷响应加入游行抗议队伍，前往省政府进行静坐抗议。

■5月9日，山西大学、山西矿业学院、山西财经学院2000多名学生继续在省政府请愿，要求再次对话，并将省政府前的"五星红旗"降下。升起了学生组织自制的旗帜。

■5月10日，山西大学出现由5所高校所组成的"学生联合自治会"的紧急通告，宣布各校开始总罢课，组织学生上街游行。上午山西大学、山西财经学院、山西矿业学院等高校组织大规模游行，并到山西省委省政府请愿。

■5月11日，太原市十几所院校上万名学生游行到省政府，受到武警强力阻拦，与学生发生冲突，中共省委牌匾被抗议民众拆下。

■5月15日，山西大学、太原重机学院等二十四所院校上万名学生为支持声援北京学生绝食活动，前往省政府和市政府前静坐抗议，递交了"请愿书"。

■5月16日，在太原市的省政府门口绝食的学生达到二百三十多名，声援学生绝食斗争的人数万名。其中有学生、教师、知识界人士和市民。有1500多名山西大学、太原机械学院等十所高校的学生陆续组成赴北京绝食请愿团进京。

■5月17日，在山西省榆次市，晋中师专、晋中财贸学院、等院校两千多名学生举行游行请愿活动。18日上午，太原举行大游行太原各大、中专学校的学生和教师、文化新闻出版界人士，少数工人也上街游行。静坐绝食和游行队伍中的横幅标语有"结束专制统治，全国人民心愿""邓小平、杨尚昆下台"等，学生们提出两条要求：1，转告中央强烈要求赵紫阳、李鹏与北京天安门广场绝食学生对话；2，省委、省政府领导要与学生平等对话。民盟、九三、民革、民进等民主党派近百人也参加了游行。游行和围观的太原各界人士达十三万人左右。另，大同、忻州、榆次、临汾等城市也发生了上千人的学生上街游行。

■5月月20日后，为抗议北京宣布的戒严令，学生们成立了宣传队，前往当地一家大型钢铁公司分发宣传册、传单。25日，太原钢铁公司的一千多名工人第一次走上街头游行，支持学生爱国运动，要求李鹏辞职。游行队伍的横幅写着"支持学生的爱国运动"。在山西大学、山西经济管理学院、山西农业大学数百名学生簇拥下，工人队伍来到五一广场，发表了声援学生宣言。

■5月30日，太原七所高校的一千多名学生在五一广场集合后游行，呼喊"纪念五卅"等口号，抗议太原钢铁公司公安处逮捕参加游行的工人。

为抗议6月4日中共在北京的开枪镇压行动，太原市很多所高校大约4000名学生进行反"暴力镇压"游行，要求为在北京遇害的同学讨还血债。呼喊"中国人民站起来""暴力镇压、含笑流血""打倒李鹏"等口号。6月7日，山西省太原市一些院校仍有大小字报和传单出现。一张署名"太原市全体学生"的《紧急呼吁》称："站起来，反对血腥镇压，与邓小平、李鹏反党集团进行斗争"，"全国动兵力，杀进北京城，绞死李、邓、杨。快！快！快！"。

八九民运期间，山西省的民运组织主要是学生自治组织，主要有"山西大学学生自治会""太原工业大学学生自治会""山西财经学院学生自治会及敢死队""山西医学院学生自治会""山西矿业学院学生自治会""山西师范大学学生自治会""太原师专爱国会"，"山西经济管理学院学生自治会"，以及"省会高校自治会""山西大学教师声援团"等。

山西省中共镇压与迫害概况

■5月30日，太原钢铁公司公安处逮捕了一些参加游行的工人。

■6月5日，太原市公安局抓捕了2名张贴民运宣传单的抗暴人士。

■6月7日，霍县公安局抓捕了在该地区宣传民运和抗暴信息的山东石油大学学生金亮。

■6月9日和10日，沁水县公安局抓捕了来该地区进行民运串联活动的长治农校学生徐建斌，以及陕西师范大学学生李永胜。

■6月11日，晋城市公安局抓捕了公安部通缉的参加北京民运活动的姚军民。

■6月13日，太原市公安局发出第一号通告，取缔"山西省部分高校自治会""太原工人自治会""山西大学学生自治筹委会""太原工业大学学生自治会""山西财经学院学生自治会""敢死队"等组织，限期十日内到公安机关登记自首。

■6于14日，五台县公安局抓捕了北京"工自联"成员白松生、李伟。

■6月19日，太原市公安局抓捕了参与民运抗暴活动的王建国等6人。

■6月21日，太原市公安局近日对参与民运、演讲的山西大学政治系副主任于副教授王新龙，煤炭管理学院讲师葛湖进行收容审查。

■6月22日，太原市公安局对进行所谓"反革命宣传煽动"的郭秉东、丁俊泽、胡践发出通缉令。

■截止6月24日，已有100多名各类参与民运活动人士被迫到公安局机关登记。

■6月29日，太原市南城区人民法院判处在市中心南门拦截车辆，进行抗暴活动民运人士王志荣有期徒刑3年，王文堂、赵云有期徒刑2年。

■7月2日，晋城市公安局抓捕了从河南省来此地区开展民运活动的4名民运人士。

■8月24日，忻州地区和定襄县公安机关对进行反共宣传煽动的侯宇新、蔚未平、马永珍3人收容审查。

■胡　　践：山西太原工业大学教师，被判刑10年。

■丁俊泽：山西大学教师，被判刑10年。

■葛　　湖：山西煤炭干部学院教师，被判刑7年。

■王新龙：山西大学政治学系教师，被判刑5年。

■孙丽艳：太原市煤气化公司幼儿园的临时老师，被以扰乱社会治安的罪名劳动教养两年。（摘自尹进撰文《山西八九民运小人物》，下同）

- 任建民：太原工业大学学生，因保护藏匿民运人士被关押一年。
- 李福发，太原钢铁公司的工人，因为发动工人声援学生被判处七年有期徒刑；
- 秦怀庆，是个农民，因为写打倒共产党的标语，被判处有期徒刑三年；
- 李树平，是太原钢铁公司的经济警察，因为张贴揭露北京大屠杀的真相的传单，被以反革命煽动罪判处有期徒刑三年；
- 刘贵平，山西省大宁县一中的老师，因为对六四大屠杀不满，写了一张大字报被判缓刑两年；
- 太原师专的校长因为请一个六四见证人在学校介绍六四屠杀情况被撤职。
- 山西财经学院一位学生在天安门广场被打断了腿。
- 山西省大宁县党史办副主任，因反对镇压被判缓刑两年；
- 山西省委党校、山西省社科院和山西人民人民出版社数名党员被开除、被处分；
- 山西省司法厅有一个干部给山西大学高自联捐了两千块钱，被开除公职；
- 冶金部第十三建公司一个干部基于义愤，在报纸的李鹏头上写了一句：打倒共产党。被收审半年。
- 据山西相关人士了解和综合信息，六四镇压后，山西省有些学生领袖和骨干被抓捕，遭受牢狱、判刑，开除学籍等处分迫害。还有其他一些社会各界人士被关押、判刑和遭受迫害。

14. 河南省

学运民运主要活动与组织概况

- 5月15日，河南省郑州，郑州大学等部分高校走向街头游行，声援北京学生绝食请愿。
- 5月16日，郑州大学、郑州工学院、河南医学院、河南民族学院等 10 多所高校的近万名学生举行游行示威，主要口号是"打倒官倒、反对腐败"等，并在河南省委、省政府门前静坐示威，要求与省领导对话。新乡市 5 月 16 日上午，河南师范大学上千名学生上街游行，并到新乡市政府递交请愿书，提出要省委、省政府发电声援北京绝食学生，改组《河南日报》等八条要求。5 月中旬，河南开封，河南大学的上千名学生终于冲出校园举行了声援北京学生的示威游行，支持捐款和同情的民众持续增多。在此期间，郑州大学等高校成立了学生自治会，此后，河南高校自治联合会成立，组织了大批赴京声援团。

■5 月 17 日，郑州十几所大中专院校 15000 多名学生继续上街游行。

■5 月 18 日，河南省一些主要城市举行游行示威，支持北京学生绝食请愿。郑州市，部分院校学生、教师和科技人员举行游行示威；开封市，河南大学上千名学生上街游行；洛阳市，洛阳工学院等大中专院校上万名学生、教师上街游行；新乡市，各大中专院校数千名学生上街游行。

■5 月 22 日郑州，一些高校的 2000 余名学生，乘火车赴京声援，反对北京戒严。

■5 月 23 日，2000 多名学生分别从汲县、安阳、焦作、信阳车站陆续乘车赴京声援，赴京学生总数已超过 7000 人。

河南省开封市学生和市民大规模游行和抗议主要发生在"六四"镇压以后，一直持续到 6 月 21 日，并被政府定性为"六二一反革命事件"，许多人被逮捕、判刑。

河南省八九民运期间的民运组织主要是各院校成立的学生自治会，以及"郑州高校学生自治联合会"，还有"郑州工人自治联合会""郑州各界救国联合会""中国志民党"等。

河南省中共镇压与迫害概况

■6 月 4 日，开封市公安局抓捕了担任"外高联"常委、河南高校赴京声援团总指挥的河南大学学生但斌。

- 6 月 5 日，郑州市铁路公安分局抓捕了参加过民运活动的杨红军。

- 6 月 8 日，郑州市公安局抓捕了开展抗暴斗争的民运人士张振峰、裴军等 12 人。

- 6 月 9 日，河南省郑州市政府发出通告，取缔"郑州高自联""郑州工自联""郑州市各界救国联合会"等民运组织，必须立即解散。

- 6 月 15 日，郑州市公安局抓捕了在北京参加学生自治组织的敢死队和"天安门广场总指挥部纠察队负责任的王岩。

- 6 月 16 日，洛阳市公安局抓捕了在北京参加"飞虎队"的成员刘国威，以及参与抗暴活动的庞京红、唐力；同日，新乡市公安机关收容审查了在北京参加"外高联"组织和活动，并正在该地区进行民运活动的河南师范大学学生籍乃国。并宣称已经抓获 21 名民运人士。

- 河南省开封市学生和市民因在"六四"北京大屠杀后举行大规模游行和抗议，持续 6 月 21 日，被中共政府定性为"六二一反革命事件"，许多人被逮捕、判刑。

- 7 月 3 日，开封市公安局破获一民运组织，抓捕了主要成员杨涛、刘学忠、焦志刚、叶泓君。

- 8 月 24 日，郑州市检察院近日批准逮捕了进行民运组织和宣传活动的"郑州高自联"负责人刘峰、林胜利、张伟。

- 据河南相关人士了解和综合信息，六四镇压后，河南省有些学生领袖和骨干被抓捕，遭受牢狱、判刑，开除学籍等处分迫害。还有其他一些社会各界人士被关押、判刑和遭受迫害。

15. 甘肃省

学运民运主要活动与组织概况

- 4 月 29 日，北京的学生领袖与袁木进行对话后，引发兰州高校学生的不满，部分高校发生示威抗议。

■5月4日，兰州市，部分高校数千名学生举行游行，并到省政府请愿和递交《请愿书》。

■5月9日，在多个校园举办的学生与中共官员一系列对话后，大约有3,000名学生抗议，要求进行对话，有1000多名学生在甘肃省政府外静坐抗议。

■5月10日，甘肃省委省政府主要领导和西北师范大学学生代表举行对话。

■5月16日，兰州市，兰州大学数千名学生举行游行，声援北京绝食学生请愿，呼喊"不惜生命，声援北京学生绝食"等口号，并近百名学生在中心广场静坐绝食。

■5月17日，兰州市十几所院校上万名学生上街游行，宣读发布《声援北京学生宣言》，部分教师、科研人员和新闻界人员加入游行支持行列。

■5月18日，兰州市，各大院校学生和民众继续游行示威，上百名学生在中心广场静坐绝食请愿。

■5月21日。兰州市部分高校近万名学生上街游行抗议，呼喊"反对军管""邓小平、李鹏辞职""打倒专制独裁"等口号。

■5月24日，兰州市十几所院校上万名学生、教师上街游行示威，抗议北京戒严。

■5月29日，100多名学生在兰州的中心广场静坐抗议。

■6月4日，北京开枪镇压学生和市民消息传来后，兰州大学上千名学生上街游行，声援北京学生。部分学生冲进兰州火车站，卧轨阻挡火车，使铁路交通一度中断。数千名学生和民众今日开始呼吁、围堵兰州炼油化工总厂，持续5天时间。6月5日下午，部分高校学生到兰州火车站卧轨阻拦火车，使铁路交通一时中断。兰州大学等校1000多名学生上街游行，并在主要交通路口设置路障，使市内交通全部中断。6月6日，兰州大学等校300名学生在兰州火车站卧轨，造成火车停驶。有学生在黄河大桥上设置路障，断绝交通。兰州市区各主要路口均设置了路障，市内交通中断。6月8日，数千名学生和民众在兰州机车厂兰州化工厂、橡胶厂呼吁工人罢工。6月9日，兰州市公安局抓拘捕了65名拦车设卡人员，拘捕17名"市民声援团"骨干。市中心广场高自联设立的"广场之音"被拆除。

甘肃省八九民运组织主要有："兰州高校学生自治联合会"（主要负责人：刘文胜、刘白瑜、王治华、沙迪克江、刘瑞林）、"兰州大学学生自治联合会"（负责人韦波）、"兰州工业大学学生自治会""兰州商学院学生自治会""兰州医学院学生自治会""兰州中医学院学生自治会"，以及"兰州工人自治联合会""兰州市民声援团""兰州市民敢死队""打狗指挥部"。

甘肃省中共镇压与迫害概况

▪6月6日，兰州市公安局抓捕了一些进行民运活动的抗暴人士。

▪6月12日甘肃省政府通告，取缔"甘肃省高校学生自治联合会"及各高校的"学生自治会""兰州工自联""兰州市民团""兰州市民声援团""敢死队"等民运组织。并指称最近成立的"打狗指挥部"是"反动组织"。

▪6月13日，兰州市公安局近日抓捕了"市民声援团""市民敢死队"的9名抗暴人士。

▪截止6月14日，兰州市公安局已经抓捕了"市民声援团""市民敢死队"等民运组织负责人和骨干24人。

▪6月16日，甘肃省永登县林业派出所抓捕了被北京市公安局通缉的"北高联"常委、北京大学学生杨涛。

▪截止6月19日，兰州市公安机关已经收容审查43名"市民声援团"成员。

▪6月23日，兰州市公安局发出通缉令，对"兰州高校学生自治联合会"的主要负责人刘文胜、刘白瑜、王治华、沙迪克江、刘瑞林五人进行通缉。

▪6月28日，兰州市公安局拘捕103名抗暴民运人士。

▪据甘肃相关人士了解和综合信息，六四镇压后，甘肃省有些学生领袖和骨干被抓捕，遭受牢狱、判刑，开除学籍等处分迫害。还有其他一些社会各界人士被关押、判刑和遭受迫害。

16. 吉林省

学运民运主要活动与组织概况

■5 月 16 日下午，长春市，吉林大学、吉林工业大学等五所高校 3000 多名学生上街游行，声援北京学生绝食请愿，有 70 多名学生带着募捐款乘火车赴京声援。

■5 月 17 日，长春市，东北师范大学、吉林大学等十几所院校上万名学生上街游行示威，声援北京学生绝食请愿，并在省政府抗议和递交《请愿书》。

■5 月 18 日，长春市各大中专院校数万名学生、教师和新闻界人员游行至省委、省政府示威请愿；吉林市，东北电力学院等八所院校数千名学生举行游行示威，声援北京绝食学生请愿。

■5 月 19 日，长春市，部分高校学生继续在省委、省政府和省人大示威请愿。

■5 月 21 日，长春市 6 所高校 6000 多名学生上街游行，高呼"取消戒严""李鹏下台"等口号，反对北京戒严。

■5 月 22 日，吉林省高校学生自治联合会在长春宣布成立。

■6 月 4 日，吉林省长春市一些高校的 1000 多名学生上街游行，高呼"抗议屠杀北京大学生""反对法西斯"等口号。6 月 5 日，吉林省长春市 8 所高校 4000 多名学生上街游行，在省政府门前静坐、抗议；延边市，朝鲜族 5000 多名学生上街游行示威，抗议北京当局开枪屠杀学生和市民。6 月 6 日，长春第一汽车制造厂上万名职工、长春纺织厂 5000 多名职工到市区与学生游行队伍汇合，并聚集在吉林省委门前的新发广场示威抗议，现场人数超过 10 万人。

吉林省八九民运的组织主要是："吉林省高校学生自治联合会""长春市高校学生自治联合会""吉林大学声绝食团"和部分院校的

学生自治会，以及"长春市市民自发声援团"等。

吉林省中共镇压与迫害概况

■6杨 10 日，长春市公安局逮捕抗暴民运人士李学谦等 19 人，劳动教养刘玉生等 7 人。

■6月 12 日，长春市政府发出第三号通告，取缔"长春市高校自治联合会""长春市市民自发声援团"等民运组织；

■6月 12 日，长春市公安局抓获学生自治组织"天安门广场指挥部"联络员周赤峰。

■6月 15 日，中央电视台消息，吉林省长春市已经有二十六人因煽动社会不安及散播谣言被捕。

■6月 22 日，吉林工业大学汽车学院学生、"外高联"组织部副部长刘永枝到长春市公安机关什么情况时被拘捕。

■6月 29 日，长春市法院和榆树县等区县法院同时召开公判大会，对 159 名民运人士进行宣判，其中魏洪生等 16 名抗暴人士被判处死刑。

■唐元隽：长春第一汽车制造厂工人，被判刑 20 年。

■冷万宝：长春第一汽车制造厂工人，被判刑 8 年。

■李　维：长春第一汽车制造厂工人，被判刑 5 年。

■梁立维：长春第一汽车制造厂工人，被判刑 5 年。

■司　伟：吉林通化人，因反对六四屠杀被判刑 4 年。

■何振青：参加八九民运被判刑 5 年。

■安福兴：吉林省人，成立"民主社会主义同盟"，被判刑 5 年。

■李静娥：吉林省人，成立"民主社会主义同盟"，被判刑 3 年。

■迟寿柱：吉林市工人，被判刑 10 年。

■据吉林省相关人士了解和综合信息，六四镇压后，吉林省高校学生自治会主席张平亚（吉林大学学生）被吉林省公安机关收容审查一年，长春师范大学学生、外高联纠察总队分队长李斌被吉林省公安机关收容审查一年，吉林省还有很多学生领袖和骨干被抓捕，遭受牢狱、判刑，开除学籍等处分迫害。还有其他一些社会各界人士被关押、判刑和遭受迫害。

17. 辽宁省

学运民运主要活动与组织概况

■4月29日，辽宁省省会沈阳市，东北工学院1000多名学生游行示威，悼念胡耀邦逝世，抗议"四·二六"社论。

■5月4日，大连市，东北财经大学、大连轻工业学院等高校数千名学生上街游行，游行队伍在夜晚发展到二万多人，并市政府前示威。

■5月14日，沈阳市，辽宁大学2000多名学生举行游行示威，在市政府广场宣读发布《声援慰问北京绝食学生》声明。

■5月16日辽宁省主要城市爆发大规模游行示威活动，各地区遥相呼应，运动声势浩大。沈阳市，辽宁大学、辽宁建筑工程学院等20多所高校25000多名学生在省政府和沈阳市政府门前请愿，游行活动持续到17日，参加的院校增加到二十八所，学生总计达到二万多名。沈阳电视台、青年报社等新闻单位，科研、文化界纷纷组团加入到市政府前的游行示威活动。大连市17日也爆发游行示威，大连大学、大连轻工业学院等八所高校数千名学生上街游行，在市政府前的斯大林广场示威，声援北京学生绝食请愿，向市政府递交《请愿信》。同时，鞍山市，鞍山钢铁学院一千多名学生上街游行示威；锦州市，锦州工学院等院校3000多名学生举行游行示威，学生代表在市政府与市长进行了对话。

■5月18日，沈阳市全市各大院校全面罢课，3000多名学生静坐绝食。全市各大中专和中小学学生、教师和社会各界人士十几万人举行大规模游行示威，围观和声援民众达上百万人。新闻界、知识界、科研单位和民主党派都行动起来组团参加支持、声援学生运动。"辽宁省共青团""省青联""省学联"共同发出《致党中央、国务院全国人大的紧急呼吁书》。抚顺市，部分院校学生和民众举行示威游行。

■6月6日上午，沈阳市 17000 多名学生上街游行，抗议北京血腥镇压学生和市民，通往工业区的主要路口全部被学生堵住。下午，3万多名学生、市民聚集在市政府广场，为北京死难烈士举行追悼会。沈阳飞机制造公司等企业 4 千多名职工参加集会游行。6月8日，沈阳市公安局拘捕了 32 名游行抗议者。

辽宁省八九民运组织主要有："沈阳高校学生自治联合会""大连市高校学生自治联合会"（主席：张家柱）、"中国医科大学学生自治会""沈阳师范学院爱国会""东北工学院学生自治会""大连理工大学学生自治会"，以及"沈阳市民声援团""鞍钢工人自治会""中华民政党专业委员会"（主席：郑全利）。

辽宁省中共镇压与迫害概况

■6月6日，丹东市公安局抓捕了民运人士郭亮。

■6月8日，沈阳市公安局拘捕了 37 名参加游行示威的抗议者。

■6月11日，抚顺市公安局抓捕了参与北京民运活动的李明达。

■6月12日，盘锦市公安机关抓捕了当地一些参与抗暴的民运人士。

大连市金州区公安分局

■6月13日，大连市公安局逮捕反革命组织"中华民政党"郑全利、焦治金两位成员；本溪市公安局抓捕了徐州师范学院赴京声援团成员张清云。

■6月13日，沈阳市政府发出《关于取缔非法组织"沈阳市高校学生自治联合会"的通告》。

■6月14日，大连理工大学学生自治会负责人张家柱、詹翔、李毅、刘章斌 4 名学生被迫到大连市公安局登记。

■6云15日，新金县公安局收容审查进行民运抗暴宣传的学生梁国。

■6月15日，抚顺市政府部门对66名参与民运活动的人士做出拘留、收容审查，其中，孙玉成、田季军、于建国、王朝柱、霍双海分别被劳动教养3年和2年。

■6月16日，沈阳市公安局抓捕了被北京市公安局通缉，"北京市民自治联合会"负责人之一的陈阳。

■6月19日沈阳市公安局通告，限令非法组织首要分子十日内自首。

■6月20日，辽宁省公安厅通告，取缔一切非法组织及其成员。

■6月23日，鞍山市政府部门对参与民运活动的宗义仁等12名抗暴人士进行逮捕和教养；对李万全等8人分别执行死刑和宣布一审死刑判决。

■6月24日，沈阳市大东区公安分局抓捕了被北京市公安局通缉的抗暴民运人士赵军。

■6月27日，阜新市公安局抓捕了被辽宁省公安厅和陕西省公安厅联合通缉的民运抗暴人士丁俊泽。

■7月3日，大连市中级人民法院判处被控"反革命宣传煽动罪"的萧斌有期徒刑十年。

■7月20日，本溪市公安局近日以反革命煽动罪，逮捕了本县草河口农民中学教师李德岩，被判刑3年。

■李树深：辽宁锦西市工人，被判刑4年。

■徐佰泉：辽宁铁岭市农民，被判刑8年。

■刘允伸：辽宁辽阳市中学英语教师，被判刑4年。

■田晓明：辽宁丹东市工人，被判刑7年。

■阎兴安：辽宁抚顺市工人，被判刑4年。

■赵军路：辽宁丹东市人，被判刑10年。

■魏寿忠：辽宁沈阳人，因阻拦军车前往北京，被判刑13年。

■据辽宁省相关人士了解和综合信息，六四镇压后，辽宁省有些学生领袖和骨干被抓捕，遭受牢狱、判刑，开除学籍等处分迫害。还有其他一些社会各界人士被关押、判刑和遭受迫害。

18. 云南省

学运民运主要活动与组织概况

■4月20日，昆明市，云南大学、云南民族学院等7所院校约十万名学生举行悼念胡耀邦集会，支持北京学生运动。

■4月23日，云南省孟连自治县当地学生组织了罢课行动。

■5月3日，昆明市，昆明工学院等院校800多名学生举行游行示威；勐海县，各类学校数千名学生、教师共同在勐海县第一中学举行"五四"纪念大会和游行示威，并在县政府前静坐示威。

■5月4日，云南省孟连自治县当地第二中学、第一中学学生、教师在学校举行游行集会，响应北京学生运动，纪念"五四"七十周年。

■5月6日，勐海县，勐海机械厂、等单位上万工人走上街头游行示威，支持声援学生民主运动。

■5月10日，盈江县，300多名学生在县政府前集会示威，声援北京学生运动。

■5月14日，昆明部分高校学生在在市中心集会，声援北京学生绝食请愿。

■5月15日，昆明各类院校十几万学生、教师举行大规模游行示威，声援北京学生绝食请愿。

■5月17日，昆明部分高校数千名学生举行游行，并与省政府领导对话。有云南艺术学院30多名学生绝食抗议。

■5月18日上午，云南大学等各大中专院校数万名学生、教师继续游行示威，新闻、科研、机关干部等踊跃加入声援学生运动的行列。

■5月21日，昆明部分高校的15000多名学生上街游行，抗议北京戒严。宣布组建云南省爱国学生运动组委会。

■5月22日，昆明部分高校2000余名学生上街游行，正式成立了云南省爱国学生运动组委会。

■6月5日，云南省昆明市，云南大学等院校约6000多名学生上街游行，呼喊"反对血腥镇压""打倒法西斯""绞死李鹏"等口号。

■6月6日，云南省昆明市部分院校5000多名学生在东风广场集会，抗议中共出动军队血腥镇压北京学生和民众。

云南省八九民运期间的组织主要是一些院校各自组建的学生自治会和"云南高校爱国学生民主运动组委会"（负责人：吴海针、王存、汤世杰）、以及"昆明市市民民主爱国组委会』（负责人：李洪斌）。

云南省中共镇压与迫害概况

■5月24日，昆明市公安局和泸溪县公安局破获反共信件案件，抓捕了民运人士周楚。

■6月11日，昆明市公安局和武警部队拘捕了15名"市民声援团"成员。

■6月13日，昆明市政府第一、二号通告，取缔"昆明市民民主爱国组委会""云南爱国学生民主运动组委会"，以及各大中专院校学生成立的各类民运组织。

■6月14日，昆明市公安局在楚雄抓捕了"云南省高校爱国运动组委会"主办的《消息报》和《先锋导报》主编汤世杰。

■6月16日，昆明市公安局抓捕了"昆明市什么民主爱国组委会"主席李洪斌。

■据云南省相关人士了解和综合信息，六四镇压后，云南省有些学生领袖和骨干被抓捕，遭受牢狱、判刑，开除学籍等处分迫害。还有其他一些社会各界人士被关押、判刑和遭受迫害。

19.贵州省

学运民运主要活动与组织概况

■5月16日，贵阳市各大中专院校二万多名学生举行游行示威，声援北京学生绝食请愿。

■5月17日—19日，贵州省贵阳市，陈友才、杜和平、李黔刚等人，书写"公民们，今日去春雷广场声援学生的爱国行动"的集会通知，张贴在次南门、河滨公园等处。致使学生和其他人员数百人在春雷广场集会，并举着"工人罢工、学生罢课、教师罢教、商人罢市"，等标语在市内和省政府院内游行，陈友才在省政府院内发表了演讲，杜和平在游行中散发传单。在传单中写到"你们有什么顾虑还值得沉默吗？""不如燃烧起人权的火焰"，中共和政府拖延回避糊弄学生的对话要求，时间拖延越长，罪过越大。

■5月18日，贵阳各大中专院校继续举行游行示威，三万多名学生和知识界、艺术界、科研人员、新闻界组成队伍参加游行。六盘水市，部分院校数千名学生和民众上街游行，声援北京绝食学生。

■5月19日，承接上一天的游行示威，今日仍有上万名学生继续游行示威，并省政府前静坐示威，还有部分学生在各大主要交通路口静坐示威。

■5月22日，贵阳市十多所院校的4000多名学生上街游行，抗议北京戒严，呼喊"打倒独裁""取消戒严"等口号。

■5月23日，贵阳部分院校学生继续上街游行和集会，声援北京学生运动。

■6月5日—7日，贵阳市，陈友才、杜和平、张新佩、王顺林等人多次召开会议，成立了民运组织"（贵州）爱国民主联合会"，起草和发布《告全省同胞书》《罢工宣言》。在《告全省同胞书》中写道："政府从外地调集了大批军队，动用了坦克、装甲车、机关枪、武装直升飞机等武器残酷屠杀百里挑一的青年学生，民族的未来。这次血腥镇压造成成千上万名学生和市民伤亡，造成大规模的流血事件，这是古今中外绝无仅有的事。现在三十八军已经向残酷屠杀人民的二十七军开火，全省人民团结起来！行动起来！不愿做奴隶的人们完成我们新的长城。为反对真正的动乱而奋斗！"等等。

■6月6日，贵阳市一万多名学生、市民在人民广场进行示威，抗议中共在北京镇压屠杀学生和市民，贵阳市区交通基本瘫痪，标语书写着"绞死李鹏""偿还血债"等。

■6月8日，抗议民众在主要市区的大西门、河滨公园、火车站广场等地推翻各种车辆，阻塞交通。

■6月9日，贵阳市有两千多名市民、学生聚集在人民广场发表演讲和抗议。集会组织者通过高音喇叭宣布：10日上午10时，将在人民广场宣布工人罢工、商人罢市、设置路障的详细计划。一些抗议民众继续在市区设置路障、阻塞交通。

贵州省八九民运的组织主要是一些高校组建的学生自治会和"贵州省高校学生自治联合会"，以及"贵阳市工人自治联合会""贵阳沙龙联谊会""贵阳市民声援团"。

贵州省中共镇压与迫害概况

■6月8日，贵阳市公安局抓捕了31名拦截车辆、阻塞交通的民运抗暴人士，并收容审查了24人。

■6月9日，贵阳市公安局抓捕了25名设置路障、拦截车辆、阻塞交通的民运抗暴人士。

■6月14日，贵州省公安厅通告，取缔"贵州省高校学生自治联合会""贵阳市工人自治联合会"及"贵阳沙龙联谊会"三个民运组织。

■6月14日、15日，贵州省公安机关抓捕了19名贵州省"高自联"、贵阳市"工自联""贵阳沙龙联谊会"相关负责人，另有12名成员进行公安登记。

■6月21日，贵阳市检察院批准逮捕了参与民运活动抗暴人士陈勇、王成、李波。

■6月23日，贵阳市公安局逮捕了写反共匿名信的民运人士，贵州省农机具工程师张声明。

■据贵州省相关人士了解和综合信息，六四镇压后，贵州省有些学生领袖和骨干被抓捕，遭受牢狱、判刑，开除学籍等处分迫害。还有其他一些社会各界人士被关押、判刑和遭受迫害。

以下是摘录自《中国六四受害者状况民间报告》之贵州省部分八九六四良心犯名册（2009年左右发布）：

被判处徒刑者：

陈　西：曾用名：陈友才：男，1954 年 2 月出生，坐牢前在贵阳市金筑大学工作，政工干部，被以"反革命宣传煽动罪"判刑 3 年，剥夺政治权利 3 年。

杜和平：男，1954 年 12 月出生，坐牢前系经营书籍个体户，被以"反革命宣传煽动罪"判刑 3 年，剥夺政治权利 3 年。

王顺林：男，1961 年出生，坐牢前在贵州省委党校理论研究所，教师、律师。被以"反革命宣传煽动罪"判刑 3 年，剥夺政治权利 3 年。

张新佩：男，1950 年出生，坐牢前任贵州省高原科学咨询公司经理。被以"反革命宣传煽动罪"判刑 2 年，剥夺政治权利 2 年。

陈　勇：男，在学潮时被以"打、砸、抢罪"判刑 15 年。

冯　刚：男，坐牢前系贵州电视台著名播音员，被以"反革命宣传煽动罪"重判 5 年，实际坐牢近 2 年，现仍在原单位工作。

郭忠明：男，1961 年出生，坐牢前贵州省某校的老师，被以"反革命罪"判刑 3 年。

曾　宁：男，1967 年生于湖南新宁。1989 年被收审 1 个半月。1991 年被以"反革命宣传煽动罪"判刑 4 年。

夏春龙：男，坐牢前贵州省织金县 2 中高中学生，被以"反革命宣传煽动罪"判刑 4 年。

伍伟松：男，坐牢前毕节地区工作，被以"反革命罪"判刑 5 年。出狱后，以打工为生。

卢兆祥：男，1954 年出生，贵阳"工自联"负责人，坐牢前是个体户，被以"反革命宣传煽动罪"被判"管制"1 年半，狱中执行，现居贵阳。

蒋录刚：男，1956 年出生，贵阳"工自联"负责人，坐牢前是个体户，被以"反革命宣传煽动罪"判刑 3 年。

覃礼尚：男，1969 年出生，坐牢前在北京某高校读书，被以"反革命宣传煽动罪”判刑 4 年，现在家务农。

徐克伦：男，1968 年出生，坐牢前在贵州遵义某校读书，由于参与
　　　　学潮打伤军人，被以“伤害罪”判刑 2 年，现居贵阳。

何万春：男，坐牢前在贵州工学院向阳机械厂，以“反革命宣传煽动
　　　　罪”坐牢 2 年。

蒋天擎：男，坐牢前在黔西县，以“反革命宣传煽动罪”坐牢 4 年。

欧宗佑：男，当年 46 岁，是贵阳市以开办画室为业的文化个体户，
　　　　贵阳市中山西路个体劳动者协会主任等社会职务。以“反
　　　　革命罪”被判刑 15 年。上诉期间，越狱成功。

被劳动教养者：

廖双元：男，1953 年 4 月出生，坐牢前在贵阳市轴承厂公安处工作，
　　　　被以“反革命宣传煽动罪”劳教 3 年。

谭新民：男，1968 年出生，坐牢前是学生，被以“反革命宣传煽动
　　　　罪”劳教 2 年。半。现居住贵阳市马王庙。

彭文刚：男，1972 年出生，坐牢前是学生，被以“反革命宣传煽动
　　　　罪”劳教 3 年。

曹志荣：男，1965 年出生，坐牢前是待业青年，被以“破坏公物罪”
　　　　劳教 1 年半。现在无业。

薛占平：男，1959 年出生，坐牢前是一家公司的负责人，被以“反
　　　　革命宣传煽动罪”劳教 3 年。

王　军：男，1964 年出生，被以“反革命宣传煽动罪”劳教 3 年。
　　　　坐牢前诗人，后做编辑。

曾　实：男，1954 年出生，坐牢前是重庆《实业家》报记者，参加
　　　　“贵阳沙龙联谊会”组织的流行活动，被以“反革命宣传
　　　　煽动罪”劳教 3 年。现居重庆北涪区。

张　为：男，1971 年出生，坐牢前是学生，被以“反革命宣传煽动
　　　　罪”劳教 1 年，现在外打工。

宿　非：男，1964 年出生，坐牢前是永跃厂工人，被以“反革命宣

传煽动罪"劳教 2 年。现在外打工。

李　　政：男，1969 年出生，坐牢前是贵阳南明皮鞋厂学工，被以"反
革命宣传煽动罪"劳教 2 年。现在贵阳打工。

李　　斌：男，1970 年出生，坐牢前打临工，被以"反革命宣传煽动
罪"劳教 3 年。现在贵阳打工。

赵利军：男，1965 年出生，坐牢前是贵阳云马飞机制造厂摄影师，
被以"反革命宣传煽动罪"劳教 3 年。

季　　风：男，1962 年出生，坐牢前是贵州大学中文系学生，学潮期
间任贵州省"高自联"付主席，被以"反革命宣传煽动
罪"劳教 2 年。

孙亚丁：男，1960 年出生，坐牢前是地质队工人，被以"反革命宣
传煽动罪"劳教 3 年。现无业。

周碧菊：女，1969 年出生，坐牢前是贵阳市花溪区石板乡农民，被
以"反革命宣传煽动罪"劳教 3 年。

覃　　波：男，1970 年出生，坐牢前是贵州工学院地质系学生，被以
"反革命宣传煽动罪"劳教 2 年。

王天元：男，1970 年出生，坐牢前是贵州工学院土建系学生，被以
"反革命宣传煽动罪"劳教 3 年。

陈　　天：男，参加贵阳沙龙联谊会，贵州师范大学中文系学生。该校
高治联负责人，以"反革命宣传煽动罪"劳教 2 年。，被开
除学籍。曾在贵阳打工，现下落不明。

第二节　其它省份学运民运情况

20．河北省

学运民运主要活动与组织概况

自四月中下旬河北部分高校纷纷在校内开展了纪念胡耀邦活动和反对"四·二六"社论活动。北京学生 5 月 13 日在天安门广场进行绝食请愿后，部分高校学生开始筹划举行大游行，支持北京学生运动。因河北省距离北京市很近，八九学运民运期间，河北省很多院校学生纷纷组团进京声援，很多同学多次往返北京进行声援。

■5 月 17 日，石家庄，河北师范大学、河北财经学院等十多所大专院校一万多名师生和二百多名新闻、社会科学工作者上街游行、募捐，声援北京绝食请愿活动。标语、口号主要有："民主万岁""声援北京学生运动""打倒官倒""不要老人政治""新闻自由"等。约有五千多名学生冲进省委大院递交《请愿书》和要求省长对话。

■5 月 18 日，石家庄市爆发大规模游行，参与游行抗议活动的除了大专院校的学生和部分新闻单位外，还有机关干部、科研单位、中学生和医务人员等，游行和围观人数达到十五万人。河北保定、唐山、邯郸等地约有十万人上街游行。此后，保定市的河北大学、农业大学、电力学院等高校两千多名学生上街游行。呼喊的主要口号有："声援北京绝食学生""打倒独裁"。唐山工程技术学院、煤炭医学院一千五百余名学生上街游行。秦皇岛市燕山大学、煤炭管理学院和部分群众约两千人上街游行，到市委、市政府请愿。

■6 月 5 日、6 日，石家庄各大中专院校学生和各界民众举行大规模游行示威，抗议中共当局在北京开枪镇压屠杀学生和市民。学生们联合"石家庄工人自治联合会，呼吁进行罢工斗争。

河北省各高校自五月上旬起陆续成立了学生自治会，并成立了"石家庄高校学生自治会"，组织了大批赴北京声援团。其它组织还有"河北工人自治联合会"等。

河北省中共镇压与迫害概况

■6 月 5 日、6 日，石家庄市公安局和武警部队抓捕了 19 名参与抗暴的民运人士。

■6 月 6 日，涿州市公安局抓捕了参加北京民运抗暴活动的民运人士孙宝臣、白增鋆、马建新。

■6 月 10 日，河北省政府通告，宣布取缔"高自联""工自联"等非法组织。

■6 月 11 日，廊坊市公安局抓捕了在北京参加民运活动的傅景刚。

■6 月 12 日，保定市公安局抓捕了"外高联"常委、卫生部长李翠萍；同日，滦平县公安局抓捕了参加北京民运活动的邢德臣。

■6 月 13 日，石家庄市公安局抓捕了"北京工自联"纠察队总指挥刘焕文。

■6 月 14 日，河北省沧州市公安局抓获"北高联"骨干高曾伟。

■6 月 19 日，河北省保定市公安局逮捕了中共通缉的北高联二十一名学生领袖之一的刘刚。

■6 月 20 日，河北省公安机关截止今日，已经逮捕四十四名自北京来到河北省的民运人士。

■据河北省相关人士了解和综合信息，六四镇压后河北省有些学生领袖和骨干被抓捕，遭受牢狱、判刑，开除学籍等处分迫害。还有其他一些社会各界人士被关押、判刑和遭受迫害。

21. 江西省

学运民运主要活动与组织概况

■5 月 4 日，部分高校和支持民众进行局部抗议活动。

■5 月 16 日，南昌市，晚九时，南昌航空学院二、三百名学生上街游行。十时四十五分，江西师范大学有几百名学生上街游行。

■5 月 17 日，南昌师范大学等高校数千名学生举行游示威，在市政府前抗议，并与省长吴官正等负责人进行对话。

■5月18日，南昌市所有各大中专院校共同行动，举行数万人大规模游行示威，声援北京学生绝食请愿，抗议政府漠视学生生命。

■5月19日，承接上一天游行活动，十几所院校数万名学生继续举行游行示威活动。

■5月23日，数千名学生上街游行示威，抗议北京戒严，声援北京学生运动。

■6月6日，江西省南昌市2000多名学生响应北京学生发起的"空校行动"离校。有1000多名工人和市民举着"南昌团结工会"的横幅在省市总工会门口示威抗议。

江西省八九民运组织主要是一些高校学生组建的自治会和"江西省高校学生自治联合会"，以及"南昌市工人自治联合会""南昌市团结工会"。

江西省中共镇压与迫害概况

■6月10日，南昌市政府通告，宣布取缔"江西省高校自治联合会""南昌团结工会"。

■6月12日，江西省乐平县公安局抓捕了参加"北京市民敢死队"成员邓茂强。

■6月14日，南昌市政府发出"关于取缔工自联"的通告。

■6月15日，南昌市公安局取缔民运组织"南昌团结工会"，收容审查了其负责人熊斌鹏及成员罗敏凡。

■6月17日，抚州市公安局收容审查了到华东地质学院进行民运抗暴宣传的余清华、华艳夫妇。

■6月20日，南昌市政府通告，取缔该市"工自联"，至今已经逮捕十一名骨干分子。

■6月20日，南昌市公安局抓捕了近期参与制造"浙江省政府为北京死难学生下半旗致哀"事件的民运人士崔建昌。

■截止6月20日，南昌市公安机关已经收容审查了"工自联"负责人和骨干成员石钢、刘育南、罗国亮、邓桃杏、伍国军等 11 人。

■6 月 21 日，井冈山市公安局逮捕了在该地区进行民运活动的王星林。

■7 月 18 日，南昌市东湖区法院对参与民运的抗暴人士做出判决，判处李年斌有期徒刑 4 年，许春生、万勇平有期徒刑 3 年，王忠寿有期徒刑 2 年。

■据江西省相关人士了解和综合信息，六四镇压后，江西省有些学生领袖和骨干被抓捕，遭受牢狱、判刑，开除学籍等处分迫害。还有其他一些社会各界人士被关押、判刑和遭受迫害。

22. 内蒙古族自治区

学运民运主要活动与组织概况

■5 月 11 日至 5 月 14 日，呼和浩特和包头的高校学生开始举行陆续游行示威，反对腐败，要求当局控制通货膨胀，增加教育经费。14 日，内蒙古大学 1000 多名学生举行游行示威，声援北京学生的绝食请愿。

■5 月 16 日，呼和浩特，内蒙古大学"爱国运动学生组委会"在校内公布其纲领，声援北京学生的绝食抗争，声明与北京学生运动保持步调一致，呼市各大、中专院校将保持一致。并前往自治区政府递交《请愿书》，宣布罢课。

■5 月 18 日，呼和浩特市，各大中专院校 15000 多名学生上街游行；包头市，包头钢铁学院等三所院校数百名学生进行游行、罢课，并组织学生赴京声援。

■5 月 19 日，内蒙古大学、内蒙古师范大学等 7 所大中专院校上万名学生、教师上街游行，声援北京学生绝食请愿，新闻界、科研人员等加入游行行列，并向自治区政府提出五项要求。

■5 月 22 日，呼和浩特各大中专院校 1 万多名学生继续上街游行，抗议北京戒严，呼喊"李鹏下台""拥护紫阳"等口号。有 1000 多名学生乘车去北京声援，之后的几天持续进行了游行示威。

■5 月 29 日，呼和浩特市，部分院校 4000 名学生游行示威，要求李鹏辞职，取消北京戒严。

"六四"北京开枪镇压后，呼和浩特市 4000 多名学生、教师上街游行示威，抗议镇压学生运动。沿途有数万名市民支持、同情学生。6 月 5 日，包头市，一些工人和个体户组成"工人联合自治临时委员会"，与学生一起进行游行示威。6 月 6 日，呼和浩特市 3000 多名学生上街游行，400 多名工人举着"工人自治会"大旗参加游行。

内蒙古八九民运的组织主要是各大中专院校组建的学生自治会和"内蒙古高校学生自治联合会"，以及"呼和浩特工人联合自治临时委员会"与"工人自治联合会""敢死队"。

内蒙古自治区中共镇压与迫害概况

■6 月 13 日，内蒙古公安厅发出《关于坚决镇压反革命暴乱、制止社会动乱的通告》，取缔一切民运组织。

■6 月 14 日，中共通缉的北高联二十一名学生领袖之一熊焱在内蒙古丰镇县车站被捕。

■6 月 14 日，呼和浩特市公安局近日取缔"工人联合自治临时委员会"，逮捕 14 名骨干成员。

■6 月 15 日，丰镇县公安局抓捕了"北京工自联"负责人之一的刘强。

23. 宁夏回族自治区

学运民运主要活动与组织概况

《人民日报》"四·二六"社论发表后，宁夏银川市部分高校大学生在校园开始举行抗议活动。

■5 月 18 日，宁夏自治区首府银川市，银川各大中专院校上万名学生、教师和新闻界人士举行大规模游行示威，声援北京学生绝食请愿，并发布《告市民书》。

■5月28日，银川市，高校学生自治组织发动部分院校3000多名学生举行游行示威，抗议北京戒严。

■6月4日，北京开枪镇压消息传到宁夏后，各大院校学生带着花圈和横幅举行了大规模游行、抗议。

■6月6日，银川市5000多名学生、教师上街游行抗议，在市中心南门广场悼念北京死难学生和市民，并宣布实行"空校行动"，无限期罢课。沿途围观的民众有十几万人。

■6月9日，宁夏自治区银川市。5百多名学生在南门广场举行追悼活动。在高自联的组织下，市区各主要街道到处可见演讲的学生，他们散发传单，张贴标语，已有1千多名大中专学生分赴全自治区20个县市，他们还组建了宣传队，准备向各县学生和群众介绍北京惨案真相。

宁夏回族自治区在八九民运期间的组织主要是："宁夏大学学生自治会"（主要负责人：杨进朝）、"宁夏农学院学生自治会"（负责人：侯洪玉）、"宁夏工学院学生自治会"（负责人：任同柱）、"宁夏高联教育学院分会"，以及"银川市民工人联合会"等。

宁夏回族自治区中共镇压与迫害概况

■6月9日，银川市公安局抓捕了从北京串联到银川的天津市"中华各界爱国民主联合会"主要负责人是周恩东。

■6月13日，

■6月15日，银川市政府发出第一号通告，取缔"宁夏大学学生自治会""宁夏工学院学生自治会""宁夏农学院学生自治会"等民运组织。

■6月16日，银川市公安局收容审查了"宁夏大学学生自治会"负责人杨进朝。

■6月17日，银川市公安局抓捕了武汉市公安局通缉的武汉市高自联负责人何立峰。

■截止6月18日，被迫到公安机关登记的学生自治组织的主要成员的有 35 名。

■6 月 19 日，银川市政府第二、三号通告，取缔"银川市民工人联合会"等民运组织。

■7 月 21 日，银川市检察院批准逮捕了宁夏大学、宁夏教育学院学生杨进朝、杨鸿哲、陈梦晖。

■8 月 23 日，银川市公安局抓捕了 6 月 6 日在银川市南门广场制造"降半旗"向北京死难学生致哀事件的张智勇。

24．福建省

学运民运主要活动与组织概况

■5 月 4 日，福建省的省会福州市，福州大学等高校近千名学生上街游行，声援北京学生运动。

■自 5 月 15 日起，福州已连日发生部分学生上街游行。17 日，学生上街游行的规模由原来的四五千人扩大到一万人以上，游行的组织也变得更加严密了。福州大学、福州师范大学、福建医学院、福建农学院等高校学生 10000 多名学生上街游行，并到达省政府示威抗议。上万多名民众在省政府门口围观并支持声援学生。在省政府门前静坐的学生提出四点要求：1，要求省电台、电视台如实报导今天学生的游行情况，并正确评价这次活动；2，要求省政府代表福州地区的大学生向国务院发电报，声援北京学生的绝食行动。3，要求省委书记、省长出面直接和学生对话；4，要求正确评价本次学潮。

■18 日上午，福建省主要城市发生大规模学生游行示威，声援北京学生绝食请愿。福州市，高校学生游行的规模进一步扩大，福州大学、福建师范大学、福州师专、福建中医学院、福建教育学院、福建农学院、福建医学院、福建建筑专科学校、中华职业大学等十几所院校二万多名学生上街游行示威。福建日报、福建电视台、中新社分社等十五家新闻单位的二百多名新闻工作者，福建省文联、社会科学院、计算机公司、以及高举"人大代表"、"农民代表"、"中学教师"旗帜的队伍共计三百多人与学生一道来到省政府门口请愿。迫使和省委副书记贾庆林、常委张克辉、何少川和副省长陈明义在省政府门口与学生见面对话。学生们不满意对话，呼喊反对欺骗！因提出的要求未得到省委、省政府的答覆，开始上街继续游行、请愿；厦门市，厦门大学的学生、教师和新闻界举行了七千人游行示威；南平市，福建林学院上千名学生冒雨举行了游行示威；宁德市，宁德师专、财务专科学校 500 多名学生举行游行；泉州市，华侨大学等大中专院校 2000 多名学生上街游行；龙岩市，龙岩师专、福建中医学院举行示威游行。

■5 月 19 日，福州市，部分院校学生在福州车站静坐铁轨进行抗议；厦门市，厦门大学的 5000 多名学生举行示威游行；

■6 月 6 日，福建省福州市几千名学生上街游行，抗议北京开枪镇压学生和民众。福建省很多院校响应北京学生们提出的"空校行动"，大部分高校学生离校返乡。

福建省的八九学运民运组织主要是"福州高校学生自治联合会"、福建师大学生自治会』、『全国高校学生自治联合会厦门大学分会』、『厦门大学声援团』、『闽江沙龙』等。

福建省中共镇压与迫害概况

■6 月 16 日，福建省南安县石井乡边防派出所抓捕了北京"工自联"主要负责人之一的沈银汉。

■7 月 4 日，福州市政府发出第一、二号通告，取缔民运组织"福建师范大学学生自治会""闽江沙龙"。

■7 月 4 日，厦门市政府发出《关于解散"全国高校学生自治联合会厦门大学分会""厦门大学声援团"的通告》。

■7 月 14 日，截止今日，厦门市已经有 7 名厦门大学的学生自治组织的负责人被迫到公安局进行登记。

25.　新疆维吾尔族自治区

学运民运主要活动与组织概况

自 4 月中旬北京发生学生运动以后，新疆高校学生逐渐关注和支持。

■5 月 11 日至 5 月 15 日，乌鲁木齐市发生了一次小规模的示威游行，当时有 100 多名铀矿开采者举行静坐，部分是为了支持北京的学生，但主要是因为人们担心急性辐射综合症以及政府的漠视。

■5 月 18 日，乌鲁木齐市二十几所大中专院校约 1 万名学生举行游行示威，声援北京学生绝食请愿，迫使中共新疆自治区委书记宋汉良与学生进行了对话。

■5 月 19 日，新疆发生抗议民族问题游行抗议，遭到政府镇压。5 月底，新疆石河子市出现支持北京学生运动的大学生游行示威。

■6 月 5 日，新疆维吾尔族自治区乌鲁木齐市，部分高校 100 多名学生在自治区政府大楼外静坐示威，抗议中共政府开枪镇压北京学生。在"六四"后的几天，新疆各大高校出现大批抗议镇压学生的大字报。

新疆维吾尔自治区在北京民运期间的组织主要是部分院校学生成立的学生自治会和"新疆大学抗暴罢课组织委员会"，以及"乌鲁木齐救国联社""红色旅"等。

新疆自治区中共镇压与迫害概况

■6 月 10 日，乌鲁木齐公安局抓捕了在该地区张贴、散发民运传单的顾向阳。

■6 月 13 日，新疆大学学生自治组织的骨干成员被迫向公安机关登记的有 48 人。

■6 月 14 日，新疆自治区公安厅通告，取缔一切非法组织，限各首要分子七日内自首。

■7 月 14 日，乌鲁木齐市中级人民法院对策划、参加"5.19"民运及抗暴活动的 19 名民运人士做出判决，判处马有福无期徒刑，阿巴斯·吐尔逊有期徒刑 15 年，其他 7 名为有期徒刑 1 至 8 年。

26. 青海省

主要活动与组织概况

- 5 月 3 日，青海西宁市部分高校学生在校园举行示威活动。

- 5 月 4 日，青海省会西宁市，青海民族学院 400 多名学生走上街头游行示威。

- 5 月 5 日，西宁市部分高校 700 多名学生上街游行，并开展罢课行动。

- 5 月 10 日，青海民族学院等 7 所院校的 30 多名学生代表与省政府负责人进行对话。

- 5 月 17 日，青海教育学院的 700 多名学生和青海医学院数百名学生游行到省政府，声援北京学生绝食请愿，宣读发布《请愿书》。

- 5 月 18 日，青海师范大学等院校上千名学生、教师和九所中学数千名师生举行游行示威，支持声援北京学生绝食请愿，在省委省政府前静坐抗议。青海新闻界大批人员，"文联""作协"、民主党派和工人参加声援学生运动的行列，总人数达十万以上。

- 5 月 19 日，青海师范大学等院校数千名学生、教师和社会各界人士继续举行游行示威，声援北京学生绝食请愿，学生代表在省政府前宣读《联合公告》。

- 5 月 26 日，青海高校从北京返回的青海省西宁市的 15 名学生在青海省政府广场进行绝食抗议。

青海省八九民运期间的组织主要是部分院校学生组建的学生自治会和"青海大中专院校学生运动临时联络组""青海民族学院赴京声援团""中国人民民主反对党同盟"（负责人：余振斌）。

中共镇压与迫害概况

- 6 月 13 日，西宁市公安局抓捕了在该地区进行民运及抗暴宣传的兰州大学学生韦成贵。

■6 月 15 日，西宁市公安局通告，取缔"青海大中专院校学生运动临时联络组""青海民族学院赴京声援团"等民运组织，首要分子限期自首，要求群众检举。

■6 月 16 日、17 日，西宁市部分高校学生自治组织十几名主要成员被迫到公安机关登记，其他各方面民运人士到公安机关登记的总计有 42 人。

■6 月 21 日，西宁市公安局破获"中国人民民主反对党同盟"组织，以反革命煽动罪逮捕余振斌。

27. 广西壮族自治区

学运民运主要活动与组织概况

■5 月 17 日，桂林市，广西师范大学、桂林电子工业学院等高校 3000 多名学生上街游行，声援北京学生绝食请愿，并在省政府示威，与市政府领导进行了对话。

■5 月 18 日，广西壮族自治区首府南宁市，广西大学等八所高校和中专院校二万多名学生、教师和新闻界、一些工人举行游行示威，声援北京学生绝食请愿。沿途民族夹道欢迎，燃放鞭炮；桂林市，各大中专院校上万名学生和新闻界、科研人员和企业界、部分机关干部继续上街游行示威；百色市，右江民族医学院、右江民族师范专科学院等院校 2000 多名学生举行游行示威。

■5 月 19 日，南宁市各大中专院校 1 万多名学生继续游行示威；百色市，当天又有一些院校学生上街游行；钦州市，有数百名学生上街游行；玉林市，数百名学生绝食游行。

■5 月 21 日，桂林市，数千名学生举行游行示威。

■6 月 4 日北京发生开枪镇压后，广西部分高校发生一些学生示威、抗议活动。

广西在八九民运期间的组织主要有"广西大学学运筹委会"，以及部分院校各自组建的学生自治组织。

广西自治区中共镇压与迫害概况

■6月14日，南宁市公安局在靖西县抓捕了被北京市公安局通缉的抗暴民运人士余春霆。

■6月16日，南宁市公安机关收容审查了"广西大学学运筹委会"主要负责人赖唯标、林德斌。

28. 海南省

学运民运主要活动与组织概况

■5月10，海南大学100多名学生在省委前静坐示威，多次试图进入省委、省政府，省委秘书长刘须钦会见学生代表，并达成14日进行正式对话。

■5月16日晚上，海南师范学院、海南教育学院、海南医学院1200多名学生再次上街游行示威，声援北京绝食学生。之后，海南医学院、教育学院、电视大学等校学生也陆续集合到省政府前，要求与主要领导对话。

■5月17日，海南大学等院校2000多名学生再次组织游行示威，在省政府前示威，要求与省领导对话。

在5月20日北京戒严以后，至"六四"镇压发生后，海南部分高校学生组织了局部抗议活动。6月6日，海南省海口市1500多名学生和青年教师上街游行抗议，凌晨在海口公园举行追悼会，追悼北京死难学生和市民。

海南省八九民运期间的组织主要是：一些院校学生成立的校学生自治组织。

中共镇压与迫害概况

■海南省公安部门抓捕了一些在该地区进行民运及抗暴宣传的民运人士。

■尹　进：海南日报记者，被判刑 3 年。

29．西藏自治区

主要活动与组织概况

■5 月 17 日，西藏自治区首府拉萨市，西藏大学学生、教师上街游行，声援北京学生绝食请愿，与区委领导进行了对话。

在八九年的学生运动和民主运动期间，有很多西藏的学生以各种方式，不同程度的参与了在北京、天津、成都等地活动。

西藏——六四学生的避难所。中共当局血腥镇压民主运动后，有些学生和抗议者为躲避中共抓捕开始逃亡，其中有些人逃到西藏长期隐藏、生活、受到藏族同胞的保护。

西藏流亡政府高度关注八九学运，达赖喇嘛更是关注学生的争取民主、自由而进行的非暴力方式。六四大屠杀之后，6 月 5 日达赖喇嘛指出："中国当局发动军事行动，导致生命的损失，我跟死者家属同悲。"。达赖喇嘛对中共血腥镇压学生运动发表声明，强烈谴责中国政府镇压学生的残暴行径。由于尊者（达赖喇嘛）对运动的同情，导致北京和达兰萨拉的通话中断。

第五章　"北高联"体系
及天安门广场指挥部等机构历史沿革

第一节　北京高校学生自治联合会（北高联）

（一）"北高联"介绍

北京高校学生自治联合会，简称"北高联"（北京 62 所院校）：

1. 北京高校学生自治临时联合会

1989 年 4 月 23 日成立，召集人是前北京大学物理系研究生刘刚，发起人是刘刚、北京师范大学吾尔开希、中国政法大学周勇军、北京电影学院马少方等部分北京高校代表，发起组成高校为北京市 29 所高校。组织结构为选出北大（未有出席，但是之后王丹作为常委代表）、清华、北京师范大学、中国政法大学、北京航空航天大学五常委院校，之后增加中国人民大学、八大艺术院校和少数民族类院校作为常委学校，常委院校委派代表到北高联行使职责，共七大常委院校，首任主席为中国政法大学周勇军，副主席吾尔开希，秘书长王志新。

2. 北京高校学生自治联合会

1989 年 4 月 26日成立，组成和代表高校为北京 62 所院校，接续了此前成立的北京高校学生自治临时联合会。这个算"北高联"第二届，主席为吾尔开希，确定九常委院校，常委高校派出代表（本书简称为"北高联常委"）为：中国政法大学周勇军、王志新、张志清，北京大学王丹、封从德、邵江、安宁、常劲、杨涛，清华大学张铭、周锋锁，北京师范大学吾尔开希、梁二，中国人民大学胡春林、马少华、王晨阳，北京航空大学郑旭光、崔春杰，北京民族学院石翁、王正云，中国社科院王超华，北京经济学院翟伟民，以及后续部分高校派出人选轮换的同学。第三届主席是封从德（4.30—5.6），副主席是王超华。前期采用常委会主席固定制，后期为常委轮值主席制。秘书长，前期是王志新，后期为王有才，副秘书长王志新。

3．北高联成立背景

1989 年 4 月 15 日，胡耀邦逝世引发了北京高校和各界的悼念、抗议活动。一些过往参与过学运、民运的人士从历次学运的教训考虑，呼吁和策划建立学生运动的组织。自 4 月 19 日到 23 日，北京市的高校学生陆续发起成立了一些自治、自发组织，"北大团结学生会筹委会"、清华"社会主义民主进步领导小组"和"清华大学学生和平请愿委员会""北京师范大学学生自治会""北京航空航天大学学生自治联合会""北京外语学院声援委员会""中华知识分子联合会""中国人民大学学生自治会"等。还有在此之前有些高校的社团也发挥了作用，比如王丹主持的民主沙龙。在此基础上，为北高联的筹备、发起成立奠定了基础。

4．北京高校学生提请对话代表团

主要由"北高联"全委会代表同学组成，主要目的是通过与中共中央和国务院信访局、人大常委会信访局接洽，提请中共中央、国务院、全国人大常委会与学生进行对话。5 月 2 日，北京高校提请对话代表团推选王超华为领队，副领队为王丹、郑旭光，向中共中央和国务院信访局、人大常委会信访局提交一次书面提请对话材料。之后与中办国办进行过一次当面会谈听取答复，主要进行了这两次重要活动。

5．北京高校对话代表团

在"北高联"成立后，一直在策划、组织和推动与中央官方进行对话，但是，在未取得"北高联"认可的前提下，4月29日，中共委派国务院发言人袁木、国家教委副主任何昌东、以及北京市委秘书长袁立本、副市长陆宇澄与北京市16所高校的45名代表进行了所谓第一次对话。这些高校的代表绝大多数主要是官方的全国学联、北京市学联组织的亲政府的原学生会组织的学生代表，学生运动的代表人物有北大郭海峰、北师大吾尔开希、政法大学周勇军、郭恒忠、项小吉和北航邓良平参加了对话。政府方面没有响应学运组织代表提出的承认"北高联"这个学生组织。此时，参与运动的广大同学普遍认为：政府本应该与"北高联"或者专门的学生运动代表对话团进行对话解决问题，以及有学生代表提出的"打倒腐败""言论自由"和"新华门事件"等问题没有被政府对话成员进行积极响应，这些引发了广大学生的强烈不满。在此背景下，4月30日，"北高联"召开会议，考虑到中共政府不太可能愿意与学运的学生自治组织进行对话，会议通过了"北高联"常委会主席封从德、副主席王超华的提议，组织成立一个形式上独立的对话团，这是出于策略考虑，单独成立北京高校学生对话代表团。但是，形式上独立，实质上是北高联体系的。在"北高联"筹划组织下，5月3日对话团成立，对话团召集人是政法大学项小吉，北京大学沈彤是副召集人，"北高联"一些成员出于策略考虑是以个人身份参加。5月17日对话代表团选举出了五常委，项小吉、沈彤、何光沪、郑成武、江棋生。

5月14日的第二次对话，也是学运承认的唯一的一次正式对话。官方成员是统战部部长阎明复，国家教委主任李铁映，以及其他一些官员出席了对话。北京高校学生对话代表团的项小吉、熊焱等，"北高联"的王超华、郑旭光等，绝食团代表是王丹、吾尔开希、马少方、柴玲等十三名学生代表，还有北京社会经济科学研究所的王军涛，北师大的青年教师刘晓波，政法大学青年教师陈小平，四通公司的周舵等知识分子、青年教师作为观察员出席。参会学生代表提出要求政府平等对话，承认学生运动是爱国的，不是动乱，以及保障言论和集会自由三项对话讨论议题，并要求对话进行现场直播。因政府方面对话没有实质讨论代表团提出的议题和安排进行现场直播，天安门广场学生们对政府欺骗行为极为愤慨，对话中断。

5月18日"第三次对话"，政府方面是国务院总理李鹏，统战部部长阎明复、国家教育委员会主任李铁映、北京市委书记李锡铭和市长陈希同等人。出席对话会议的学生代表是王丹、吾尔开希、王超华、郑旭光、熊焱、马少方、程真、王志新、甄颂玉等11位学生代表。李鹏提出学生应尽快终止绝食抗议，学生代表则要求中共政府当局承认学生运动是爱国和民主的，不是动乱，要求与政府进行实质性对话和现场直播。对话双方都没有达到目的，"对话"不久播出了对话实况，进一步激化全国的学生运动和广大民众的不满。本次所谓对话根本不是真正意义上的对话，实际上是学生代表与李鹏进行的相互喊话，是李鹏以领导姿态对学生代表们的领导训话，喊话学生们停止绝食并撤出天安门广场。

（二）"北高联"体系主要成员：

刘刚（初期发起主导人）、周勇军、吾尔开希、封从德、王超华、王丹、郑旭光、周锋锁、杨涛、熊焱、郭海峰、邵江、张铭、李玉奇、李恒青、马少华（致远）、梁二、王有才、张志清、翟伟民、王正云、马少方、熊炜、张志勇、常劲、安宁、王治新、郑介民、陈彤、张前进、李海、张志勇、张军、陈章宝、熊文革、赵刚、杨国忠、彭涛、杨朝辉、陆明霞等，以及高校学生对话代表团的项小吉、沈彤、何光沪、郑成武、江棋生。还有绝食团王文等成员，及其指挥部柴玲等成员。

第二节 天安门广场学生绝食团及其指挥部

1989年5月初，北京高校部分学生自治会开始筹划进行绝食抗争，根据"北高联"宣传部部长陈章宝及部分当事人对学生绝食团发起经过的讲述，当时是"北高联"部分负责人及"北高联"宣传部和外联部进行了筹划、同意和推进，并由"北高联"宣传部部长陈章宝主导了绝食签名和撰写了绝食宣言，也就是实质上是"北高联"的组织行为，形式上和策略上采用"北高联"成员以个人身份作为绝食发起人，王文、马少方、王丹、杨朝辉、吾尔开希、张军、熊文革、陈章宝（陈天石）、蒋业伟、程真等共十一位同学，绝食团团长为王文。该绝食宣言与绝食发起人签署名单一并由"北高联"宣传部安排调用"北高联"联络部（北师大熊文革是部长）系统向北京各高校进行串联发起推进绝食运动的。5 月 13 日下午，王丹带领由北京高校学生组成的"绝食团"成员，在天安门广场举行绝食宣誓。"北高联"发布通知，对同学们举行的天安门绝食表示理解和同情，并要求各院校自治会提供后援及保卫。并且安排"北高联"常委、清华大学的张铭带领几百人的学生纠察队进行现场保护。

据此，按照实质重于形式原则，绝食行动的发起和实施实质应该是利用和借助了"北高联"的组织行为吧？后来 5 月 15 日成立的绝食团指挥部在绝食活动中，形式上相对独立，但是仍然在学运全局范围内与"北高联"形成相互作用和影响，绝食团及其指挥部归类为北高联体系也看似有上述一些事实支撑的。

绝食宣言明确提出绝食主要目的和要求："为了抗议政府对北京学生罢课采取的盲目的态度，为了抗议政府拖延与北京高校对话团的对话，为了抗议政府一直对这次学生爱国运动冠以动乱的帽子，以及一系列歪曲报道，我们宣布绝食。我们的要求是，第一，要求政府迅速与北京高校对话代表团进行实质性的、具体的、平等的对话。第二，要求政府为这次学运正名并给予公正评价，肯定这是一场爱国的、民主的学生运动"。

5 月 13 日晚上 22 时，陆续参加绝食的学生已经达 2000 人左右，之后于 5 月 15 日上午成立了绝食团指挥部，柴玲担任总指挥，副总指挥李录，而参加这个绝食团指挥部的唯一条件是在遭到镇压时率先自焚。之后，当晚绝食团指挥部人事发生变动，增加副总指挥封从德、张伯笠、王文、李录，秘书长郭海峰，常委马少方、程真等同学。

参加绝食人数：参加绝食的学生总计 3000 人至 5000 人。

绝食期间：自 5 月 13 日开始，到 5 月 19 日（7 天）晚上由李鹏主持的北京党政军干部大会计划北京实施军队戒严前，绝食团和学生组织宣布绝食改为静坐抗议。之后的当晚，北京市政府宣布："从 1989 年 5 月 20 日 10 时起，在北京市部分地区实行戒严。"

19 日晚上，因为已经停止绝食，绝食同学陆续安排由同学们接应返回学校或者送往医院，绝食团指挥部不再运作，其主要负责人因身体健康状况和安全因素考虑等大多数撤离了天安门广场。

绝食请愿极大的激发起全国学生和全国各地民众的对学生爱国运动的支持、同情，对国家政治与腐败的不满，对中共宣布以军事戒严对付爱国运动，让全国人民进一步看清了中共政府的极权专政嘴脸，引发全国和世界关注。自此，学生运动转为全民爱国民主运动。

第三节　八九民运天安门广场指挥部

八九民运天安门广场指挥部机构历史沿革简介

1. 天安门广场临时指挥部

（第一个天安门广场指挥部，初期也曾称为天安门广场指挥中心，5 月 19 日—5 月 24 日上午）。"北高联"在天安门广场临时管理工作是 5 月 17 日前在绝食团指挥部附近现场办公，5 月 17 日之后到纪念碑学运之声广播站现场办公，"北高联"当时在广场的主要负责人王超华、郑旭光等人。5 月 19 日凌晨，"外高联"与"北高联"共同联合成立天安门广场临时指挥部（指挥中心），天安门广场临时指挥部作为"北高联"和"外高联"的联合派出机构（24 日成立的"保卫天安门广场指挥部"前身），是双方对学运进行联合指挥而设立的执行机构。"北高联"常委之一的郑旭光作为"北高联"代表担任总指挥，"外高联"总指挥连胜德作为"外高联"代表担任副总指挥，"外高联"秘书长王醒同时担任天安门广场临时指挥部秘书长。天安门广场临时指挥部设立了秘书处，共用"北高联"财务部、纠察队、学运之声广播站，以及"外高联"的卫生部、纠察总队、外联部等相关部门。王醒作为秘书长与总指挥郑旭光、副总指挥连胜德商议刻制了天安门广场临时指挥部的组织印鉴《祖国万岁》，就是天安门广场临时指挥部的公章。印鉴由王醒负责保管，印鉴使用采用联合签批人制度，应为郑旭光、连胜德、王醒三人中的两人签批方可使用印鉴。广场临时指挥部存续期间主要是协调"北高联"和"外高联"的统一行动，协调、整顿广场学生静坐与声援秩序等活动，维护保障绝食团学生，联系和协调北京、外地省份各界支持和声援组织，以及维护北京市秩序，堵截戒严部队进城军人和军车等工作。

原绝食团负责人接替北高联常委在天安门广场临时指挥部总指挥职责（5 月 23 凌晨—24 日上午），5 月 23 日凌晨，部分高校学生代表在纪念碑二层开会，这个会议上，"北高联"在天安门广场的常委王超华和秘书长王志新同意"北高联"常委临时返回学校驻地休整和指挥全北京市范围学运，同意原绝食团负责人柴玲接替"北高联"在天安门广场临时指挥部总指挥职责，授权期限为 48 小时，48 小时后"北高联"收回相关授权。之后当天，天安门广场临时指挥部转变成"北高联"授权委派原绝食团负责人成员与"外高联"共同组成，柴玲是总指挥，副总指挥连胜德、张伯笠，常委是王丹、王超华、郭海峰，外联部部长李录。王超华对此安排有异议，随即退出了指挥部。23 日凌晨至白天，天安门广场临时指挥部之前的部门、人员都还在运作，直到 5 月 24 日上午保卫天安门广场指挥部成立后发生变更。

2. 保卫天安门广场指挥部

（5 月 24 日上午—6 月 4 日），因在 5 月 23 日凌晨北高联决定将广场临时指挥部的"北高联"职责移交给绝食团负责人接替 48 小时，担任总指挥，"北高联"相关负责人暂时撤回学校整理。在此基础上，23 日晚上，根据首都各界爱国维宪联席会议提议，5 月 24 日上午新组建的保卫天安门广场指挥部成立。柴玲担任总指挥，副总指挥连胜德、张伯笠、王丹，常委王超华、封从德、郭海峰、王文、李录，秘书长由原来绝食团的郭海峰担任。其他主要成员有白梦、王童、陆明霞、金晓红、姚晓艳、张巍、陈徕、温杰、项俊（丁树生？）、迟东阁、张健等。

因柴玲等人不承认这个保卫天安门广场指挥部是"北高联"与"外高联"的派出机构，又不同意在"48 小时"之后交回广场临时指挥权。"外高联"认为这与"外高联"和"北高联"联合组成全国学运统一组织，统一规划与行动的宗旨相违背，这也与"外高联"坚持的组织和民主原则是不协调的，所以，"外高联"及总指挥连胜德26 日宣布退出保卫天安门广场指挥部。

第四节 "北高联"、天安门广场指挥部及北京市高等院校和中等学校的学生自治会负责人、主要骨干成员，学生领袖估算共计 10000 人左右

以下是记忆、印象、初步调查和根据当时状况的合理推理：

"北高联"及天安门广场指挥部主要核心成员估算 150 人左右，其他重要活跃人物 150 人左右，估算合计 300 人左右。

"北高联"直接下设各部门主要成员和骨干：大约 1000 人；

天安门广场指挥部下设各部门主要成员和骨干：大约 200 人左右；

北京各高校学生自治会校级其他重要成员：1989 年的北京市是67 所高等学校（大学），在校大学生 14.4 万人（根据《中国统计年鉴 1988 年和 1989 年数据》，本书皆同），几乎全部参加学运民运（不同程度）。按照每个高校 20—30 人计算，约 1400 人—2000 人；

　　北京市各高校的每个大学的各院系学生自治会负责人和骨干成员：按照每个大学平均有 10 个院系，每个院系 10—20 人估算，6700 人—13400 人。

　　上述合计 9600 人—17000 人。

　　北京市大多数成人大学的学生参加、支持学运民运，其中也有一定数量学生组织主要成员及骨干，估算人数 1000 人。

　　北京市各中等学校（中等技术学校和中等师范学校）学生自治组织校级重要成员或积极骨干成员：1989 年的北京市各中等学校是 123 所，在校学生数 5.84 万人。其中 80% 以上不同程度的参加了学运民运，按照每个高校 10—15 人计算，约 1000 人—1500 人；

　　总计：10000—20000 人

第六章

首都各界爱国维宪联席会议、工自联、

北京知识界联合会，香港市民支援爱国

民主运动联合会及其他海外民运组织简要介绍

第一节　"首联"、工自联、北京知识界联合会

1. 首都各界爱国维宪联席会议

联席会议的设立定位是希望作为八九民运最高协调机构，但实际上起到了咨询机构的作用。是为了支持学生运动、与学生们站在一起维宪反对戒严，使"这场运动更能持久地坚持下去"。由民办北京社会经济科学研究所的负责人陈子明、王军涛提议和推动筹备和成立的，成立日期是 1989 年 5 月 23 日，筹备时间在 5 月 18 日开始，地点是中国社会科学院马克思列宁研究所会议室，参加创立会议的有陈子明、王军涛、包遵信、郑义、刘晓波、吕嘉民、刘苏里、陈小平等知识界社会知名人士，学生代表有王丹、吾尔开希、柴玲、邵江等，外高联作为"友军"，委派副总指挥葛刚列席了"首都各界爱国维宪联席会议"，总计 60 多人。召集人为包遵信、王丹，刘苏里担任联络部部长，参谋部部长刘刚，宣传部部长是老木，纠察总队长张伦。北高联、工自联、北京知识界联合会等组织派出代表，计划每天开会进行民运形势分析、战略与策略研究、为学生和民主运动提出建议等。24 日，王丹、刘苏里、老木在天安门广场纪念碑召开记者会，王丹宣读《光明与黑暗的最后决战》声明，宣布首都各界爱国维宪联

席会议正式成立。

六四镇压后，陈子明、王军涛被捕关押在秦城，被判刑 13 年。其他负责人或者被捕判刑，或者逃亡海外。

2. 北京市工人自治联合会

5 月 18 日，为支持学生抗议活动，为了挽救数千绝食学生的生命，为了工人阶级利益，为了中华民族的振兴，北京部分工人在天安门广场正式成立了北京工人自治联合会。主要发起人和负责人为：岳武、白东平、钱玉民、齐怀宇、刘强、韩东方、沈银汉等人，还有主要的法律顾问李进进，负责宣传部门的周勇军。工自联总部设立在天安门西观礼台，还架设了广播站。

北京工自联的第一个宣言：我们认识到：四月以来的学生民主爱国运动已经发展成为与我们工人阶级利益休戚相关的全民性的爱国运动。我们认识到：学生为整个民族的利益已经竭尽全力，参加绝食学生正面临着危险；为了挽救数千学生的生命，为了我们工人阶级利益，为了中华民族的振兴，为此我们正式宣告：中共中央国务院必须在廿四小时之内无条件接受绝食同学的两点要求。否则，我们将从 5 月 20 日上午 12 时开始，全市工人总罢工 24 小时，并根据事态的发展决定下一步的行动。同时，我们向全国工人宣告：北京工人已经组织起来了。

5 月 20 日戒严后，工自联与学生绝食团共同发表联合声明，声明宣布工人自治组织反对戒严，支持学生运动。

六四开枪镇压后，工自联大多数领导人被捕和判刑入狱。

3. 北京知识界联合会

5 月 23 日（确定成立日期？），在社会科学院政治学研究所会议室，包遵信、李洪林、于浩成、王润生、远志明、荣剑等三十多人开会，商讨发起成立知识分子自己的组织，"与天安门广场的学生真正站在一起，与邓小平、李鹏等进行殊死的斗争"，决定发起成立"北京（或者首都）知识界联合会"，具体由包遵信负责，许良英、严家其等也作为该会发起人；决定由该会创刊发行"新闻快讯"；并发表了"北京知识界联合会成立宣言"。"宣言"的主要内容是："李鹏等"小撮人倒行逆施，企图用武装力量压制党内、政府内的不同意见，镇压人民对他们的建设性批评，已经把这场运动逼到决定中华民族命运的生死攸关的时刻。""良知呼唤我们，习惯于温良恭俭让的知识分子再也不能沉默；惨痛的历史教训警告我们，现在已经没有退路。知识分子没有退路，中国人民没有退路，后退一步，就是流血，就是中国民主进程的夭折，就是中国改革开放事业的前功尽弃。理智告诉我们，再也不能一盘散沙了。知识分子应当组织起来，投入这场伟大的爱国民主运动。""我们的要求是：1，取消戒严令，军队撤曰原驻地；2，立即召开全国人大常委会，审议罢免李鹏案；3，在解决上述两个问题基础上，切实推进中国的民主化进程，保障中国公民能够享受宪法赋予的各项权利和自由。"该会号召本会的知识分子于当晚到天安门广场参加静坐示威（摘录中国安全部报告）。

六四血腥镇压后，首都知识界联合会主要负责人包遵信等被捕、判刑，严家其等人流亡海外。

第二节　香港市民支援爱国民主运动联合会、香港学联（香港专上学生联会）及其他海外民运组织、全球华人和一些国家、地区和组织支持概要

1. 香港市民支援爱国民主运动联合会

香港市民支援爱国民主运动联合会（简称支联会或港支联）成立于 1989 年 5 月 21 日，旨在支援中国民主运动。支联会的创会主席是司徒华、副主席李卓人。

1989 年 5 月 21 日，近百万名香港市民在香港岛环市的全球大游

行期间，为支持北京学生的民主运动，当天晚上8时，大会宣布成立"全港市民支援爱国民主运动联合会"并通过大会宣言。支联会声称坚持支援中国大陆民运，争取民主、自由、人权和法治在中国大陆早日实现。赴北京送捐款资金支援的负责人有李卓人、岑建勋等人。

六四镇压后，通过组织"黄雀营救行动"救援出了很多民运人士，这真是一场世所罕见的伟大救援。参与营救行动的主要有：司徒华、陈达钲（六哥）、岑建勳、梅艳芳等英雄人物，让我们记住这些伟大的香港同胞的名字，他们用行动和生命书写了香港与大陆民运人士共同爱国、共同推进民主自由事业的历史，在八九民运中香港民运人士和学生的支持与作用是积极的和宝贵的。在中华民族历史和世界上为民主自由抗争史上，他们的作为、影响是深远的深刻的！

这之后，支联会五大工作纲领是"释放民运人士、平反八九民运、追究屠城责任、结束一党专政、建设民主中国"。

2. 香港学联（香港专上学生联会）

香港专上学生联会成立于1958年5月，是代表香港学生推动全港性的学生活动及增加同学对社会的参与，成为香港对外最具代表性之学生团体，会员以专上学生会为单位。学联设立常设机关常务委员会，并设立秘书处为最高行政机关，向周年大会、代表会及常务委员会负责，以维护联会制度并向学生会负责。

香港学联是香港市民支援爱国民主运动联合会创会会员，1989年中国学运民运中，香港学联委派中文大学学生林耀强等人于5月14日、15日到达北京声援学运，来到天安门广场与同学们一起绝食，并参加组织了香港支持声援北京爱国民主运动的活动。5月20日，香港学联负责人林耀强等人再次来到北京声援学运，并携带在香港募集和捐款的资金、物资，陆续运抵北京天安门广场，极大的支持了八九民主运动，这些香港学生代表一直在北京，在天安门广场坚持到中共六四开枪镇压。在此期间，外高联与香港学联和港支联都有很好的交流与合作，广大外地在京抗议的学生得到了香港学联和港支联的很多和宝贵的物质和精神支持。六四血腥镇压导致在天安门的学生和市民大量伤亡后，全香港各大学生罢课、抗议，参与救援逃亡的民运人士。自此学联每年都会举办纪念活动，并且拒绝再与中共政权作任何来往。

八九当年赴北京参加和支持民主运动有：香港学联主席林耀强（香港中文大学学生）、香港浸会学院学生李兰菊、陈清华，香港中文大学学生黎洪，以及陶君行、潘毅等同学。让我们记住上面这些同学的名字，以及他们代表的广大香港同学，他们用行动和生命书写了香港学生与大陆学生共同爱国、共同推进民主自由事业的历史，在八九民运中我们香港学联和学生的支持与作用是积极的和宝贵的。在中华民族历史和世界上为民主自由抗争史上，他们的作为、影响是深远的，意义是非凡的！

3. 海外民运组织及华人华侨等组织支持行动

在中国大陆轰轰烈烈的八九民运，已然同时在欧美等海外获得广泛支持、同情和积极响应。美国、英国、法国、德国、意大利、加拿大、荷兰、日本等国家及国际组织纷纷发表声明和谈话，支持同情中国大学生和民众追求自由民主运动。国际媒体持续广泛和深入进行了报道，引起国际社会和民众热切关注和同情。特别是海外华人华侨及中国民联、《北京之春》，海外高校华人学生学者组织等社团发起和开展了大量支持中国大陆的学运动和民运，无论是在八九六四被中共武力镇压之前，还是之后，都起到了极大的呼应和推动作用，并且其影响持续很多年。

第七章

1989 年参加和支持民主运动人员的相关估算统计

以下是记忆、印象、初步调查和根据当时状况的合理推理的估算统计，有人会质疑说，你王醒估算的这些参与八九学运民运各类人数不严谨啊，不学术不专业啊！是的，八九六四之后的中国没有客观环境与条件开展这些方面的调查统计，的确无法专业，无法使用传统的统计学方法得出确切的结果！但是，我作为八九民运深度参与者各方汇聚来的信息是真切的，通过对八九民运历史各方面的研究，对 1988 年、1989 年和 1990 年的《中国统计年鉴》《中国教育统计年鉴》等资料的查证，我希望尽力还原当年真实社会和民主运动状况，为八九六四历史和研究者、关注者提供一种新的探究、思路、方法和视角，为中国人民和国际社会更清晰、更客观的回顾和总结彼时中国的民心向背，那个真实的八九学运、民运。

第一节　参加支持八九学运民运的 20 万学生领袖，1200 万大中专学生先锋队与总计 1.2 亿学生主体

1. 八九民运学生领袖共计约 20 万人【互见第二章十六节】

初步估算：1989 年，"北高联""外高联"和天安门广场指挥部，以及全国高等各大专院校的学生自治会和各省区直辖市和主要城市学生自治组织主要负责人及主要骨干成员，以及部分中等院校学生组织负责人及主要骨干成员，还有部分成人大学学运民运主要负责人及主要骨干成员，合计：14.5 万人—20 万人，这 20 万学生都是

这场爱国民主运动的学生领袖。

2. 不同程度参加和支持八九学运民运的高等大学、中等专业院校的学生先锋队 1200 万人，相关各类学生主体总计达 1.2 亿人以上。

根据《中国统计年鉴 1989》资料，以及调查研究估算：

《中国统计年鉴（1989）》，中国高等各类大专院校总计 1075 所（截止 1988 年）。1989 年在校高等各类大专院校 206 万人，在校研究生 10 万人，高等成人大学学生近 174 万人（包括教育学院、管理干部学院、职工大学、广播电视大学、函授大学、夜大学、农民大学），加上成人中等专业学校在校生 170 万人，以及各类中等职业技术学校 454 万学生和技工学校学生 126.7 万人，总数约 1300 万学生。其中，超过 90%以上，1200 万大中专学生参加和支持八九学运民运，这是八九学运民运学生主体中的先锋队。

除此之外，高中在校学生 1297 万人，减去中等专业学校学生，还有 746 万高中学生和 279 万农业中学、职业中学的学生，其中 80%以上，800 多万的普通高中学生不同程度参与、支持和同情学生运动。还有初中在校学生 4015 万人，估算其中 60%以上的 2500 万以各种方式支持、同情、见证经历了学生运动、民主运动的。这 3300 万中学学生是八九学运民运学生主体的预备队、后备队。

根据我查证《中国统计年鉴 1988、1989》资料获取，1989 年，中国全国普通中学学校数 91492 所，在校人数 4762 万人。其中，高中学校 16524 所在校人数 746 万人。初中学校 74968 所，在校人数 4015.5 万人。农业中学和职业中学 8954 所，在校人数 279.4 万人。八九学运民运期间，有大批的中学及其学生组织和支持参加了学运民运活动，当年的中学生公开向世界宣示喊出了："大学生倒下了，我们中学生上"！在当时我们身边和所见所闻，以及八九事件后各界披露的材料，都反映出中学学生一定程度参与了运动的事实，其中涌现出很多可歌可泣的英雄人物和学生领袖，还有很多中学生被军队和警察开枪打死和抓捕、关押、牢狱等。其中典型人物有被军队枪杀的 19 岁的北京市月坛中学高二学生王楠（男），17 岁的北京人大附中高二学生蒋捷连（男），还有因在北京参加学运民运而被抓捕关押进秦城监狱的哈尔滨二十四中学的陈伯龄（女），以及参加八九学运民运被开除学籍和多次拘捕的哈尔滨五常中学学生孙伟（男）等等。这些是广大中学生群体的典型代表，广大的中学生群体的参与都是必须应该被历史和人们铭记的，更是我们未来中国自由民主的传承者和希望，鉴于群体广大和信息有限，本书未做高中学生在学运民运期间组织情况及主要成员、骨干人物的调查和统计。

1989 年，全国小学学校数 793261 所，在校人数 12535.8 万人。幼儿园数 171845 所，在校人数 1854.5 万人。八九学运民运发生时，小学生和幼儿园孩子们都通过电视、广播、报纸等媒体，通过家庭成员及周围大学生、中学生参加了或者讲述，而感知八九学运民运。在当时我们看见、知道，以及很多后来披露的媒体报道、照片中，有些小学生和幼儿在父母家人的带领和怀抱中也在游行队伍里，也在围观声援人群中，也在看到电视机和报刊、民运传单里学生们游行、绝食抗议时有所启迪，在看见听见中共开枪镇压学生和民众的消息时流泪和困惑、愤怒。他们经历了和耳濡目染的见证了八九六四过程，当时她们他们还尚年幼未能上阵，但是在他们她们脑海里一定会有八九六四的历史印象和记忆，在幼小、童真的心灵里一定种下了未来人生中为生而为人的尊严和中国人民争取自由民主人权的种子！这些小学生和幼儿园学生人数合计 14389 万人，估算其中 50%以上是同情、见证经历了八九学运民运，这些约 8000 多万名小学和幼儿园学生是八九学运民运的希望种子队。

因此估算：1989 年，在中国全国各地参加、支持和同情学生运动和民主运动，和同情、见证经历了学运民运的学生构成的学生主体，总计到达 1.25 亿人以上，这些学生是中华民族的宝贵财富和民主基因精英。

注：中国官方媒体根据《中国统计年鉴》披露的相关信息和数据：

1989 年全国招收研究生 2.9 万人，比上年下降 19.4%；在学研究生 10.1 万人，下降 10.6%。普通高等学校招收本、专科学生 59.7 万人，比上年下降 10.8%；在校学生 208.2 万人，增长 0.8%。

成人高等学校招收本、专科学生 57.8 万人，在校学生 174.1 万人，比上年增长 0.8%。成人中等专业学校在校学生 170.5 万人，比上年减少 5.2%；成人技术培训学校在校学生 1269 万人，增长 36.1%；成人中、小学在校学生 2063 万人，增长 19.4%。

中等职业技术教育稳步发展。各类中等职业技术学校在校学生 580.7 万人（含技工学校学生 126.7 万人），占高中阶段在校学生总数 1297 万人的 44.8%。

全国初中在校学生 3838 万人，比上年减少 4.4%；小学在校学生 12373 万人，减少 1.3%。通过普及初等教育检查验收的县达到 1389 个，比上年新增 63 个。

第二节　社会各界参加、支持和同情学运民运人数估算

1. 知识文化界、市民、工人等各界组织的民运领袖及主要骨干

参加八九民主运动的社会上的知识文化界精英主要以北京为主，全国各地都有一些参加和支持的干将精英人士，人数应该有上万人；

全国教职工人数根据《中国统计年鉴 1989》，1988 年底数据，全国高等普通大学的教职工人数：99.4 万人；中等学校教职工人数：468 万人；普通中学教职工人数：390 万人；农业中学和职业中学教职工人数：30.8 万人；小学教职工人数：614 万人；幼儿园教职工人数：98 万人。

估算参加支持学运民运的教职工人数：高等大学教职工 80%支持

率，为 80 万人；中等学校教职工 70%支持率，为 330 万人；普通中学教职工 60%支持率，为 234 万人；农业中学和职业中学教职工 60%支持率，为 19 万人；小学教职工 50%以上支持率，为 307 万人；幼儿园教职工 50%支持率，为 50 万人。按照以上数据估算，全国教职工参加支持人数合计 1000 万人以上。

参加八九民主运动的工人阶层主要以北京为主，全国各地都有一些成立工人自治组织，参加游行和支持的，全国的工人领袖和骨干分子人数应该有上万人；

参加八九民主运动的市民阶层主要以北京为主，全国各地都有一些成立市民自治组织，参加游行和支持的，全国的市民领袖和骨干分子人数应该有上万人；

参加八九民主运动的农民和农村人士在北京和全国一些省份都有，其骨干、积极分子应该几千人。

2. 全国参加、支持和同情八九学运民运的中国各界人士和公众（不含学生）超过 4 亿人

中国国内支持和同情学运、民运的知识分子、市民、农民等各界，在当时是普遍的和广泛的，还有海外广大华人华侨绝大多数支持八九学运民运。学运民运提出的反腐败、反官倒、要求自由与民主是符合全社会和广大人民的期望和利益的，得到了绝大多数人民的广泛支持。虽然有些人没有站在游行队伍里和明确发声，有些只是围观助威或者是见证经历了运动。但是，这些广大群体是深受学生先锋队的影响和感召，有些投身到学运民运行动中，有些是声援、捐款捐物和声讨中共恶行。按照 4500 万大中专学生每个学生影响 10 个自己家庭成员、亲属及周围人来估算（不包括各类学生），那就是 4.5 亿民众。这个是按照影响力测算一般方法标准，同时依据全国参加、支持、同情学生运动、民主运动的人的表现形式：动嘴、动手、动腿、动情、动心。如果按照投票进行选举形式来划分为支持同情民运，和反对民运，那么在当时全国参加、支持和同情、见证经历了八九民主

运动的中国各界人士和公众（不含学生主体）应该是到达 4.5 亿人以上。

必须说明和强调的一个事实因素是，1989 年时，中国乡村农民人口总计 5.2 亿人，他们因地处广大农村地区，信息闭塞和延迟严重，与外界接触途径有限，那时拥有电视的家庭非常少，电视还是新鲜事物。学运民运在 50 多天的时间内没能过广泛、有效影响覆盖到，我们当时在这方面的工作做的还非常不够，他们对当时的学运民运的情况了解的是有限的。否则，如果再给我们学运民运几个月的时间，促进广大农村农民像城镇民众一样了解八九学运民运，那么参加和支持、同情学运民运的人将会再增加 2-3 亿人。

第三节　全中国及海内外的国人参加、
支持和同情八九学运民运的人数达 6 亿人以上

按照以上对参加、支持和同情、见证经历了八九学运民运的广义标准，全中国及海内外国人参加、支持和同情八九学运民运的人数达 6 亿人以上。超过当时中国人口总数 10.96 亿人的一半以上。按照政治选举模式和标准：我们八九学运民运在中国已经赢得了事实上的"选举"。因此，"八九六四"不只是我们 1200 万大中专学生先锋队的"八九六四"，而是属于还有 3300 多万中学学生的预备队、后备队，8000 多万小学和幼儿园学生的希望种子队，以及学校 1000 万教职工和 4.5 亿人以上知识分子、工人、农民，海内外华人华侨各界的大多数和所有觉醒国人的"八九六四"！

以上是根据 1989 年八九学运民运期间，我们学生当时在黑龙江省、北京市等有些省市开展的社会访谈调查，以及媒体报道、资料进行整理，初步推算的参加、支持和同情、见证了经历了八九学运民运的人数，这是反映民心向背的，人民心中有数。

第八章

秦城监狱十二记

八九民运在 1989 年 6 月被中共在全国范围内残酷镇压，发生震惊世界的"六四"大屠杀和抗暴斗争。中共随后对学运、民运组织负责人和骨干成员进行了大规模通缉和抓捕。八九中国民主运动的主要学生领袖和介入、参与较深知识文化界人士大多数都关押在秦城监狱。

秦城监狱坐落在北京市昌平区，背靠一座山，四周是果园和农田。秦城监狱直接隶属于公安部十三局，全天候戒备森严，外部围墙高度五米，有三重大铁门。这座二十世纪 50 年代由苏联秘密援建的项目是中国最著名的政治监狱，50 年代关押了第一批的国民党"战犯"，之后是"文革"中被打倒的中共高官及他们的家属，还有这次 1989 年"八九六四"运动中的学生领袖、民运人士，以及与共产党分道扬镳的异见分子。正是关押了这些大量的学运民运人士，使秦城监狱成了一所名副其实的"政治犯监狱"。

第一节　秦城监狱关押的"外高联"指挥部成员及常委等主要成员

连胜德　主席（总指挥）/执委，牢房是 5 号+27 号+4 号+44 号+68 号（天津民航学院，成都人）

王　醒　副主席（副总指挥）/秘书长/执委，7 号牢房+36 号（哈尔滨工业大学，黑龙江人）

蒋宏雷　副主席（副总指挥，主要是外高联前期阶段，26 号牢房（镇

　　　　江船舶学院，云南人）

赵湖岗　副总指挥-外高联最初阶段（秦皇岛大学，上海人）

杨泽惠　常委/宣传部部长（河北大学，河北人）

李翠萍（女）常委/卫生部部长，6 号牢房（中国医科大学，辽宁人）

黄利峰　常委/组织部部长（皖南医学院）

赵　昕　常委/轮值执委/纠察总队总队长（长春师范学院，云南
　　　　人），2 楼/1 楼 12 号+17 号/3 楼 35

马福田　常委/部长（西北工业大学-陕西人）

柳永枝　常委、组织部副部长（吉林大学）

赵常青　外联部秘书长（陕西师范大学，陕西人），5 号牢房

刘传兵　秘书处主要成员（安徽师范学院，黑龙江人）

贾正宝　秘书处主要成员（江苏人）

华鸿宾　（化名：华夏）执委/常委（天津技术学院/轻工业学院）32
　　　　号牢房

许　全　常委（山东曲阜师范专科学院

陈培钧　常委（杭州大学，杭州人）

但　斌　外高联会议代表，河南大学学生自治会负责人之一

唐　恺　广东省高校学生/常委代表（深圳大学）

齐大峰　外高联会议代表，南开大学学生自治会副主席

戴青萍　外高联骨干成员，江西省高校学生

庞志红　外高联纠察总队骨干成员（长沙铁道学院学生）

王　啸（女）　外高联骨干成员，湖南常德教育学院学生

潘　强　山东大学学生自治会负责人之一，济南高校学生自治会赴
　　　　北京声援团负责人之一

注：以上只是记述了"外高联"被关押在秦城监狱的主要成员，约占
秦城监狱所关押学生的三分之一左右。全国外地省份被抓捕、牢狱的
学生自治组织成员及民运组织成员，在本书的【全国外地高校的学生
自治会等组织及学运民运概况】章节中作了尽可能的整理、披露。

第二节　秦城监狱七号牢房

秦城"入城"仪式，六月十 15 日傍晚，到达秦城监狱。

7 号牢房全体成员：

王　醒　"外高联"副总指挥/副主席兼秘书长（哈尔滨工业大学航
　　　　天学院，黑龙江人）

刘苏里　首都各界爱国维宪联席会议发言人、外联部部长（中国政
　　　　法大学，讲师）

任畹町　北京西单民主墙知名人士，中国人权同盟发起人（北京人）

陈　彤　"北高联"驻天安门广场办公处 5 月 18 日执行负责人（中
　　　　央美术学院学生，西安人）

肖　峰　"北高联"-北师大纠察队负责人之一，并因六四镇压后掩
　　　　护吾尔开希而被抓捕（北京师范大学学生，河北人）

王　冲　学生纠察队骨干，参加"六四"抗暴，（北京理工大学学
　　　　生，河北省承德县人）

刘长江　北京大学学生自治筹委会骨干，参加"六四"抗暴（北京大
　　　　学学生，青海省人）

董　翔　因同情支持学生运动，六四镇压后掩护吾尔开希而被抓捕
　　　　（北京人民艺术剧院，表演艺术家）

李晋宇　北高联纠察队成员，河北人。89 年 7 月底或者 8 月初与董
　　　　翔对调，从其它牢房调整进 7 号的。（北京化工学院学
　　　　生，河北人）

北京于　因参加"六四"抗暴被抓捕（北京市民，19 岁，）

青年张　因参加"六四"抗暴被抓捕（北京市民，25 岁，）

秦城监狱大院里的武警把从天津押送来的一批民运人士，分别
带进 U 字形建筑的牢房，约有二、三个楼层。在一间检查室内进行
了全身搜查后，给我了一个数码组成的代号，这就是我在秦城监狱的

代号了。之后，我被两个武警抓着我两臂押进了一层楼的 7 号牢房。

进入 7 号牢房，在我身后武警快速"咣当"的关上了牢门。我看见 7 号里已经有四个人，全部都向我靠近过来问我什么原因被抓的？外面情况如何？知道这里是什么地方吗？等等问题问了很多。我快速的介绍我的身份背景，还有外面的有些简单情况。为了舒展一下僵硬的身体，我在这个不大的牢房来回走动着，也观察着号里是个什么环境。门对面就"床"，所谓床，其实就是木板铺制的大通铺，高度十公分左右，长度能紧挨着睡 10 个人吧。门对面的床的上方左右侧各两个窗户，每个窗户都是铁制框架带铁条栏，玻璃不大分块安装，只能从下方向上半开着，漏出一条缝隙空间可以看到外面院子里院墙等有限的景物。牢房里永远没有阳光，阴森森的。一个卫生间特别小、特别窄，勉强一个人空间，坐便的后面居然有个监视孔，大约有 10 厘米左右圆形状，带着厚厚的玻璃，可以方便武警随时观察到卫生间里的情形。晚上开饭时我才注意到，饭是从牢门底下的一个几公分长宽的空格里送进来，空格正好可以适合一个盛饭的大瓷缸进出，喝的水也是从这里送进的。牢房门是里、外两个都带锁的门组成，外面是一个包着铁皮的木门或者就是铁门，这个门的上方中间有一个 4、5 公分的圆形孔眼的"窥孔"，供监狱管理人员和武警二十四小时监视牢房里面情况的。里面还有一个铁制栅栏门，是钢筋条形状，刷了浅蓝色的油漆。在大约有三米多高的天棚上，安有一个灯泡，牢房里就是靠着这个灯泡照明的。

之后的两天，先进来的这四个人我也做了些了解，他们了解了我的情况后都对我很热情也很照顾，与他们也都熟络了起来。年龄最大的是任畹町，40 岁左右，北京人，是西单民主墙知名人物，这次因为支持、参与八九民运而被抓捕，刚关押进来几天。年龄小的是个 19 岁的青年，姓于，北京人，我们都叫他北京于，因参加"六四"抗暴，被现场抓捕关押到此的。第三个人是北京人，姓张，都叫他青年张，25 岁左右，是"六四"凌晨对抗军队进城，现场对抗激烈，被抓捕后关进来后一直带着大铁链脚铐。第四个叫王冲，是北京化工学院的大二学生，"六四"镇压时，他带着本校的纠察队在街上堵塞军车，维护学生队伍，被抓捕关押在此的。

刚过三、四天吧，在我被专案组提审回来牢房时，房间里新关押进来了两个人。那个络腮胡子、学者范儿的是刘苏里我们认识，他是中国政法大学讲师，"首联"新闻发言人和外联部部长，年龄接近 30 岁吧。另一个是中央美术学院 87 级的陈彤，曾是 5 月 17 日、18 日天安门广场的"北高联"驻广场办公处负责人之一，在他的老家陕西省西安市被抓捕，被押送来北京的。刘苏里来后的三、五天，我俩一起交流时，老刘悄悄的对我说，这些天大家都在猜测关押我们的这个地方到底是哪里，看押我们的武警、管教和审查组人员都闭口不谈这个监狱名称地点，但是我现在判断应该就是那个著名的秦城监狱，"四人帮"也是关押在这里的。我说之前我就与你们说起过，我的专案组组长告诉我他是审查过"四人帮"的，是当年专案组的成员。现在看来，你的判断应该是对的，这里应该就是秦城监狱。也正是在这以后，我们 7 号的成员就先后都知道了这个秘密。

6 月末、7 月初的一个傍晚，肖峰、董翔被关押进来。肖峰是北京师范大学体育系的学生，一米八几的身高，体格健硕，是北师大学生自治会纠察队干将，与吾尔开希过从甚密，被抓捕时刚刚护送吾尔开希逃离中国大陆。董翔看上去就像是个艺术家，一表人才，接近 30 岁吧，也是支持、同情学生运动，保护学生，掩护过吾尔开希，而被抓捕来的。

7 月底、8 月初，因为董翔与肖峰属于小范围同案，董翔被调号到其它牢房，换进来的是刘长江，北京大学学生自治筹委会骨干。

我们五个学生和一个大学老师，很自然形成一个有共同语言和共同学运民运经历的"圈子"，时常在一起交流学运历程和得失教训，还有应对审查经验、方法等，像极了一个大学的班级，也似在天安门广场的抗议队伍伙伴，还有一个辅导员呢。

第三节　第一次审讯与专案组

在秦城第一次被提讯是刚到秦城监狱的第二天下午，审讯室在 U 字型筒子楼的二层。我被两个武警押进审讯室时，三个专案组的人已经在里面端坐在审讯桌后面了。主审是我私下里起的外号为"猫头鹰"的家伙，自称是公安部和北京市公安局的，姓张，另两个人称他为处长（过了很长时间才在谈话间知道是副处长），50 岁左右。号称是审查过"四人帮"重大专案组成员。第二个人印象中说是公安局或者检察院的，但看着像个知识分子，年龄 40 岁左右。还有一个是书记员，年轻人也就是 20 出头样子；这就是我最初看到的我的专案组成员。

我被指定坐在一个远离审讯桌大概有 3 米左右的一个铁凳子，是那种圆形的，两头比中间细一些的，像个水桶似的，最初我还以为是固定在地上的，后来审讯次数多了，才发现是可以活动的，只是太重了，很难搬动。主审先是讯问了我的姓名、年龄、籍贯、家庭情况，还有哪个大学和年级、什么专业等基本情况。

接下来主审突然站立起来声色俱厉的说："王醒，你参加了学潮动乱和反革命暴乱，已经对你进行立案收容审查，你必须把你参与和知道的事情都交代清楚。"，还有什么提"坦白从宽，抗拒从严，吧啦吧啦的一通咆哮"。

王醒：我是参加了这次学生爱国运动，还挺积极的参与了，但是我不认为这次爱国运动是动乱，我更不知道有反革命暴乱。我们学生的活动都是公开的，我也没什么好交代的。

旁边另一个副审官对我喊道："你不要狡辩，我们党的政策是坦白从宽，抗拒从严，就你这个态度，你还能从这里出去吗？"。看到我沉默不语，主审大声说道："你是动乱组织外高联的副主席、秘书长，你们的情况我们都掌握，让你交代是给你机会，你要认清形势，必须交代清楚，要竹筒倒豆子，一干二净。"主审在审讯室来回踱着步，来回审视着我，突然说你站起来，他从包里翻出一份文件对着我宣读：北京市人民政府、戒严部队指挥部发出十四号通告："外地赴京高校自治联合会"为非法组织，予以取缔，他还巴拉巴拉的说了一堆"义正言辞"的内容，总之意思就是你们的非法组织被取缔了，你被抓了来，因为你们动乱和暴乱了，后果很严重，你老实交代吧！

接着副审员讯问了一些关于"外高联"的成立和组织情况。

我当时心里想如果我一直这么硬刚，这些中共党徒不把我折磨死啊，也得判刑枪毙我的。我可是还没活够呢，那么多同学们不能白死啊，我们民主革命还没成功啊。我对提问断断续续的做了些应付的简要回答，并说我在天安门广场上患病得了心肌炎，被关押以来身体极度虚弱，神智不清，很多事情都记不起来。

主审说："王醒，你要知道这次对你们的抓捕、关押和审查是党和国家的重大决策，是全国性的大案要案，是公检法三家联合办案，你不要有侥幸心理，蒙混过关的想法。"后面主审还说到他当年参加过审讯"四人帮"的专案组，意思是他资历高，多么牛逼，审查你们学生动乱组织头头绝对有资格。

就这么反复折腾到深夜，我已经坐不住铁凳子了，已经筋疲力尽了。

主审说："你这样挤牙膏一样，一问三不知，你回去要反思反省，好好想想，我们明后天再来提审你"。

回到牢房已经是夜里 12 点多，王冲同学从床上起来帮忙给我端来吃的，我一边狼吞虎咽的吃了玉米面冷窝窝头和土豆汤，还一边回想着今天这个 12 小时左右的审讯，我小声的告诉王冲，今天审讯了解到原来是公检法三家联合办案，我的主审居然是审查过"四人帮"的警察，审讯的形式还是挺恐怖的，看这架势对我们的打击，我们这次不死也得脱层皮啊。

这个在秦城监狱的第一次审讯，印象深刻啊，我虽然没有像在天津市公安局审讯我时的大义凛然，以死抗争，但是我正是在吸取了天津市公安局那次审讯和那个警官的提醒，让我有了斗争策略的考虑。

对于这第一次专案组审讯，我在秦城监狱的后期，大概是 90 年 4 月份吧，我与任畹町交流彼此在监狱的感受时，我对任畹町讲了我的这个第一次审讯，我给我自己打分是 70 分以上，畹町深表认同，并很激动的说我老任被关押和判刑过几次了，这次八九运动这样恐怖环境下，你这样的表现至少 90 分以上了。

第四节　拒当号长起风波，管教所长共恐吓

在被关押进秦城监狱一个星期左右的一个上午，负责我们这个牢房的于管教把我单独提到了他的办公室。这个于管教 40 多左右，有 1 米 80 左右身高，北京人，在此工作十来年了。这还是监狱管理人员第一次提我出来谈话，进到他的办公室坐定后，他居然先是递给我一个苹果，接过苹果时我的口水都快出来了哈。

于管教直接开门见山的说："现在关进来的人多了，你们号里都有 7、8 个人了吧，所里安排要在人数多的每个号里指定一个人来做管监室的号长，我希望你能做这个号长"。

王醒：号长都需要做些什么呢？

于管教：就是配合管教工作，把你们号里的重大情况、安全风险和有些人的情况及时报告给我。当然我会经常提你出来活动活动的，可以看看电视、吃点好东西什么的。

王醒：为什么选我做号长呢？

于管教：观察你在号里挺有威信的啊，重点还有你是你们学生组织里官职最大的，主席嘛。

我心里想，看来管教对我们关进来的人情况都是有些了解的啊。让我给你们当牢头，通风报信，你们 TMD 也太小瞧我们学生的骨气啦！表面上我嗯啊的一副若有所思的样子，但是嘴上快速的啃咬着那颗苹果。

中共说是明令取缔了学运学生组织，结果到了监狱居然还"承

认"了他们口中的"非法"学生组织，还看重和按照你在学生组织里的"官职"进行重点监管和收买，还给你"官"做，让你当号长哈。

我把一颗苹果吃的一干二净后，就非常干脆的对管教说到："这个角色我做不了啊，我不会做也想做"。

看到管教吃惊的表情，我为了缓和对立情绪，又说"你看我这身体极度虚弱，自己都管不了自己，更管不了别人了"。

此时气氛突然就紧张了，我心想这个管教本来一定合计着我会干这个号长的，结果是我苹果都吃了还不上钩，这是给你脸居然还不配合！

于管教怒形于色，说"你以后会后悔的，你回去好好想想吧"。

这次拒绝当号长，拒绝做监狱的通风报信内应，也引起了秦城监狱孔所长的注意和重视，还是产生了直接的"后果苦果"。例如，生病发烧喊医生不来，要药物不给，特别是我在接下来的"背铐"待遇如此长的时间，肺结核病、类风湿病的折磨，很多都是拜这个孔所长所赐。这个所长如此作恶，还经常通过牢房门的小监视孔对我们这些"政治犯"进行侦察，不断的找我们的麻烦。久而久之，我们同学给这个孔所长起了外号"孔骷髅"，创作了一首打油诗，生动贴切，到也很是解气。一段时间就在秦城监狱传播开来，经常会听到同学们在牢房里来来回回走着，摇头晃脑的，口中振振有词：

窟窿孔，孔骷髅。窟窿空，骷髅恐。

第五节　对抗审查，"背铐"酷刑待遇！

我是因为一进来秦城监狱就对抗审查，在 6 月末被审查组、监狱管理当局惩罚，给安排带上了背铐。说起原因也挺符合他们发火的逻辑的，被关在秦城监狱的其他同学的办案人员最近有几个来提审我核对外高联及学运情况，我的专案组发现我之前交代说的都对不上，要么说了不对，要么是没说。

　　主审说："你这个态度和耍小聪明搞的我们这个小组非常被动"。副审也说："你是拿我们当猴耍是吧，你这样下去就你那个小身板折腾不死你啊"。

　　看我还是沉默不语，于是他们恼羞成怒，怒气冲冲的拍案就走了。接着两个武警进来，我被两个武警向后拧巴着胳膊押回了牢房。当天下午晚些时候管教就来到牢房把我提出去，说我不配合监狱管理当局工作，不但不配合"管号"，还对他人宣讲如何抗拒审查经验等，违反监狱规定了，说着就给我带上了背铐。所谓"背铐"就是双手背后带上手铐，进行打击、残酷折磨。三个多星期时间的背铐每天都这样铐着的待遇，折磨的我难受的很啊！吃饭、喝水只能同号的伙伴们喂着吃、喝，就连看书翻页也要同号帮助。睡觉只能侧身和趴着睡，经常后半夜身体已经麻木和痉挛。有时晚上做梦神游的自己穿梭在校园里，奔跑在家乡的山林中，醒来发现冰凉的手铐锁住双手，让我经常神情抑郁。在加上被押送进秦城监狱第一天在监狱大院，因为押送队列行进时我抬头挺胸的，被押送警察踹后背的那狠狠的两脚，阴天下雨后背就疼痛难忍，背铐更是雪上加霜啦。只有上厕所大号，也就是大便，能从身后顺手解决了，这是自己手能做的唯一方便事情。

　　过了几天，苏里和同学们三番五次向所长和管教替我"求情"，所长、管教每次都说王醒态度不好，我们没有办法向上级反映。我虽然被折磨的苦不堪言，但是英雄主义让我表面上是坚决不认错的，更不可能自己求饶，咱这学生领袖的范儿那是坚决不能掉价。

　　在秦城监狱遭受中共酷刑，又为外界所熟知的，还有一个是刘刚。刘刚是"北高联"的主要发起人，参与"首联"组建，在秦城监狱关押期间有"硬汉刘刚"名号。刘刚是不服从监狱管理，时常喊口号等，被带上脚镣，是那种沉重的老式铁链脚镣。有时轮流放号洗澡时，老远就听到脚镣拖地哗啦哗啦声响，就知道是刘刚啦，而且7号的隔壁就是洗澡间，我们左侧的牢房轮流洗澡时必须经过我们7号门前，在观察口能够模糊的看见来往的民运朋友们。

在一次洗澡时，刘苏里向站在走廊的所长再次替我求情，孔所长说先解开背铐让王醒洗澡吧，人都捂着臭味熏天的。洗澡完后我待遇就改成双手在前的"前铐"了，又前铐折磨了我二星期左右，此时我发烧病了，估计是看我病秧子似的别给整死了，手铐就因此给卸了。前后被铐了一个多月，因病得救了。

后来在出狱后听北京的一位高级知识分子讲，秦城监狱里最严酷的就是背铐，被戴上过这种背铐的许多人不堪折磨，导致精神疯病、残疾、死亡的。

第六节　秦城密码战——传说是我"发明"

八九民运被镇压后，当年秦城监狱关押的绝大多数是学生，还有教师和知识界进步人士。关押进秦城监狱的这些兄弟姐妹们都有一个"苦中有乐"的共同传奇经历，那就是"秦城密码战"。在之后陆续有人出狱，秦城密码战事迹便在社会上广为流传，为世人所熟知。

说起这个密码战故事，最初与我还真是有缘故。我们牢房里的人每次进卫生间方便时，武警经常都会透过卫生间与走廊的墙上的观察孔进行监视，这个观察孔比牢房门上的那个观察孔要大一些，比拳头略大一些，罩着厚厚的玻璃。上厕所本来应该是个人隐私范围，这有啥子好看的嘛？我们同号伙伴对此都非常反感。监狱方面对我们宣称是防备有些人在卫生间搞破坏或者自杀，这种监视是监狱的管理规定。

在89年7月中旬我还被带着背铐期间，在那个坐便上方便时，我扭头看见执勤的武警又透过卫生间观察孔再往里看，我的双手带着手铐正好在背后，我就顺手敲打那个观察孔的玻璃和墙壁，武警便从观察孔处移开，等我不敲打玻璃了，武警就又开始在观察孔张望了。于是我就不停地叮咚叮咚的敲打着，直到上完厕所出来才停止，武警也踏着水泥地嗒嗒的走开去巡逻了。

　　第二天我又上卫生间大便时，小武警又像此前一样透过观察孔进行监视了。我就像此前一样利用我那铐在后背的双手，正好有了用武之地，叮咚叮咚不停地敲打起来干扰武警窥探。敲着敲着便逐渐融入了《一无所有》的歌词，一会儿我又按照哆来咪发唆啦西，西啦唆发咪来哆，那么无聊反复敲打着。这个时候我突然听到隔壁8号或者是楼上也在敲墙，还是跟着我的韵律哆来咪发唆啦西的回应，这让我喜出望外啊！此时我突然灵机一动，这个哆来咪发唆啦西的数字简谱就是用1、2、3、4、5、6、7代表音阶中的7个基本级的。那么英语26个字母也是规律排列的啊，那就也是可以按照顺序敲打出字母信息和组合的，对啊！此时，我隐约想起中学时期读到过的摩斯电码，那是一种可以进行通信的信号代码，通过不同的排列顺序来表达不同的英文字母、数字，由外国的发明家摩斯在100多年前发明的。

　　我凭着直觉在墙上敲打出Who，先敲打23下，稍停顿又敲打8下，之后再敲15下，隔壁8号和楼上号里没有反应，反而乱敲了一通，我又反复的嗒嗒、嗒嗒嗒的敲着Who，也交替着把我的名字WANG XING也如法嗒嗒嗒的敲出来，隔壁号只是咚咚的重重乱锤了几下墙就没有动静了。

　　从卫生间出来，我对谁也没有说刚才我鼓捣的事情，密不做声。第二天上午我被专案组提审，又是一顿疲劳审讯，下午晚些时候回到牢房已经筋疲力尽的。晚饭后，在牢房里我们大家来回转小圈散步。我想着昨天的打击音节事情便进到卫生间，我一边上大号，一边按照昨天的方法继续嗒嗒嗒敲打着墙壁。

　　隔壁8号的突然也开始规律的敲打墙壁了，我默记着敲打声，感觉对方已经明白我的暗号了，拼出的字母是"guo hai feng"——郭海峰。

　　我从卫生间出来，我最初非常激动地、悄悄地告诉了董翔和刘苏里关于我捣鼓的密码联系方法，他们听到后既惊讶又高兴。因为那些天我正跟着董翔学习唱歌技巧，也听他讲艺术江湖的故事。几周之后，先是我们号里的这些学生我都告诉他们这个密码秘密了，之后在我们号里陆续就都知道这个密码秘密了。

与郭海峰同在 8 号牢房的有一位是外高联常委陈培钧，浙江某个大学学生，杭州人。就是通过这种秘密联系渠道连接上的，陈培钧在与我联系上之后，还对当时在天安门广场上一些同学对我和连胜德误会表达了歉意，对很多同学的牺牲深感痛心。

又隔了一些天，楼上的牢房也明白我的密码啦，回信是孔险峰，通过密码我知道了他是北京一所大学的学生，老家是辽宁铁法市的，还给我发过来他老家的地址是铁法医院，由他的医生妈妈收转。

时间流转，密码战也进化了。按照 26 英文字母规律，把敲击数字按照密码对照拼成英文，也可以是拼成汉语拼音，再翻译成汉语文字。

还有为了节省敲打墙壁水管的次数，提高密码传递信息效率，后来不知哪个牢房的同学在九月左右对密码进行了天才般改进，即 26 个字母分成三组：

第一组 A 到 J，先重重的敲一下，之后停顿一会儿，代表是接下来的字母是第一组的（也有的同学对第一组的 10 个字母直接敲的），就会按照敲击数得到相应字母；

第二组 K 到 T，先重重的快速敲二下，之后停顿一会儿，代表是接下来的字母是第二组的，就会按照敲击数得到相应字母；

第三组 U 到 Z，先重重的快速敲三下，之后停顿一会儿，代表是接下来的字母是第三组的，就会按照敲击数得到相应字母；

7 月底、8 月初，因为董翔与肖峰属于小范围同案，董翔被调号到其它牢房，董翔调号到别的牢房，把这个密码带到了其他牢房，进一步扩大了同学、狱友们的密码使用范围，逐渐在秦城监狱流传开来，直到 1990 年的 3 月份左右，才被秦城监狱当局有限度的发觉，开始禁止敲墙和敲水管等。但是，整个秦城监狱几乎在此期间都已经通过这种密码进行了建立广泛联系、沟通了情况，这在当时起到了很大的鼓舞作用，有些同案之间还互通了信息，尽可能的做到攻守同盟，把案件风险控制到最低。也给我们在监禁期间通过这个密码传递活动增添了乐趣和乐观主义精神动力。

很多人传说是我"发明"的秦城密码，我也不确定我是否是第一个发明和使用这个密码的，但根据时间测算和我开始运用密码的经历，我估摸着我也应该是最早期的先行者。

第七节　万圣刘的圣贤书和秦城大学课堂

八九民运改变了我的一生，秦城监狱岁月是塑造和影响了我今后人生的关键时期，此间读过的那些书籍和经历、思考影响和奠定了我知识底蕴、品格。

89 年的 9、10 月份，在我们被关押人员的多次强烈要求下，争取到监狱管理当局允许外面家里寄书到监狱，在监狱检查筛选后再转交给我们被关押人员。这也是当年秦城监狱里的一缕阳光和奇特风景，无论白天、夜晚都有那些被关押的学生和知识分子们捧着各种书的身影，还有那读书心得讨论、争论和产生共鸣的愉悦。

我的家里送来了《英汉词典》《新华字典》《基督山伯爵恩仇记》等，我们 7 号牢房里送进来的书最多，书的质量最高的就当属刘苏里了。刘苏里 1983 年本科毕业于北京大学国际政治系，1986 年研究生毕业于中国政法大学研究生院后，留校任教。八九民运期间刘苏里和陈小平、吴仁华等是中国政法大学最活跃和知名的青年教师，彼时，刘苏里担任"首都各界爱国维宪联席会议"发言人和联络部部长。我们都称呼他苏里老师，有时也亲切的喊"老刘"，其实那时候的苏里还不到 30 岁，但满脸络腮胡子的他言谈举止颇有学者风范。苏里是出了名的视书如命，他的书都可以借阅看，要求保护好书籍，不能折页，不能乱涂乱画，但是你在读书时可以在书页里用笔标注出问题、感想和心得，也可以就此于苏里老师讨论、请教，苏里说这是读书人应该有的范式。

苏里的书大概有四、五十本，哲学类的有法国著名哲学家和政治理论家卢梭著的《忏悔录》《社会契约论》，法国哲学家萨特著的《存在与虚无》，以及笛卡尔、尼采等名家著作；政治方面的有美国政治哲学家罗尔斯著的《正义论》等；经济方面的有苏格兰经济学家亚当·斯密著的《国富论》、英国经济学家凯恩斯著的《货币论》，美国著名经济学家萨缪尔森著的《经济学》等；

在秦城监狱岁月中我读过的经济类书中，萨缪尔森著的《经济学》是对我影响最大，我经济学知识的启蒙就是在秦城监狱时期开启的，特别是通过对萨缪尔森的《经济学》，我读了两遍才逐渐有了入门的感觉。我的头脑里有了对市场和供给、需求等基本概念，以及政府和环境，经济增长与商业周期，失业、通货膨胀与经济政策等内容框架。这本《经济学》包括了微观经济学和宏观经济学领域的大部分知识。对经济学中的三大部分——政治经济学、部门经济学、技术经济学都有专门的论述，也让我从书中学习到一些凯恩斯学派和货币学派等经济思想史和经济制度。当然亚当·斯密的《国富论》、凯恩斯著的《货币论》都是读过一遍的和受益良多的。

哲学和政治、社会方面的知识系统性的了解、学习，也是我在秦城监狱时期开始的，特别是结合我们当时正在经历的八九民主运动，正经历的政治迫害和中国现实状况，我也是如饥似渴的翻看着这些经典文献书籍，下午能从中找到解开我的那么多困惑，从古今中外的历史经典和经验教训中，我们的中国如何才能有希望、前途？这是在我人生中最重要的"秦城大学课堂"开启、奠基，受益匪浅，以至于对我今后人生和政治、经济事业方面的走向和生根、生长产生重大影响。其中罗尔斯著的《正义论》让我印象深刻，我研读了两遍，这是一本具有里程碑意义的政治哲学与伦理学著作，作者罗尔斯提出了他的正义两原则：自由原则和平等原则。

还有他提出的正义二原则，即第一原则（自由原则），每个人都应该有平等的权利，去享有最广泛的基本自由权；而其所享有的基本自由权与其他每个人所享有的同类自由权相容。

罗尔斯所说的公民的基本自由权包括选举与被选举的政治自

由、思想自由、集会与言论自由、良知的自由、个人财产的自由及免于恣意逮捕的自由。

第二原则（平等原则），应该调整社会和经济的不平等，使得：

1. 社会中处于最劣势的成员受益最大，并与公平救济原则（just savings principle）相容。（差别原则）

2. 各项职位及地位必须在公平的机会平等下，对所有人开放。（机会均等原则）

另外值得一提的是陈彤的书籍，陈彤出身在知识分子家庭，父亲是著名画家，笔名西丁，陈彤有个哥哥也是艺术家，八九当年是中央工艺美术学院的学生、青年教师。所以陈彤家里给他送进了有二十几本中外人物传记，印象特别深的是那十来本美国历史上的英雄人物传记，印象中还挺全的，都是五星上将——马歇尔（陆军五星上将）、麦克阿瑟（陆军五星上将）、艾森豪威尔（陆军五星上将）、阿诺德（空军五星上将）、尼米兹（海军五星上将）、哈尔西（海军五星上将）等，德国二战时期的戈林、隆美尔等军队元帅人物传记。还有一些美国总统罗斯福、英国首相丘吉尔等政治人物的传记。这些书籍大多是传记、历史故事类的，有些读着还是挺引人入胜的，有时太长时间"啃"那些哲学、政治、经济类书累了，间歇看看这些传记也是很好的调节作用，亦是让我难以忘怀。

每日啃着监狱的玉米面窝头，喝着烂菜汤，还有遭受审讯和监狱的各种折磨，何以解忧啊，唯有"啃"读这些书籍让我再汲取知识的兴致中暂时忘记身陷囹圄。

多年来时常会有观察自我人生的感慨，总能想到 19 岁时的我和八九民运、秦城监狱，还有那些影响了我一生的秦城课堂与书籍。这是当年与同学们和有苏里兄等一批知识分子、民众共同干了一场轰轰烈烈的学运、民运之源故，更为所幸的是苏里兄当年的那些宝贵的圣贤书和交流、指导啊！特别是我在写作这本《外高联与八九中国民运》纪实文献时，正值我在美国哥伦比亚大学访问学者期间的研究课题之一，我的指导教授时当今国际上最著名的政治学教授和中国问题专家黎安友教授，我作为战略与人权学者，学习和研究的范围涵盖政治学、社会学、经济学和科技、教授，遥想当年秦城监狱读过的那些圣贤书，历史在这里衔接的如此顺理成章啊！

冥冥之中的历史像是有命运安排，还有刘苏里的万圣书园和圣贤书在最近三几十年的中国惠及万众，在书店江湖和知识界，自由知识分子和广大学子都广为认可，被誉为精神家园，社会上流传着"北万圣，南季风"，可见万圣书园和万圣刘在中国的影响力。万圣书园那个著名的标志，我记得是我们同一个牢房里的陈彤在当年坐牢时给刘苏里绘制的护身符，此后苏里开办万圣书园真的就用作商标和护身符了，非常有历史纪念意义。在秦城，苏里和同学们总是称呼我"醒"，后来万圣刘创办的万圣书园又增设了"醒客咖啡厅"（Thinker's Cafe Bar），这个"醒"印象深刻应该是苏里在秦城岁月中不可忘却的记忆吧。这个"醒客咖啡厅"我在 2010 年至 2015 年住在北京清华北大教授生活区的蓝旗营小区时，经常光顾于此看书、咖啡，偶尔与苏里等朋友探讨、交流。

第八节　重病入医院——被隐瞒的肺结核

7月末、8月初，我发烧生病了，本来从学运开始就虚弱的身体，加上长期照不到阳光，身体严重缺钙，特别是经历监狱的背铐、疲劳审讯等折磨就轰然倒下——病来如山倒啊！

因为发烧生病还真得到了一个好处，就是把我的手铐解除了。一开始是发烧总也不退烧，之后还每天咳嗽的厉害，白天狱友们还能忍受，但是经常晚上醒来不停的咳嗽，牢房里谁也无法入睡，我靠躺在通铺床上的墙上，日夜煎熬。起初，肖峰等几个同学敲牢房的门喊武警去叫来了监狱的医生，医生年纪较大，来现场简单忙活几次一直说没啥大病，给发了几次药也不见效，病情没有什么好转。

就是在我生病这些天，我的专案组一点也没有耽误他们办案，三天两头提审我，那个感受和折磨真的生不如死啊！我的专案组主审猫头鹰还调侃、恐吓我说："你父母和国家培养你上大学，你不珍惜，王醒就你这小身板还闹什么学潮。你是学生组织主要头头，重点案件，你的案子公检法都有时间进度要求，你病成这样也得配合审讯，我们也救不了你，管不了你的，但是你的问题还要好好交代，否则你会牢底坐穿，还可能就病死在这儿了呢"。我当时就想对他们破口大骂，可是我已经学乖了啊，但不吐不快啊，我鼓足了勇气边咳嗽边说："我应该早就死在天安门广场和北京的，我已经多活了好几个月了。估计我也活不成了，我要真病死了，你们会说我是自杀吗？还是说我本来就罪该万死呢？"。此时，副审接话说："王醒啊，好死不如赖活着，想死也没那么容易"。

就这么病着被折腾了二个多月，终于有一天早上大家都起床了，我昏迷不醒了，我在被武警和匆忙赶来的监狱医生抬上担架，出了牢房门时才迷迷糊糊的有了意识，听他们说要送我去医院。从 U 字型监狱大楼来到监狱大院里，我被抬进一辆又像是警车，又像是救护车的车，车窗都用格状铁条网镶嵌着。随车押送的有两个武警，一个管教，一个医生，还有一个司机。感觉车拐来拐去的行驶着，好像时间不长，也好像时间很长，我时而迷糊，时而清醒。等我再次醒来时，我是在一个医院里，被武警和护士推着做了一些化验、拍片子等检查。之后在一个病房里，有四个床铺，但是只有我一个"病人"，还有两个武警，一个姓张的管教。我被护士扎针打了吊瓶进行输液，也不知道输液的是啥药物。一直折腾到下午，张管教对我说检查完了，我们一会儿就带你回去了。我问跟来的监狱医生，我是得了什么病？检查化验结果如何？我是不是可以保外就医啊（这个保外就医是我这些天病了，狱友们照顾我时对我说的重病可以保外就医，就可以出去了，放回家了）？医生与管教互相看了看，对我说"没什么大病的，已经取了药品都给你带回去服用，其它的事情回去向上级汇报"。

傍晚的时候，我又被送回了 7 号牢房。苏里老师等狱友们都很讶异，纷纷说还以为你病成这样了，一定保外就医了呢，咋又给送回来了啊？还有的问，你今天被带到哪里去了？外面怎么样？等等。我把我经历的一日游给大家讲了一通，其实后来好长时间反复又给狱友们讲了多次这次游历北京医院的见闻和故事呢。

从医院回来牢房后，经常是在上午的时候医生都发给几颗胶囊药，还要看着我用水服用下去，过了两周，我的发烧逐渐好转，只是经常咳嗽还没有完全好，此后长时间也是时好时坏。此后，医生每周都给我发两次药，是一种胶囊药品，有时医生隔了两、三个星期都不来，说是回北京城里休假或者倒班了，反正是断断续续的给这个胶囊药。

我自己发现是肺结核病，是我出狱后，身体一直病病殃殃，家里人以为是在监狱关押折磨的太虚弱，在家好好调养慢慢会好的。直到刚出狱后的 1990 年 11 月份左右，我去哈尔滨的我的学校哈工大要求继续上学事情时，同学们看到我身体状况很差，都劝我应该到医院做检查。这样的缘故我去了医院，医院的诊断结果是我患了肺结核病，并且医生说你这个病应该已经得了有很长时间了，没有得到有效的治疗，耽误下去很危险的。还说你这个目前是没有传染性的，但是要求我住院治疗，这样能好的快些。我因为没有钱住院啊，只能对医院说先给开药吃吧，看情况再说住院治疗的事情。

幸好出狱后在医院检查得知肺结核上身了，在秦城监狱吃的那些胶囊药品就是现在哈尔滨医院开的药品当中的一款是一样的。我方才明白，秦城监狱我被肺结核，被隐瞒的肺结核！TMD CCP 最起码的人道主义都没有，我的肺结核就是共党最经典的毫无人道案例！

第九节　柏林墙倒塌与齐奥塞斯库被处死
带来的欢乐与希冀

狱中喜闻"柏林墙倒塌"

1989 年 8 月份左右开始，秦城监狱管理当局每天晚上通过牢房的广播系统，于晚上 20 点左右给在押人员播放中央人民广播电台的新闻节目，目的是给我们这些政治犯洗脑。

11 月中旬的一个晚上，广播里播送了近日民主德国（东德）大批民众在柏林墙集会，民主德国政府放松了柏林墙警戒，允许国民通过封锁线进入联邦德国（西德）。二战之后以来标志性的冷战产物柏林墙倒塌了！我们 7 号牢房率先大声欢呼、敲床板庆祝，引得隔壁 8 号和一楼、二楼有些牢房也都高声响应，其中呼声最大的是北京大学的郭海峰，他当时关押在 8 号牢房。一时间仿佛又回到了五、六月份的天安门广场！监狱武警立马在走廊里急匆匆赶来，一个一个牢房敲门喝止、制止，引得值班管教也出动了。

因这个消息，当晚我们都非常兴奋的讨论，以后经常会对此事件进行研讨。特别是刘苏里是当时中国少壮派政治学与国际关系讲师，任畹町是熟知华约共产世界及柏林墙的民主人权老将，我和几位同学又都是八九学运民运的组织者或参加者。柏林墙自 1961 年建成以来，它就成为冷战的一个突出象征，将专制与民主分隔开来。在 1989 年 11 月，它的倒塌象征着和平革命和冷战的解冻，不仅在此后的不久就实现了德国重新统一，也预示着民主理念将在全球战胜专制政权。我们在那些牢狱日子里经常对波兰团结工会在选举中获胜，波兰结束了共产极权统治，特别是柏林墙开放与倒塌事件进行谈论。关于"柏林墙"主要讨论了几个方面，当中也有我后续的一些思考和观点：

一、柏林墙的倒塌不仅是德国人民和德国的胜利，也是全人类的胜利。

二、中国人民为争取自由民主和反抗中共专制政权而进行了波
　　澜壮阔八九中国民运，并作出了巨大牺牲，促进了柏林墙
　　的倒塌和中东欧共产国家自由民主化出现转机和巨变，也
　　是苏联解体的导火索；

三、中国学生和民众在八九中国民运及六四大屠杀与抗暴斗争
　　英勇事迹，激励、鼓舞着民主德国等东欧国家、苏联和世界
　　反抗共产专制政权的国家及人民进行争取自由民主勇敢斗
　　争。它表明了我们不同国度的人民在反抗共产专制和追求
　　自由民主的斗争之间的深刻联系。

四、中共使用军队坦克和枪炮进行六四大屠杀，镇压了这场八
　　九民运，它们的暴行令全世界震怒，引起西方及世界绝大
　　多数国家及组织的强烈谴责，国际社会对中国进行了大规
　　模制裁。也正因此，东德等社会主义国家的当权者（包括中
　　央和地方）和军队群体，对刚刚过去几个月的中国学生和
　　民众争取自由民主运动的伟大和震撼，以及中共动用军队
　　残酷镇压导致的"六四大屠杀"都看在眼里，忌惮在心。对
　　东德民众的反抗和冲关、破墙运动，东德政府方面没有敢
　　使用武力、没有开枪镇压，而是顺应民意和考虑了中国"六
　　四"大屠杀影响和国际社会的压力，放松了管制，东德民众
　　的和平抗议促成了柏林墙的倒塌。

五、如果中国的八九民运发生在"柏林墙"倒塌之后，那么中国
　　的学运、民运会取得更大成绩和胜利，或许不会付出像"六
　　四"这样大规模的死伤代价，中国的自由民主化很可能会
　　得以实现。

六、东德人民为争取自由民主的英勇抗争和柏林墙的倒塌，为
　　我们这些经历了"六四"大屠杀而身陷囹圄被关在监狱，陷
　　入身心苦痛的人，和千千万万参加八九民运的学生、民众
　　开启了一道希望之光，在陷入运动低潮的中国，让我们内
　　心重新燃起希望之火。无论什么"柏林墙""中共墙""共产

墙”都阻挡不了人们对自由和民主的追求！

罗马尼亚齐奥塞斯库夫妇被处死—共产独裁者末日样本

1989 年 12 月 26 日—28 日，在秦城监狱给在押政治犯定期安排收听的中央人民广播电台晚上 8 点左右新闻节目播放中，我们听到了一个喜大奔普的消息——罗马尼亚总统齐奥塞斯库夫妇被争取自由民主的罗马尼亚人民处死了。“死的好”“高兴啊，庆祝”的声音从不远处的牢房里传来，我们 7 号紧接着响应在牢房内也高声欢呼、敲盆敲墙，庆祝罗马尼亚总统齐奥塞斯库夫妇被处死。在秦城一楼的其它牢房也有纷纷响应的，甚是热闹。武警急匆匆赶来，又是一个牢房一个牢房逐个敲门制止。据多年以后我与郑旭光一起回忆八九民运和罗马尼亚这个事件时，郑旭光也讲了他当时所在牢房听闻此消息时的情景：“八九当年我是 11 月 20 日左右被关押在二楼 一 个牢房，一起关押的还有北京师范大学张军、外高联的蒋宏雷、北京大学的一个同学、清华大学李玉奇等人。当时我正在牢房里边看书边听着广播，突然听到广播里播出来罗马尼亚总统齐奥塞斯库夫妇被处死的消息，听到很多牢房有些同学们顿时高声欢呼庆贺”。王醒：“我们还在牢房空地转圈，举行游行啦。这个共产独裁者的下场，让我们也看到了中国自由的曙光”。

1990 年的 11 月和 12 月发生的“柏林墙倒塌”和齐奥塞斯库处死事件，对我们被关押人员和八九民运参加者、支持者产生影响。对中共当局，特别是中共最高层那些独裁者们更是产生巨大冲击力和极度的恐惧。担心很快也像齐奥塞斯库一样被中国人民严正审判，被处死。我的专案组在这两次事件发生后的审讯过程中，都对我进行了“教育”，说法的是你们在中国进行动乱，要不是我们党和政府采取果断措施解决，后果不堪设想，就像罗马尼亚这样颠覆了社会主义政权，人民就会遭受二遍罪，就会回到万恶旧社会啦！专案组每次还都问我对此事件有什么看法，想以此来了解我们这些学生头头都是些什么思想动态，我当然认清了敌情和居心叵测计谋，胡诌八扯乱说一通，当然我也旁敲侧击的点一下他们，国家对我们这些爱国学生份子应该友好，都放回家该上学上学，该工作工作，减少社会冲突啊，国家就会稳定啊！我当时感觉这也是专案组当时附带的一项政治工作内容。

历史已经证实和证明，中国人民为争取自由民主和反抗中共专制政权而进行了波澜壮阔八九中国民运，并作出了巨大牺牲。中共使用军队残酷镇压学运民运，这种丧失人性的无耻行为，也让其丧失共产政权的合法性。八九中国民运促进了柏林墙的倒塌和中东欧共产国家自由民主化出现转机和巨变，也是苏联解体的导火索。1989 年中国的爱国民主运动和中共当局后来的屠杀对这个进程发生了很大的影响。其中最主要的一个影响是，在世界绝大多数国家的政府和人民对中共使用军队残暴实施的六四大屠杀，导致数万手无寸铁的民众死难的讨伐声中，那些中东欧国家的独裁者和军人们不敢冒世界人民之大不韪向抗议的民众开枪和大规模暴力，而且那些觉醒的军人调转了枪头。

"柏林墙"倒塌和波兰、罗马尼亚、捷克等东欧共产国家巨变和民主化的胜利，对我们这些未死之人从"六四"巨大的身心伤痛中顿感一丝疗愈，鼓舞我们在监狱中磨练意志，熬过炼狱的支撑，让我们看到曙光和榜样。也是激励着我们在出狱后继续进行自由民主抗争的精神支柱之一。

第十节　秦城监狱关押的四个女生学生领袖

李翠萍　外高联常委、卫生部部长，中国医科大学学生。

姚晓燕　保卫天安门广场指挥部财务部主管，学生

王　啸　外高联骨干成员，湖南常德教育学院学生

索春茹　首都医学院八八工程学生

以上李翠萍等四名女同学，是八九民主运动时期，中共六四开枪

镇压后，被抓捕后关押到秦城监狱的全部女同学。

我掌握的秦城监狱关押八九民运女同学相关情况应该是最全面和较详细的，外界至今没有了解到这些情况，也没有公开披露这些相关信息。这是我从秦城监狱出来后，于 1990 年 12 月份到访李翠萍所在中国医科大学的实习单位，所在地是辽宁省辽阳市的一五三医院。我们一起回顾了八九当年经历的历史和"外高联"等历程，以及彼此被捕、关押坐牢等情况。我们当时共同有意识的认为，我们这些作为八九民运的组织者和见证人，有责任将八九当年的真实历史记述下来。为此，李翠萍和我记录整理了相关书面材料，我一直保存至今。时至今日，在本纪实文献专著中，将相关历史呈现给世人。

李翠萍，外高联常委、卫生部部长，1989 年 6 月 13 日在河北省保定市被捕，至 6 月 17 日关押在保定看守所。6 月 17 日至 7 月 1日，关押在秦城监狱 6 号牢房。

女同学被关押进秦城监狱的 6 月 17 日第一天，是李翠萍和王啸两人，关押在六号牢房。6 月 21 日，首都医学院的索春茹同学被关押进来 6 号牢房，这三人一起关押时间到 6 月 24 日。6 月 24 日，新关押进来姚晓燕同学，是保卫天安门广场指挥部财务部主管，家乡和联系地址是武汉市金山棉花公司。这四名同学共同关押时间到 7 月1 日。女同学在秦城监狱总计关押时间是 14 天，两个星期。

1989 年 7 月 1 日，根据中共公安部和北京市公安局命令，李翠萍、王啸、索春茹、姚晓燕四名同学被从秦城监狱带离，关押到北京市看守所。

7 月 1 日至 31 日，李翠萍、姚晓燕、索春茹和一个被直接关押到北京市看守所的女同学陈柏龄四人被关押在看守所 1 号监室，陈柏龄是外高联成员，哈尔滨二十四中学的学生。

7 月 31 日至 12 月 1 日，李翠萍等同学被关押在北京市看守所 3号监室。

以上五名女同学应该都是公安局以收容审查方式抓捕和关押的，关押期限基本是一年以内。

　　我在秦城监狱时最初知道女同学被关押进来，是 1989 年 6 月 17 日或者 18 日。我所在牢房是 7 号，与 6 号牢房之间隔着一个供 "犯人" 使用的洗澡室。这个洗澡室处在 U 型角的拐角上，6 号牢房在另一个排桶牢房最靠近洗澡室的位置，与我们 7 号牢房相对距离较近。

　　17 日，我们 7 号牢房的小于，就是我们都称呼他 "小北京" 那个年轻小伙子，忽然大声说："隔壁好像有女生在说话，你们听听啊"，我们大家都静默的了一会儿，确认是有不止一个女生在说着什么，好像是找武警要求见管教。

　　之后的两天里，经常会听到女生大说话，还有一次居然听到她们在一起唱歌，引得武警纷纷在走廊里跑步前去喝止。其中，有个女生是辽宁那个地方的口音，特别容易识别。我对牢房里的任畹町和几个同学说："应该是政府抓捕一些女同学关押进来了，因为我听到那个辽宁口音非常像是我们外高联的李翠萍，她是常委和卫生部部长"。我对此还表示抓捕女同学太没有人性，我真是为这些女同学担心。同一个牢房的王冲同学说：听着声音好像是有几个女生，应该就在我们的右侧，6 号或者 5 号牢房。

　　接下来的几天，有两个事情，我们以上的判断得到了确认。一是，武警带 6 号那一侧牢房的政治犯去二楼提审，和回来的路上，都经过我们 7 号牢房。每次听到远远的声响有人经过我们牢房门前走廊时，北京于就经常在牢房门的那个小孔处向外瞧，在几次女生被提审时，看到过两、三次非常年轻的女生，还是不同的女生。二是，大概是过了十天左右，一天的上午，我们吃过早饭过后，听到隔壁的洗澡室有女生在洗澡的声音，还听到有武警和管教在大声说不准做什么的，否则取消洗澡事。就是这一次我们才知道隔壁是一个洗澡室的。这在之后一个月，这个洗澡室我们 7 号牢房也被洗澡过一次时得到确认。

　　7 月 1 日早上，突然从不远处传来女生的呼喊声，我让我们牢房的伙伴们安静仔细听听，好像是一个女生眼睛严重感染要求找医生，要求眼药水和医治。同时，还听到好像是 5 号牢房里有男生大声喊叫和锤击铁门来声援女生，要求武警、管教尽快安排医生来救治女同学。经过一阵交涉，医生姗姗来迟的来了。

多年后与熊焱谈起秦城监狱往事，熊焱说："7 月 1 日不是他妈的生日吗，正想找个机会闹一下'庆祝'，结果听到隔壁女同学哭诉着找医生。我立马就来精神了，不能让我们的女同学孤立无援啊！于是我和连胜德、陈卫等同学一起就又喊又敲门的声援，与执勤的武警进行斗争啊，还真有效果呢，医生总算给折腾来了。"

时间过了两三星期后，就没有再听到女生说话和来回提审经过看到过女生了。开始还以为是女同学们被严管了，被迫害压制了。一两个月过后，我们都认为是女同学被转到秦城监狱的其它监区了。

直到 1990 年底，我出狱后路访李翠萍后，才知道当时秦城监狱关押了她们四个女同学，89 当年的 7 月初，四个女同学被从秦城监狱转移到北京市看守所进行关押了。

第十一节　王醒与任畹町研讨会，与郭海峰隔墙诗会

王醒与任畹町研讨会

1990 年 4 月份左右，秦城监狱对在押人员进行了大调号，我和任畹町从 7 号牢房被安排到了三楼，是 27 号还是 34 号牢房？我记不太清晰了。但是我清晰的记得隔壁牢房关押的有郑旭光，我与旭光经常通过卫生间的水管通话交流，这也是我在秦城监狱偶尔感觉到亲密同学战友的互相鼓励和支撑，直到出狱后，多年后相见，八九当年那些学运和监狱时期历史场景仍是恰同学青年般历历在目。这个牢房与 7 号结构一样，房间里有两张单人床，就是那种四个腿的正常的木质床。没有了大通铺，牢房里显得宽敞了许多。

对任畹町的了解在之前 7 号关押期间就开始了，只是 7 号那个阶段还没有像来到三楼一起后更深入。任畹町出生于 1944 年，原名任安，家在北京，社会活动人士，曾就读于北京建筑工程学院。1978

年 11 月，任畹町参加北京"民主墙运动"，他创建的"中国人权同盟"於 1979 年 1 月 1 日成立，他担任负责人，并出版油印刊物《中国人权》，起草和发布"中国人权宣言"，为此遭到中共抓捕，坐了多年牢狱，是民主墙时期的代表人物。这次参加了八九民运，在北京的各大学和天安门广场做过多场公开演讲，支持学生运动和民主运动。在与我关押期间已经在写他的法庭答辩，即《八九民主改革与主权在民：驳反革命煽动罪》。

这个与任畹町一起关押的时期，除了应付审讯和看些书，更多时间是与任畹町讨论问题，我们两个戏称为"隆重召开每日研讨会""秦城思想研讨会"。经常是设定一些我们感兴趣的研讨主题，各自选取正方或者反方角色进行讨论和辩论。这些研讨主题主要是：

任畹町提出的主要题目是"中国现在的社会主义道路和模式是否正确？任畹町提出和倡导的完善和矫正中国社会主义的思路；79 年民主墙和八九民运同样伟大，其传承和超越问题；中国今后会不会实现民主？中国人权问题是最需要解决的事项等。"

我提出的主要题目是"八九学运、民运的经验教训；美欧西方民主政治和经济成功是中国应该学习采取和解决中国问题的模式；八九学运和民运对中国今后的影响；八九学生组织负责人或者约定俗成的学生领袖在经历八九学运此番大事件后，如何再次发挥作用？怎样规划自身的人生？我们应秉持的世界观、价值观和人生观该是什么样子的？等等"

我们两个身陷囹圄的囚徒，居然以这种辩论赛模式开启了一段"秦城思想研讨会"。那时经常因为对问题的看法、观点不同而争得不可开交、面红耳赤。以至于我到现在脑海里还经常浮现我和任畹町在牢房里走来走去，时而快步，边走边争论，时而驻足，比比画画的激动的表达着试图压制对方观点，时常会惊动武警赶来牢房门口大声喝止我们。我因为受益于在秦城监狱读了那么多刘苏里搞进来的经典书籍，现学现卖的居然也经常与畹町战成平手。当然在研讨和辩论其中，让我从畹町那里学习到很多，也对任畹町的思想上和人权理念等方面有了更多了解和汲取。

与郭海峰放风隔墙诗会

在秦城监狱关押期间，1990 年 4 月份左右开始有了放风时间。放风时间不固定，一个月有一、两次吧。而且还经常被管教和武警威胁，时常对我们说如果再违反监狱规定就取消"放风"。所以有时我和畹町的放风时间就想当然的被取消了。

秦城监狱的放风场，在监狱的大院子里。一排红砖砌成的长方形格子，每个格子就是一个小型的独立放风区，放风场感觉是对称型的，就像两排田字格。我每次去的放风区都是在中间的，中间隔墙那边是一个放风区，左右两侧隔墙那边也是放风区。在统一放风时间经常能听到隔壁的放风区内人员说话的声音，偶尔远处放风区内的大声说话也模糊的听得到。武警持枪站在放风场围墙的上方四周及来回巡逻，虽然放风区门在'犯人'进入后也关闭上了锁，但是门外面还是有大量武警把守，生怕一个不留神我们就跑了或者飞出去了。

站在放风区内，呼吸着自然的空气，抬头仰望天空是我最享受的时刻，能看见天空，能看见太阳和飞鸟、树木也能体会到片刻的"自由"。每次放风我的思绪都有些发飘，有时也会想起自己 19 岁过往的短暂人生旅程，有时感觉自己在这场巨大的学运民运的历史中虽然有幸活命至今，恐怕此生也是牢狱之灾的命运再也出不去了。如果能出去，八九民运绝不能到此结束，同学们的血绝不能白流，眼前总是浮现同学和民众尸横街头和医院的场景，此生此仇必报，中国人民追求自由民主的事业一定要实现。

放风场的外面四周有很多高大的树，好像主要是参天杨树，有时会望见有些乌鸦、喜鹊和一群一群的麻雀在树林飞行穿越、戏耍。鸟儿多自由啊，中国人生不如鸟啊。不由自主的来了感慨，我大声吟诵到："枯藤老树昏鸦"，隔壁放风区随即发出"小桥流水人家"。我感觉这响应和对的声音如此熟悉呢？感觉这带着河南口音的声调这么像郭海峰啊！我接着又大声说出"古道西风瘦马"，"夕阳西下，断肠人在天涯"的诗句随风而来进入我的耳畔，那个隔壁放风区有文化啊，不但流畅的吟对出来，而且这声音正是郭海峰。在任畹町大喊一声"好诗词啊，我是任畹町"！我就喊了一声"海峰，是你吗？"，"是我，你一出声我就知道是你王醒了"海峰应声回答道。此时武警敲门喝止，喊着你们再大声说话就取消放风了。我和任畹町都道了声"海峰保重"，海峰也回应说"你们也保重，照顾好老任。"

这首诗词：枯藤老树昏鸦，小桥流水人家，古道西风瘦马。夕阳西下，断肠人在天涯。是元朝时期的马致远在羁旅途中，写下了这首《天净沙·秋思》。历史背景是由于元朝统治者实行民族高压政策，作者因而一直未能得志。他几乎一生都在过着漂泊无定的生活。他也因此而郁郁不得志。在这秦城监狱和放风场的场景，在八九学运民运被残酷镇压和大规模关押、迫害学生、民众的背景下，此时此地此景，这诗词意境颇能反映我们当下的处境啊！

颇为巧合的是，八九学运之中就有一个同学的名号叫"致远"，而且还姓马。他就是北高联常委、中国人民大学学生自治会负责人之一的马少华，别名致远。这个致远还与我颇有渊源，在本书第二章中记述了在 89 年 5 月 23 日我到中国人民大学学生自治会与致远商讨学运事项的经历，还有这个马致远也被关押在秦城监狱。历史在这一刻穿越般聚合了。

就是因为在这一次与海峰放风隔墙诗会了，为了纪念这个放风隔墙诗会，我在放风区拾起几片大大小小的树叶子，绿色的树叶，带回了牢房，放在了我的几本书中藏起来。直到我被释放出秦城监狱，我把这些树叶作为秦城纪念也带了出来，至今还保存和珍藏在我的书房里。

第十二节　聚众扰乱公共秩序罪、反革命宣传煽动罪

89 年 9 月至 10 月间，北京市公安局一位副局长兼处长的官员来秦城监狱对关押人员进行会议训话。我们这些被关押人员由武警负责从每个牢房带出，集合在我们 7 号牢房前的那排通道和 6 号那侧桶子牢房那排的通道里，我们在水泥地上排排坐，形成一个 U 角型队列。此官员白白胖胖的，50 岁左右，坐在拐角的一个桌子后面，桌子上摆着一堆稿纸材料。

像模像样的，好像特意装作有文化的样子，偶尔拿出眼镜带上看着读稿子，像是文件，也或许是报纸文章什么的。

一副高高在上，牛逼哄哄的。说了动乱，暴乱，你们这些动乱的组织者和暴乱分子，进行了聚众扰乱公共秩序和反革命宣传煽动等活动，是党和国家的罪人，要深刻反省、反思自己的错误和罪行，坦白从宽，抗拒从严。

过程中，有些同学居然对其说辞和牛逼哄哄的气派进行了起哄，就听到一个声音响起"我们没有动乱，没有暴乱"，又有一个同学响应着说"听不懂你说的啊，大点声"，引得同学们和狱友们都哄堂大笑。

站在旁边的管教和武警马上制止，说不许说话，不许大声喧哗。为了惩罚我们的"不敬"和"胆大妄为"，管教和武警要求我们这些政治犯全部都低头听讲了。这么一闹腾，把这个官员给弄的很是狼狈，坐在台上恶狠狠的教训了我们一套大话，就草草收场了。

我的专案组对我审查和给我按的罪名就是这两项罪名：聚众扰乱公共秩序和反革命宣传煽动。

从我被关押到秦城监狱那一天起，专案组提审就没有中断过，有时是我的专案组来提审，有时是被关押的其他外高联成员或者北高联成员、知识界等人士的办案人员来提审，进行核对情况的，还有很多我都记不清，也没有印象的八九人员的办案人员来讯问我在什么

时间？什么地点？指示或参与了什么事情的。这样频繁和疲劳审讯让我身体和精神状况不断恶化。每当牢房外走廊有快速的脚步声传来，苏里老师和同学们总会说："肯定又是来提审咱们醒了"，居然被他们八九不离十，每每猜中。同号的陈丹同学对此总结的是："醒主席、秘书长官太大了，两天不提审，三天早早来，那帮狗不咬人还能叫狗吗"。了解北京的都知道北京人习惯把各种警察都成为"狗"或"条子"。就连每次押送我提审来回的路上，武警有时也会为我感叹，说你这体弱多病、年纪轻轻的，能有多大的事啊，总是这么提审你吃得消吗？我记得当时我对武警悄悄的开玩笑说"吃不消也得扛住啊，要不你把我悄悄放走吧"。那些负责执勤看护我们的武警很多都是20岁左右的年轻人，对我们这些被关押在秦城监狱学生、教师知识分子等"犯人"的认识，也随着他们武警对我们的接触、了解，也有些武警对我们暗自同情的，态度上在后期关押期间有所缓和和表现。

我这 19 岁年纪轻轻的能有多大事，多大"罪过"呢？事还真挺大，专案组给我安排了两个罪名，聚众扰乱公共秩序和反革命宣传煽动。

被关进秦城监狱的前几个月，我对中共给我定什么罪，中国刑事方面的根本就没有多少了解。在 1990 年初在专案组对我恐吓时才对我说出的聚众扰乱公共秩序和反革命宣传煽动罪，我才有点概念。之后我看了任畹町的一本老旧的《刑法》书籍，他和刘苏里还给我讲解了几次，我才基本上搞明白。当时我还对同号的伙伴笑谈："初生牛犊不怕虎，只因牛犊未看书，按照中国刑法书里的条款，给我的罪过最少也得判十年以上刑期啊"。

在后期的审讯中，我逐渐清晰了专案组的逻辑。所谓聚众扰乱公共秩序罪，因为我事实上参与成立、组织"外高联"，担任副主席和秘书长，参与成立和组织天安门广场临时指挥部，担任秘书长。组织和指挥"外高联"纠察总队等学生纠察队，"占据"天安门广场，阻塞北京市公共交通和堵截戒严部队执行戒严任务等。所谓反革命宣传煽动罪，因为"外高联"发布、印刷、张贴了大量的学运民运传单、通告和反动标语等，还有一个关键的证据是我 6 月 5 日亲自写的《告全体中国同胞和解放军书》，其中，向全体中国人和世界宣告中国政府动用军队、坦克和枪炮残酷镇压学生运动，造成死伤成千上万的惨案。向解放军宣告中国政府开枪镇压学生运动的事实，希望具有正义感的人民子弟兵调转枪口，推翻反动的政府，为死难者报仇雪恨，为祖国人民争取自由民主等内容。并且，专案组说我的上述行为都是在政府宣布北京部分地区戒严后的，性质和情结都很严重。

时间到了 1990 年 3 月份左右，春节刚过的时候，中共最高当局对如何处理这些被关押在秦城监狱的"政治犯"开始有了松动和新的政策，秦城监狱开始有一些在押人员陆续被释放出去。但是我还是向任畹町学习了很多上法庭进行自我辩护的知识，做了最坏的打算和准备。我是在 90 年的 4 月份感到案件有新变化的，专案组又开始对我进行密集提审，主审"猫头鹰"还居然心平气和的对我说了"你们家，你父母培养你上大学多么不容易啊。党中央最近出台了《加强党和人民群众的联系》的决议，你们家里的情况我们都有些了解。还有你这病快快的小体格，上级还批准监狱送你到医院治疗了。你这样参与学潮动乱影响了国家安定局面，你要深刻反思反省，国家对你们学生是有政策的"。几次审讯都说了些类似话语，我结合最近监狱里关押的学生很多被释放的情况，感觉是我应该可以保外就医了。

6 月中旬的一天，于管教来到牢房门外喊我名字，说拿好自己的东西，换个地方了。我穿上我所有的衣服，赶紧拿上我的几本书和监狱配发的吃饭喝水用的一个大茶缸（秦城监狱纪念物＝大茶缸，我至今还保留着这个历史见证物，存放在我的书房里，），被武警带到监狱院子，我被武警和管教带上一辆吉普车，出了秦城监狱院墙一路田园风光，进了北京城里，停在北京市公安局院内。一下车我就看见我的大哥，大哥比我年长 15 岁，在我们老家林业局一个中层干部。大哥激动的拥抱了我，并指着身边的两个人说："这是你们哈工大学校的两位科长老师，大学委派特意和我一起来接你出狱的"，我机械的与他们都打了招呼。这时几位公安人员走到我们近前，于管教向我们介绍说，这是市公安局的刘处长和张科长。印象中就是站在院子里，两个公安局的处长给我讲了一些大道理，说一堆党的政策什么的，考虑你家里情况等就不起诉你了，出来了要安分守己等等。之后，他们拿出来出狱释放手续让我和我大哥、哈工大的老师都签了字。

出来第一件事，就是打电话联系上了中国历史博物馆的杨燕姐，这也是我们同学的救命恩人和重要支持者。我们相约在北京天安门广场上见面，故地重游啊，一年前的往事景象历历在目，心裂肺痛般感受，心里念叨着"天安门广场"我们一定会再回来的。当时，特别的日子，我们还照相留念了。也是这一天，我大哥给我和杨燕讲了，家里父母和亲戚在我因学潮被抓出事后，多次让你的四哥等家里人来北京寻找你，向北京和国家公安部门要求释放你。特别是咱爸找了在当地当过武装部负责人的舅父与我们一起商量、想办法营救你，家里决定向国家政府最高领导人，也就是江泽民等七大常委写信呼吁释放你，每个常委都单独寄了一封信求救信，这一招应该起了一些作用。还有讲了如何多次去找我的大学哈工大的，哈尔滨工业大学的校领导也多次会见我的家人，也向国家有关部门进行说情反映情况，正值哈工大 90 周年校庆在今年的六月份，把你放出来也有哈工大的影响和力量呢。

出狱时我身体重量 80 斤啊，瘦骨嶙峋，走路都打晃。直到 1990 年底左右，我两次去哈尔滨的医院检查总是病恹恹的身体，发现了肺结核病很严重的事实，才明白我在秦城监狱得的病是肺结核，中共当局也许怕我死在监狱，释放我与我在监狱被折磨得了肺结核是最主要因素吧。

第九章

"中华进步同盟"

第一节　"华盟"筹备、成立、组建

1990 年 12 月至 1991 年 4 月，进行了"中华进步同盟"筹划、筹备，1991 年 5 月 1 日在北京正式成立。"中华进步同盟"是以八九一代为主体，宗旨是接续八九民主运动，坚持国内民主抗争，团结和争取广大的各类阶层的进步力量参加，计划逐步形成全国性民主和团结进步力量的组织。与海外民运力量相互呼应，以实现中国的自由民主为奋斗目标。

关于"中华进步同盟"的筹备、成立过程，还要从我 1990 年 6 月出狱说起。

1990 年 6 月我从秦城出狱后，我于 11 月份左右去哈尔滨的我的学校哈工大要求继续上学事情时，同学们看到我身体状况很差，都劝我应该到医院做检查。这样的缘故我去了医院。医院的诊断结果是我患了肺结核病，并且医生说你这个病应该已经得了有很长时间了，没有得到有效的治疗，耽误下去很危险的。还说你这个目前是没有传染性的，但是要求我住院治疗，这样能好的快些。我因为没有钱住院啊，只能对医院说先给开药吃吧，看情况再说住院治疗的事情。

1990 年 11 月，我从哈尔滨回到家里养病，每天吃治疗肺结核病的药。同时，我开始动笔记录关于八九学运民运的大事件，按照我参加学运的时间线和学生组织线、重大事件进行回忆、整理、记录。

1990 年 12 月中旬，我再次到哈工大，我找了大学校办负责人和航天学院的院长要求继续上学，得到的答复是根据相关规定和我的

具体情况，经学校研究，我已经被除名。

此时的我一时没有了还能上学的幻想，整天游走在哈尔滨各大高校。在近一个月时间里，我经常在我们哈工大和黑龙江大学、东北师范大学、哈尔滨船舶学运等高校联系、聚拢当年的同学们，在我周围形成了五十多位八九同学的圈子。这些同学中，有些是被大学处分的，其中还有几个同学被公安局抓捕关押，释放后被大学开除的。

既然上不了学了，我想就尽快去四川省成都看望连胜德的父母。我是先出狱的，本来出狱后就打算去的。还有对八九学运也不能就这样结局，这场运动牺牲了那么多同学和民众，还有很多同学和民运人士被关押在监狱了，我从心底里是不可能接受的，要走出去了解和筹划一下未来。我拿着父母给我筹措看病的钱，从哈尔滨乘火车先到了辽宁省辽阳市，找曾在"外高联"担任常委卫生部部长的李翠萍。李翠萍是比我先出狱的，出狱后曾给我老家写过信件，我在她实习的一五三医院的门诊前台很快就打听到李翠萍的信息，并顺利的找到了她。

大难过后，"战友"重逢，格外喜悦。在这儿停留的三天里，我们彼此讲述了"六四"期间，以及被捕入狱过程和之后的经历。李翠萍对我讲述她是 89 年 6 月 13 日在河北省保定市被捕的，先是被关押在保定看守所，6 月 17 日至 7 月 1 日被关押在秦城监狱，之后从秦城监狱转移到北京市看守所关押，直到 89 年的 12 月 1 日被释放。她回到沈阳，她所在的中国医科大学对她还是保护的，只是对她进行做了留校察看处理，正赶学校安排进行毕业实习，"闹学潮的动乱分子"不可能给安排大城市、好医院了，于是就发落分配到她的家乡所在地的辽阳市一五三医院。

我说了要去四川成都到连胜德家看望，也要联络一些原来外高联的同学，商量今后的打算和计划。我与李翠萍还商定，她最近安排时间将参加学运，特别是在外高联和监狱的经历，以及在学运期间组织、参与的活动，按照时间线都书面整理记录下来，同时把能联络到的八九同学尽量建立一个网络，也一起收集整理同学们的资料，要为历史留作记录和见证。等我从四川成都回来时，再专程来辽阳取这些资料。

我从辽阳乘火车先到北京站转车，看了地图，去成都的途中路过陕西省西安，我临时决定在西安下车去探望秦城"狱友"陈彤，也同他商量一下今后计划。在西安受到陈彤热情的接待，陈彤有一个比他大三岁的哥哥叫陈丹，毕业于中央工艺美院。在西安停留的两天时间里，总是陈丹骑着一个大摩托车载着我们逛西安风景古迹，还有品尝了羊肉泡馍等西安小吃。印象特别的是陈彤的父亲和母亲是陕西知名知识分子，父亲是大画家，当时是陕西美协的副主席，对我这个八九同学和"秦城狱友"很是热情，对我们遭受的苦难甚是同情。

我是 1991 年的 1 月末到达四川成都的，我按照八九当年连胜德写给我的家庭地址很快就找到了，让我万分惊喜的是，给我开门的竟然是连胜德，他是刚刚从秦城监狱出来才十几天。学运的搭档和生死兄弟、秦城战友相见甚是激动。我俩彻夜畅谈，太多的事情需要沟通，总有说不完的话。当时，已经很快就到春节了，在连胜德和他父母家人真挚的挽留下，我在成都与胜德一家度过了这个中华传统节日。胜德有一个幸福的大家庭，胜德的父母都是在成都一个叫先锋电子厂的大型工厂工作，都是高级技术人员，是非常正直、善良和具有正义感的人。胜德有一个姐姐和姐夫，还有一个弟弟当时还在高中阶段。

在此期间的近一个月时间里，胜德和我在成都聚拢了一些当年的八九同学，也了解到四川及成都在八九学运及"六四"期间的一些高校学生组织、社会组织及积极、风云人物等运动情况。我们这些同学彼此相互交流和探讨八九相关，还有对中国未来分析，四川当地流行说法叫"摆龙门阵"，对于我们这些经历八九血与火的历练的同学们，赋予了对阵新的意涵。对 89 年在天津被抓捕分别后的彼此经历，对学运期间的一些重大事情的回顾、总结，对中国当前局势的看法，对中国未来前途和自由民主化的前景，以及我们今后的规划都做了充分沟通、探讨，有一些还做了一些历史笔记。我们商定要把八九学运的精神和事业继续向前推进，继续抗争，不考虑出国，更不会就此罢休，要扎根中国，我们既要解决自身成长问题，还有规划联络原来外高联的同学和社会各界力量，建立全国性组织壮大问题，还要认识到解决中国问题只能在中国更有价值。

在我 2 月下旬即将离开四川返回哈尔滨之时，胜德也要在三月初到天津民航学院去争取继续学业，无论能否成功，我和胜德约定三月末都到北京汇合，再根据当时的情况，对今后长期的计划再进行商讨。

从成都回哈尔滨的路程中，我在吉林省长春市短暂停留，去长春地质学院看了戚霞，戚霞是"外高联"秘书处成员，她是被大学清查对象，但是没有被捕。我和戚霞见面自是感慨万千，她还约来几个在吉林高校较为活跃的学生一起聚会。

回到哈尔滨了，这期间我要治病养病，还要解决生存问题。幸运的是我在哈尔滨结识了当时极少的民营企业家刘总，并且邀请我担任其商业企业的发展部部长。按照那时刘总的说法："我们相谈愉快，对经济与企业发展、市场拓展很有共识。更重要的是我相信你的品格，敬你是个英雄"。我非常坦诚的表明我对经济领域的知识都是纸上谈兵，还是受益于我在秦城监狱精读了一本《经济学》书籍，是美国的萨缪尔森写的一本经济学经典和百科书，还读了一些哲学、政治、人文类书。我在因为在监狱身患肺结核病，现在还需要治疗、吃药一个阶段，但是不是传染类型。还有我计划今年很多时间都要在北京谋求发展，与我的一些同学、朋友们一起成长。刘总非常痛快的表示，你可以先在咱们公司熟悉了解一下工作，你要到北京能够有发展更好，但是现在江湖环境险恶，你要多多保重，欢迎你随时回到哈尔滨担任发展部长。这样，我在这个企业工作了一个星期，之后回家乡看望和告别父母后，三月下旬我从哈尔滨启程，按照此前计划前往北京。在从哈尔滨出发前，刘总开车送我到哈尔滨火车站，他执意给我500 元钱，并说给你兄弟治病买药，还有去北京的路费，就当是先预支给你的工资了。这个场景和情谊我至今记忆犹新，这个刘总在此后我们成为最好的事业伙伴和朋友，他在以后也成为哈尔滨知名的企业家。

3月中旬，我按照计划到了北京。我开始投入到未知前途的忙碌中，有几个事项要尽快办的。

我先是给连胜德的老家发了一封电报，告知他我已经到北京，让他来北京与我汇合。

联系到秦城监狱的狱友同学陈彤、肖峰、王冲，还有董翔，我们在他们的大学中央美术学院、北京师范大学、北京理工大学聚会，校园已经没有了八九当年的氛围，即便这些同学回到学校上学，也都是被监控状态。我的到来只能是悄悄地、保密的联系一些当年的同学们聚会。

关于治病的事情，我想我必须找政府有关部门给我一个说法，明知不可为也要让他们知道"我来啦"。我联系了中国红十字会，找到当年与我们外高联对接谈判的蓝秘书长和郑副秘书长，他们在办公室接待了我。我把我之前在我的家乡申请当地红十字会救济的申请书，还有当地红十字会给我出具的支持我向红十字总会申请解决治病救济的介绍信提交给了他们。我提出希望中国红十字会本着人道主义原则和协会的职能，对我这样遭受牢狱并患病的学生给予救助，安排治疗和康复。因为我现在大学把我除名，我的家庭负担不起治疗费用。他们没有马上答复我，说是会向上级汇报，让我第二天再来听取结果。

第二天，在东城区的中国红十字会总部办公室，我被告知："你的肺结核病和你的情况，我们很同情，但是我们红十字总会不方便再介入。还有学潮的事件已经过去了，我们没有这方面相关的资金了"。这个结果我本就有心里准备，这就是中国政府部门的真实面目，人民生存的恶劣的现实环境。

在这之后，连胜德给我回信，说明他到过天津民航学院，学校已经将他开除学籍。他此前来北京呆了几天，现在已经回到成都了。并且告知他前些天在北京时与他有联系的北大、人大的同学联系方式，希望我与他们取得联系。

正在这个时间的同期，清华大学的 Y 同学通过北京的秦城监狱的狱友知道我来北京了，给我住的招待所打来电话，邀请先我搬到清华去住，再做今后打算。我于是就来到清华大学，Y 是清华大学物理系的本科学生，是八九当年清华大学学生自治会的主要负责人之一。六四之后没有被抓捕，但是受到了大学党委的清查和打压。现在他和清华、北大等一些同学组织了一个联络与后勤后援据点（部），对学运后遭受牢狱的同学和家属，尽量做些力所能及的救援工作，Y 是主要负责人之一，此时在北京高校圈子里非常活跃，足智多谋、深孚众望。我和 Y 见面时，我俩都觉得在八九当年在天安门广场广播站或者清华校园见过的，我来到清华大学最初阶段就是住在物理系的学生宿舍楼 Y 的寝室，还经常去"蹭"有些清华、北大等学校的讲座和课堂，因为住在这儿近水楼台，蹭清华大学课程居多，以至于多年以后很多清华的同学都说我是清华校友呢。

刚到清华大学初期，就见到来清华大学聚会的熊焱，熊焱也是刚被从秦城监狱释放出来。他是北京大学的研究生，从监狱出来就被大学开除了。因为他是北高联被通缉的二十一个人之一，当年作为学生代表与国务院总理李鹏对话时，犀利的揭露了政府的贪污腐败和造成社会不公的真相，轰动全国，声名远扬。此时的熊焱也是病号，在秦城监狱得了肾病，每天也是吃药治疗。但是，仍然坚持对自由民主的追求，出狱后四处串联，正好此时来清华大学与我同病相怜啦。此时正值 1991 年 3 月下旬，我与熊焱相见甚欢，畅所欲言、甚是投缘，熊焱大谈我们这是"北高联"与"外高联"再次会师北京，还要继续大干一场。我于是将我正在筹划成立秘密民运组织的计划及筹备情况与熊焱做了沟通，熊焱那是一拍即合，共同干！正像此时在北京社会上传闻的从秦城监狱出来的人士中，常有熊焱声望颇高，多有盛赞其横溢才华、英雄气概。经过一段时间的耳濡目染、深入交往，王醒亦感同身受，深以为然。

同期聚在一起的，比较活跃的还有我们外高联的常委兼纠察总队总队长赵昕，他从秦城监狱出来已经半年了，被他所在的大学东北师范学院开除，来到北京继续活动和谋生。

这期间与我们聚在一起的还有北京高校的很多同学，比如曾做过"北高联"常委清华的周锋锁，他被政府当局流放到河北省阳原的水泥厂，他此时正努力摆脱困境，在清华争取学位和谋求到南方发展。还有北大学生自治筹委会主要成员的安宁，曾做过"北高联"常委代表。再有是做过北高联财务部负责人的中国人民大学的陆明霞等同学。

4 月份，在我来到清华以后，筹划成立组织的事情已经在我们周围的同学圈子里商讨了几次，我与熊焱、Y、赵昕等都分别做过深入的讨论。同盟成立日期在我印象里是节假日，大学已经放假，大概是四月底或者五月 1 日。在清华大学校区的一片农田院落，我们在给我养病租的一个农民房屋聚会，这个农民院子也是那时我们的联络和活动中心。一些同学聚集在院子里，我和熊焱、Y 三个人坐在房间的炕上，商讨和确定建立秘密民运政党组织的事情。

为什么要成立组织？组织的宗旨和作用是什么？

经过讨论和沟通意见，我们达成了共识：

一、八九民主运动虽然被中共武力镇压了，牺牲了那么多同学和市民，还有至今仍关押着大量的学生和各界人士，我们这些当年学运的组织者不能就此善罢甘休，要重新建立组织，通过组织平台和力量，把现在分散的各方面人士连接组织起来，联络一些坚定的同学作为核心成员，还要团结社会各界进步力量，接续八九民运，做长期抗争准备，把我们的组织推向和发展到全国，争取中国人民应该拥有的自由民主，这就是我们主要的宗旨。

二、要开展对入狱的学生和民众进行力所能及的救济，联系他们的家人并给予可能做些支持和救援的事情。

三、今年的"六四"纪念日就快到了，我们必须要有实际的行动进行纪念，要引起全国和国际社会的关注。去年是"六四"

一周年，国内没有什么大规模纪念活动，那时我们绝大多数同学还被关押在监狱里，现在陆续的一些同学出狱了，我们不能让八九那么一场全国和全民参与的伟大运动就此销声匿迹了。

四、关于组织的名称，我们三人都表示不能只搞成单纯的学生组织了，要团结社会各方面的进步力量共同干。熊、Y 两人提出了几个组织的名称，并且说胡老师，胡石根他们一些知识分子前一段时间搞了一个组织，名称是中国自由民主党，与咱们都有接触、联系。我讲了我在秦城监狱看了一些中外政治、哲学类的书籍，我在狱中和近期都有些这方面的思考。我认为，组建反对党不必一定就叫什么党，几十年以来在中共党国体制下，中国什么都是党控制，党都成了贬义词了。我们之前学生主导的八九学运、民运，和我们今后要争取和奋斗的目标，都是为中华民族的进步、文明，我们是为争取在中华大地上实现自由民主的，我们是应该代表了中国的正义和进步力量的群体和组织，团结所有进步力量，而不能像八九民运那样主要靠学生和知识分子精英，那么我建议组织名称应该定为"中华进步同盟"。熊、Y 两人对我的意见都表示完全赞同，熊焱还笑着大声说："王醒就是天然具备领袖的风范，这名字意涵正确，起的好，高啊！同意"。这样就确定了"中华进步同盟"作为组织名称。

五、关于"华盟"的组织架构，确定组织分为核心成员、一般成员、外围成员及外围组织三个层级。我作为"外高联"的代表，熊焱作为"北高联"代表，Y 作为没有因为学运进监狱，但是在外面组织救援和后勤工作的学生群体的代表，我们三人作为"同盟"主发起人和共同主席，重大事情必须三分之二表决同意方可决策，主要保持与核心层成员的联络和活动。我们还做了工作分工，我负责联络和发展原来外高联的成员，还有黑龙江、吉林、辽宁、四川等地区的成员。熊、Y 两人负责发展和联络北京及周边地区的成员。

六、组织的管理体系和机制，我们这些核心成员都需要再学习和不断完善，特别是组织的保密工作要制定专门的办法，防范被中共破获和打击。

"华盟"成立初期，我们"外高联"成员参与发起和加入核心层的还有连胜德、赵昕等同学，一般成员有我之前联络的黑龙江、吉林、辽宁和四川等省份的孙伟等五十多位同学。"北高联"成员参与发起和加入核心层的还有安宁、陆明霞等同学。一般成员有北京的清华、北大、人大、北京师范大学、北京语言学院等高校五十多位同学。期间，还联络大学教师和一些在单位工作的"同道"，比如康玉春等人陆续加入到中华进步同盟。

第二节　"华盟"前期的重大活动

"华盟"组织成立后，马上就开始了各种活动。那时候的交通工具主要就是自行车，只要是在北京城范围，骑个自行车到处跑。联络志同道合的同学和社会各界的人士，考察吸收成员，还有想办法搞些经费等。同时，这些活动都尽量在保密、可控的范围进行。我们有时在当着比较信任的人时简称"CPA"，这是"中华进步同盟"组织的英文名字的缩写。以上这些活动都是我们这些核心成员分头进行，也经常一起碰头商量研究事情和进度，时间太久，记忆也模糊了，这里就不多讲了，我接下来记述在"华盟"活动前期阶段，产生极大影响的两项重大的活动。

关于《自由论坛》

1991 年春夏的中国，中共对大学和社会的管控还是高压政策，这是八九民运被镇压，以及中共对此余怒未消继续进行秋后算账的时期，震慑、恐吓人民来达到其维持统治的目的。在这样的环境下，

"华盟"的政治主张、反共等活动只能秘密的进行地下抗争。但是，作为组织的宣传工作仍要有一个秘密或者半公开的阵地、平台，起到"华盟"机关刊物的作用。当时，清华的陈远、人民大学的陆明霞等同学一直在各大校园以售卖社会热门书籍来联系同学，并筹集一点经费。同学们经常找一些热门书籍代销，社会知识界有些朋友还是很愿意支持的，我还骑着自行车到人民大学去转送过几次图书货品给陆明霞。因为这个缘故，经过几番讨论，就商定由陆明霞牵头来负责宣传及这个机关刊物，取名《自由论坛》。

《自由论坛》的编辑和据点主要在中国人民大学，主要是因为陆明霞在此上学本科读书。还有一个地点可以算作【华盟】及《自由论坛》据点的是清华大学西门外的一个货运公司，这个货运公司是一个私营小型企业，老板是李森荣，他是一个精明能干、颇具江湖义气的俊武青年。八九当年他是坚定支持、同情学生运动的，后来有些坐牢出来，有些同学因为被大学开除、处分，生活无着落的，在他这个货运公司收留，获得过照顾，聚集了一批人。我那时经常来这里聚会，成吃蹭喝的，因为知道我有病在身，森荣大哥及朋友们对我还格外照顾。虽然李森荣不一定参加我们组织及活动，但是他对同学们的支持、同情是真挚的，我们都非常信任他，尊敬地称他为"森荣大哥"。

《自由论坛》在 1991 年 5 月、6 月筹备开展后，编辑、发行等工作陆续加入的还有康玉春和陆智刚、王佩忠等同学。康玉春是"华盟"的核心成员，此后"华盟"负责人之一，他 1981 年考入北京中医学院中医系六年制本科，1987 年获学士学位并考入中国中医研究院（现在的中国中医科学院）基础理论研究所，1990 年获硕士学位，分配到北京安定医院中医科任医师。我最初与康玉春认识是在 1991 年的 5 月份中旬，熊焱与我说起康玉春的情况，说可以作为核心成员重点发展对象，建议我们一起与康玉春见面谈谈，考察一下。熊焱先打电话给康玉春约好见面时间、地点，我和熊焱到北京安定医院与康玉春见了面，我们一起在医院附近的胡同里边散步边交谈。我感觉康玉春言谈举止成熟、稳重，还很有那种真挚的"革命"热情，他的医生职业还是很好的掩护。他还给熊焱又买了一些中药带回去熬着喝。那时期，熊焱因为身患肾炎病，每天西药、中药的吃喝，每次见面我都被他那一股中药味熏陶着。本来康玉春和我约了过一段时间来他们医院做些肺部检查的，因为后来我有国外媒体的采访活动，之后避走他乡一段时期，就未能赴约"康医生"的医院检查上。自从那次与康玉春见面，我们就决定了康玉春作为核心成员加入"华盟"，先由熊焱与他单线联系和开展工作。

还有一个事情我印象深刻，但是几十年了依然能够记起熊焱开个饭馆谋生+店里藏着民运事业的印刷机。就是在这个紧张阶段被迫关停了。到 1992 年 5 月底、6 月，康玉春等人被捕，已经出版多期的《自由论坛》刊物也随之被中共破获和取缔。

"六四"二周年纪念日，学生领袖在北京接受英国 BBC 电视台采访

1991 年的"六四"二周年纪念活动，是"华盟"那一年的最为重要的活动。其中我和熊焱于 5 月底至 6 月 2 日之间，在北京接受英国 BBC 电视台的采访，BBC 并于 6 月 4 日向世界播发，是当年纪念"六四"二周年国内外的焦点事件。

1991 年 5 月下旬，赵昕来清华园我住的农家院找我，说周舵老师约我到他家里见面，有重要的事情商谈。周舵是原来四通集团发展部部长，八九民运后期在天安门广场四君子绝食者之一。"六四"镇压后，也被抓捕关押在秦城监狱，赵昕与周舵关押在同一个牢房。前一段时期，我和赵昕等同学去过周舵家里聚会过两次，他家是在中国民族学院的教工宿舍区。那时刘晓波也刚从秦城监狱被释放，他住在大钟寺的北京青年公寓，也经常来周舵家里，彻夜畅谈，我们总是一起回忆、总结八九民运的经验教训，对现状、未来都做了很多的探讨。晓波老师还是那么有激情，他的博学和滔滔不绝的叙事能量，以及与我们这些经历了八九民运和牢狱的同学像兄弟般的融洽。

当天晚上，我和赵昕各骑着一辆自行车来到周舵家，恰逢刘晓波

也在场，周舵当着大家的面说：王醒你现在身体病情怎么样啦，前一段时间一些北大、清华等大学的老师和朋友给你筹措捐款了几千块钱，现在转交给你治病。我当时挺激动的，说了太多感谢的话，但心里还想着这真是雪中送炭啊，组织刚成立，正愁活动经费呢！

当天朋友一起聊到下半夜 2 点左右，等晓波等朋友们都散去，周舵对我、赵昕说还有一个事情一起交流一下。

周舵说："马上就是'六四'二周年纪念日了，近期有一些海外媒体的记者联系我，提出想采访几位八九民运当年的学生领袖，特别是刚从秦城监狱出来的代表性人物。不过，我是认为这个时期接受外媒采访时有很大危险的，这件事你们认为如何？"

赵昕说："学生组织的代表性人物，我们外高联肯定就是王醒了，北高联谁能出面？谁适合呢？"

周舵："有同学说到了几个人选，但是他们自己感觉现在这个时期太敏感，还没有考虑好。"

王醒："是哪个媒体采访？在北京吗？"

周舵："是英国 BBC 电视台的，他们已经在北京呆了几天啦，还没有寻求到可以专访的对象"

王醒："我可以接受采访，可以代表"外高联"和坐牢伙伴，以及八九同学发声。本来我们一些同学就打算在今年'六四'二周年纪念日期间要有活动，计划搞出大动静的。至于危险，相比那些'六四'死去的同学和还在坐牢的同学，我没有什么惧怕的"。

周舵："王醒还是外高联领袖气魄，有担当啊。"

王醒："北高联的代表建议熊焱能站出来，他被通缉过，也刚好才出狱，我和赵昕找他沟通吧"

此事议定之后，周舵把英国 BBC 的一名编辑兼翻译的电话号码给了我和赵昕，并说让我根据与 BBC 联系后的情况，酌情而定。

第二天，赵昕骑自行车载着熊焱来到清华园，经过一番讨论，熊焱的想法与我一致，决定尽快与 BBC 联系，由我和赵昕去见面沟通。

当天下午就约好了，为了安全和保密，见面的地点是在北京潘家园（好像是这个地名）商品街市场。来与我们见面沟通的是英国 BBC 的一位 20 多岁的记者兼翻译，是一位温文尔雅的华裔女士。"我的中文名字叫熊轼美，熊猫的熊，苏轼的轼，美好的美"，熊记者很独特很爽朗的做了自我介绍，让我一下子就记住了她的名字，我们称她为熊女士。在寒暄过程中，熊女士还讲起她是在北京出生的，后来去国外发展，她的外祖父是民国时期的总理熊希龄，现在她们家在北京还有一个四合院是大画家娄师白住着，娄师白是齐白石的传人、得意弟子。我们听闻这些后，我还挺真诚的说："熊女士真是名门之后，难怪您如此关心我们学生和学运的命运和中国前途，在您身上看到了民国风范，侠义和大家闺秀啊"。

我和赵昕与熊女士就在这个商品街上一边假装购物、逛街，一边商谈着采访活动事项。我与熊女士先聊了一些当年八九民运的事情，她讲了八九六四的期间，BBC 在北京做了很多现场报道。她还询问我及被关押在秦城监狱的学生、民运人士的情况，以及出狱后的情况，患病治疗情况等。期间熊女士特别说起了"柏林墙"倒塌，罗马尼亚等东欧国家争取民主化成功案例，其中国际新闻媒都起到了很多作用。我对此表示很认同，也说起了我在秦城监狱里听广播得知"柏林墙"倒塌和罗马尼亚齐奥塞斯库被枪决的消息，我们在监狱欢呼的场面，我和赵昕也表达了希望中国的自由民主也能有东欧那样成功的时刻。我对熊女士说了还有一位熊焱同学与我一起接受采访，并简要介绍了一下熊焱的情况。熊女士特意表示：学生运动被武力镇压刚刚两年，现在的中国都在恐怖中，在这样严峻的高压环境下，特别是在"六四"两周年纪念日敏感时刻，你们又都是刚从监狱出来，接受 BBC 的采访是有很大风险的，其实我们几位记者也是冒着风险在做这样的采访的。我说我们都有思想准备，也不惧怕当局的打压后果，这是我为八九学运和死难者、坐牢的同学、我们的人民应该做的和必须要发出声音的。

就这样决定啦，对于这次采访的形式、内容、时间和地点，我们都一一做了预沟通，确定了采访计划，并明确这个访谈节目将会在 6

月 4 日这一天的 BBC 电视台播出。在分别的时候，熊女士将刚才逛街选购的几件衣服递给我，说是看你现在天气都这样热了还穿着厚衣服，来这里逛街正好选了几件衣服你能用上。说着又塞给我一些钱，并说："这 600 兑换券是我个人捐给你看病治疗的，你需要换成中国钱使用，好好治病，保重身体"。当时的我感动+感激，这一幕刻画在了我深深的记忆中。

隔了两天之后的一个中午，我们按照约定来到香山宾馆采访地点。来时的路上，我和熊焱还骑着自行车在北京城海淀区各处游荡好几个地方，已防范被当局跟踪和破坏这次采访活动。香山宾馆这里远离市中心，这个宾馆还是对外宾开放入住的。更有一层深意的是，熊女士的外公熊希龄在民国时期，在香山这里创办了北京香山慈幼院，后来发展到很多分校，是当时新型的教育事业模式，当时总部就设在香山。熊女士的母亲熊鼎也是在这里接受教育和读书过的，熊女士小时候也曾在这儿度过。因为上面这些情结，选择香山这个地方也是颇有历史感的。在采访结束时，我还与熊女士谈起这个地点选择的很好，有意义，民国当年的慈幼院是教育救国的先锋，与我们学生运动有相通之处。我们学生运动希望通过改革教育、反对腐败、社会变革来拯救国家，让中国变成自由民主的社会。

采访时香山宾馆的一个房间了进行的，熊女士向我和熊焱介绍了 BBC 的两位男士记者，都是典型的金黄头发、大鼻子，身材高挑，一看就是欧美的外国人。一位负责摄像录制，一位负责出镜采访，熊女士在一旁为我们的采访交谈进行翻译。房间里已经架起了一台较大的专用摄像机，我和熊焱坐在摄像机前，针对记者的提问分别进行回答和讲述。采访进行了一个多小时，印象比较深的有几个问题：

BBC：今年是"六四"二周年，对于八九年在中国发生的大规模学生运动，你们作为当年的组织者学生领袖，现在你们有什么看法？你们认同中国政府的动乱、暴乱定性吗？

熊、王：1989 年，以学生为主导，各界民众参与的学生运动是一场伟大的爱国民主运动，是以北京为中心，全国各地学生和民众参加的全国性民主运动。

　　熊、王：我们学生无论是绝食，还是请愿、游行、抗议都是和平的，是未来人民和国家进行反腐败，争取民主自由的。这个事实通过当时的新闻媒体让全世界都看到了，根本就没有动乱，更不是什么暴乱。反而是在"六四"发生军队大规模的武力镇压，在北京和全国各地死伤了很多学生和市民，我们呼吁政府平反"六四"、追究制造惨案的责任人。

　　BBC："六四"之后，很多学生和各界人士被捕入狱，你们当时是什么学生组织和身份？请你们两位学生领袖讲述在秦城监狱坐牢情况？在秦城监狱还关押了多少人？

　　熊：王醒是外高联的负责人，外地高校学生组织联合会副主席。我是北高联的，是与政府的对话代表团成员。

　　熊、王：我和熊焱在秦城监狱都被关押一年多，秦城监狱是一所中国政府关押重要犯人的监狱，我们学生运动的组织负责人大多数被关押在这里，被集中审讯。

　　熊、王：据估算，被关押在秦城监狱的学生和各界人士有三、五百人，截止目前还有很多仍被关押在那里。同时，北京的一些看守所和监狱关押着大量的参加学生运动的学生和民众，全国很多省份也关押了很多。我呼吁政府当局立即释放这些政治犯，呼吁社会各界和国际社会关注和救援这些民主人士。

　　BBC：出狱后你们的境况如何？参加过学生运动的学生们现今的状态是什么？

　　熊、王：我们两个在监狱都被折磨的身患重病，熊焱得了严重的肾病，王醒是肺结核病，出狱后被大学开除，也没有钱治病，陷入困境。

　　BBC：关于中国未来，在中国实现自由民主还有可能吗？你们有什么想法？

　　熊、王："六四"之后，学运民运被打击和陷入低潮。但是，经过八九学运的大规模运动，更多的人受到的启迪、唤醒，我们以及更多的人会持续关心中国的现状和未来，应该团结所有进步力量共同推进，只有自由民主才能使我们的国家走上正轨和文明，这需要国人共同努力来实现。

这次采访活动进行的很紧张，但是也很顺利。熊焱的现场访谈发挥的比我好，特别是他北京大学法律系研究生所学专业，为这次访谈质量起到了专业作用。我是在访谈中显得有些激动，明显经验不足，过后我还与熊焱开玩笑说：要是王丹也出狱了，让他来干这个六四访谈的节目就会更好啦，他经验丰富啊。

按照计划，采访一结束，三位记者马上赶往北京机场，乘坐当天晚上回英国航班。这是为了防止出现风险和意外，也是能赶上 6 月 4 日当天能够按照计划在 BBC 电视台播出这个特别节目。

西北避难

当天从香山采访活动现场回到清华园，按照之前我们研究的计划和流程，我和熊焱即刻出发到西北地区躲避一段时间，由一名叫孙伟的学生负责安排行程。这个孙伟在八九学运时期是一名哈尔滨附近的一个中学的高中学生，因为在哈尔滨积极参加学运被开除学籍，今年来北京串联找组织的。Y 已经安排好了北大安宁同学，清华的谢同学陪同我们从北京站乘坐火车去西北的宁夏自治区的银川，在火车运行了两站后，安宁和谢同学看到我们没有什么危险，就按照计划下火车返回北京了。我和熊焱、孙伟三人继续乘火车一路向西到达了银川。

在银川市和周边的几个县的农村躲避了近一个月，这期间我和熊焱都使用化名，熊焱叫"李得胜"，就是他那个湖南老乡毛泽东曾化名过的"李德生"。我叫"方西盟"，这是因为我的家乡是哈尔滨市方正林业局，致力于西方民主在中国实现的意涵。期间通过孙伟引荐，与一些西北的高校与八九学运有关的学生会见、交流，还有得到一些社会上支持学运热心朋友的帮助。因为我们是"避难"时期，一些活动只能秘密进行，活动范围部能很广，我们只能商定等待以后再安排其他同学来西北省份进行串联和发展组织。

北京市公安局"请去喝茶"

7月初，我和熊焱从西北边疆乘火车回到了北京。我临时几天住在熊焱在海淀区青龙桥租住的家里，那时熊焱与妻子钱丽芸从北大搬出来就一直住在这里。熊焱多亏了有钱丽芸这样贤惠正直的夫人，这样一位北大教授的女儿陪着他身边照顾，否则这个"大人物"无法生存啊。这个"大人物"是我戏称熊焱的叫法，有时我还称他"得胜兄"，熊焱则习惯称呼我为"领袖"和"西盟弟"。

刚回到北京也就一个星期吧，还没倒好时差呢，熊焱就被北京市公安局通过北大的途径安排人通知他到北京市公安局去"谈谈情况"，现在江湖上都称其为被"请去喝茶"。

熊焱是拄着拐杖来到北京市公安局，据熊焱讲是一个处长带两个警察和他谈话的。

熊焱开门见山的问："你们传唤我来有什么事啊，我现在肾炎病很严重，你们给报销一些医药啊"

公安：不是传唤你，是找你来了解一下你的近期情况，你现在北京住着，我们有责任啊。你有病去医院或者回湖南老家，我们管不了你的病。你在北京的一举一动都在我们的监控范围，你再搞出什么动静，还得抓你进监狱。

几个警察与熊焱东拉西扯一通，看熊焱没什么想法聊他们关心的正题，最后还是说到近期接受外媒采访事情上了。警察警告熊焱不得接受BBC等外媒采访，不得对外发布跟学潮有关的言论等。这次严重警告，以后好自为之。

熊焱从公安局回来后，对我说："北京警察对你非常关心啊，问我，王醒呢？他在哪儿？在北京都干些什么？我们也要找他的"熊焱对警察说："前一段时间我还见过，但是王醒现在不在北京啊，已经回东北老家啦"

其实，这一天我正在北京海淀区青龙桥熊焱家里，并且熊焱去北京市公安局还与我商量对策呢。

鉴于这种情况，我和熊焱、陈远商量后，还是转移到大学校园安全一些，这样我又住回到清华园，在几个清华大学的学生宿舍轮番住宿，这样不固定宿舍也是考虑安全因素。这时期我的清华大学科协的工作证派上大用处了，我是方西盟同学！

接下来7、8、9月份，北京的一些同学联系较多，大多数是靠着大学的联系枢纽和通信方式联系上，因为"六四"过后，中共政府为了掐断学运民运时期的串联和信息联系，把北京市的电话号码重新进行了统一变更，基本上北京的电话号码都改的面目全非了。这期间，北京的陈卫是比较活跃一位，陈卫是北京理工大学学生自治会负责人之一，也被捕关押在秦城监狱，91年的6月份从四川老家回到北京，与我们联系上后，配合开展了很多事情。这个时期，全国一些外地省份的八九同学来到北京联系、接洽，还有一些是通过信件方式取得和建立了联系。不过，大学毕业季节也是这个期间，一些我们组织的成员和熟悉的同学都要毕业分配去外地啦，特别是陈远今年本科毕业，分配到上海的一个大型企业。

有一些知识界人通过各种方式来联系我们，与社会知识界联系也逐渐增多，比如通过陈远的引荐，陈卫等我们一些同学经常到吕嘉民（全总工运学院老师，"六四"被捕关押在秦城监狱）、张抗抗夫妇家里拜访。

在1991年9月初，通过《美国之音》了解到美国国会议员佩洛西、等三人在9月4日白天，在天安门广场拉横幅纪念八九六四。

1991年9月4日早上，时任加州众议院议员的佩洛西与民主党议员本·琼斯、共和党议员约翰·米勒到北京访问，与ABC、CBS、CNN等美国媒体记者一同到天安门广场手执白花，站在八九当年学生运动成立的指挥部位置，也就是人民英雄纪念碑一侧放置白花，悼念六四死难烈士，三位议员共同打出"献给中国民主事业牺牲的烈士"的黑底白字手写横幅。被现场公安民警喝止、驱离现场，过程中CNN等7名记者曾被拘留数个小时后被释放，而佩洛西等人则因此被中国政府驱逐出境。

对于佩洛西议员等三位美国友好国际人士用实际行动，在"六四"二周年纪念日在天安门广场公开纪念"六四"的正义和勇敢行为，我们深受感动，无比钦佩。同时，我和熊焱在听闻这个消息后，又激动又深受鼓舞。感觉到不只是我们这些当年的八九学生在纪念"六四"和八九民运，国际社会和有正义感和自由民主世界的国际人士也与我们同样站出来向中共政府抗议。我还与熊焱开玩笑说：这"六四"二周年纪念，美国三个议员抢了我们的风头啊，本来我们公开接受 BBC 采访并在 6 月 4 日向世界播出是国际大动静，今年我们只能排在第二名啦。"

9 月份上旬，因美国佩洛西等三议员在天安门广场纪念"六四"事件，北京局势骤然紧张，特别是美国 CNN 等一些媒体记者等国际人士都与我们有联系，北京公安各方面加紧了对民运背景重点人员的监控。

正好此时，接到哈尔滨那个企业老总的信件，关心我治病和身体状况，还邀请我回哈尔滨边养病边做些企业研究和发展方面的工作。我就在内部沟通想法先离京去哈尔滨躲过这阵风头，北京市公安局那儿还找我呢。还有我也想到哈尔滨与我建立联系的同学们加强沟通和规划未来，还有更重要的是治病和生存、生活需要钱啊，综合各方面因素，我与熊焱、连胜德等同学沟通、商定后，我于 10 月份离开北京去往哈尔滨。

第三节 "华盟"与中国自由民主党的整合与重创

1991 年 10 月，我接到熊焱从北京寄来的信件，提到"HM"（暗指"中华进步同盟"）与"老胡合为一家，相互加入，你中有我，我中有你"事项，以便形成更大力量，希望我表明个意见。这个事情在8 月份和 9 月初我还在北京时，我们"华盟"内部就讨论过，我当时认为我们"华盟"成员主要是八九学生中较为有代表性的同学为核心和主体，成员最多和广泛，不只是北京，东北、西北、四川、广东等全国几个省份都有我们的成员，我们的目标是要把"华盟"建设成中国最大的和最具实力的反对派联盟。自由民主党现在成员是有限的，我们应该把其视为外围组织比较有利。

鉴于组织、人员及现实状况，我回信表示对于双方的整合我不反对，表示理解，可以合作，但要注意安全和风险问题。还有"华盟"的旗帜要继续扛着，深入中国社会，长期干下去，我将侧重这方面工作。

1991 年 10 月，中华进步同盟与自由民主党正式整合，以双方的成员互为加入对方组织的形式，两个组织并列存续。此事件是八九民运被武力镇压后，国内民运人士继承八九民运，继续进行民主抗争而成立反对党，中华进步同盟和自由民主党是成立最早和规模最大的民运政党，也是被抓捕判刑等付出代价非常惨重的，也是 1991 年和 1992 年期间最具影响力的，对今后中国自由民主运动产生了积极的和深刻影响。

中华进步同盟和自由民主党整合后，被中共破获和遭受重创事因"六四"三周年纪念活动，这里记述几个大事件：

1992 年 2 月 28 日，为纪念"六四"三周年，"华盟"和"自由民主党"在北京地质大学组织了"六四"1000 天忌日纪念活动，有十几人参加。期间，"华盟"核心成员，曾担任"外高联"常委和纠察总队总队长赵昕，和王国齐、刘迪等人坚持纪念活动，抗拒非法拘捕，在现场与北京 20 多个警察发生了冲突，被打成重伤，并被抓到当地东昇派出所继续殴打和限制人身自由。赵昕被遣送回云南老家，之后拖着重伤的身体流浪到武汉市，一方面化名躲避当局的抓捕，一方面打工谋生。

1992 年 3、4 月份，"华盟"和"自由民主党"委派陈卫专程来哈尔滨向我通报重大情况，以及商讨"六四"三周年纪念活动事项。在一星期左右时间，我和陈卫与在哈尔滨的张晔等多位核心成员参加了"六四"纪念活动的研讨。经过几次商讨，决定同意和支持"六四"三周年纪念活动应该以北京为中心，还要在全国一些大城市同时举行纪念活动，利用大型气球和小型航模机进行空中传单散发，形成声势和影响。我表示今年"六四"三周年纪念活动的对外发声和宣传品，要重点呼吁国人和国际社会不忘"六四"和纪念八九六四，呼吁中共进行政治改革，实行自由民主宪政，释放一切政治犯，为"六四"死伤者抚恤等。陈卫在返回北京前，我们约定我5月底至6月4日期间，从哈尔滨带领几位成员到北京共同参加纪念"六四"三周年行动。

1992年5月底，我携同孙伟和另一名老张朋友一起乘坐火车出发去北京，这位朋友是去北京办理业务出差的，有些事情他并不完全知晓。6月2日，按照之前的约定来到海定区陈卫住处，没有找到陈卫，于是我们决定先在北京海淀区一个招待所住下。当天晚上，我们直接去熊焱在海淀区的住处也是没有见到人影。第二天，也就是6月3日，我一大早安排孙伟去王国齐的住处设法取得联系，孙伟中午回来说到了王国齐家里，但是没有人，因此赶回来问下一步如何进行？我们和孙伟分析了这种情况，感觉不对劲啊，但是因为约定的时间已经到了，我决定还是要再到王国齐的公寓去，因为这个联络点是之前约定好的地点。我们来到王国齐住处，我按照约定从门框上端找到开门的钥匙，进入到房间，房间较为凌乱，感觉是经常有人居住的状态。我们在房间等待了三个小时左右，已经是傍晚6点，仍然没有王国齐的身影，也没有其他人来接洽，我决定去海淀区清华大学西门外的李森荣处，尝试能否了解到纪念"六四"三周年行动及人员相关情况。

我们一行三人从王国齐的公寓出来，刚走到大街上，孙伟就靠近我说："咱们后面有两个人好像跟踪我们"，我边走边侧身回头观察，有两个身穿体恤衫的青年人，其中一个人带着墨镜，看到我回头看他们，随即两人靠在墙壁上点烟不再靠近我们。为了验证是否被"盯梢"，我们三人在马路上的车站随便登上了一辆公共汽车，在汽车开动的瞬间，我们发现刚才那个带墨镜的青年人也登上了这台公共汽车。孙伟小声对我说："我断定被跟踪了，我看这个车是开往北京火车站的，我们在北京站下车吧"。我说可以，再观察一下。

到了北京站我们下车了，发现那个墨镜青年也下了车，就跟在我们不远处。此时，我仍不想确认被跟踪这件事，如果真被公安跟踪了，那么此次北京之行的纪念"六四"三周年活动将彻底泡汤啦。于是，我们进入到了附近的一个包子铺，点啦两盘包子，商量着这种情况如何应对。同时，我让孙伟出去看看情况，那个墨镜青年是否还在？孙伟回来说那个"墨镜"就在斜对面，而且小包子铺里也突然人多了起来，应该是公安便衣派人进来观察我们与谁在一起，与什么人接头联络。此时的时间已经是 6 月 3 日晚上 10 点左右，我们被跟踪已经得到完全确认，并且我们一举一动也已经在这些便衣警察的控制范围了。现在不但与北京的同道没有取得联系，就是能联系上也不能再联系了，不能给我们的组织和同道带去危险啊。鉴于这种紧急情况，我们商量如果被捕统一口径是来北京出差和旅行的，并且立即进入北京火车站乘坐最近的火车返回哈尔滨，摆脱现实被抓捕的危险。乘坐上火车回哈尔滨的路途上，感觉此行北京惊险啊，所幸还能安全返回哈尔滨。但是，庆幸的还是太早啦，就在返回到哈尔滨的当天晚上，应该是 6 月 4 日晚上，哈尔滨市公安局十几个警察就包围了那个同行来京朋友的住处，半夜就把他抓到了公安局审讯，拘留多日后，予以警告和释放回家。我则是被公安便衣在单位和住处 24 小时"站岗"监控了几天，直到公安在那个朋友处没有得到什么"过硬的罪行情资"而被释放，才放宽了对我和孙伟的监控。

时隔多日我才从北京相关渠道获知：

从 5 月中旬开始，"组织"就按照计划印刷了大量的传单，然后通过成员分别往全国各地发送和邮箱里投放，还有到各个大学去张贴。5 月底，北京公安闻风而动，抓捕了中国自由民主党主席胡石根，之后陆续抓捕了康玉春、陈卫、刘京生、王国齐、王天成等重要成员，全国各地被抓的有 30 多个人，最后被中共判决的，北京市 16 个人，河南、江苏、四川、新疆也判了一些，总共被判决了 20 多个人，黑龙江等全国各地还有大批的人被当局和公安系统调查、整治。至此，"中华进步同盟"和"中国自由民主党"被中共破获了，遭受重创。

5 月底，在"纪念"六四活动计划暴露，公安局已经展开抓捕行动后，熊焱来到中国南方城市躲藏。1992 年 6 月初，熊焱通过香港救援民主人士的特别渠道，从中国乘船成功出逃到了香港，随即从香港去了美国。

我在京期间和通信中暗语沟通方式，与熊焱和连胜德都商讨和明确表示，对于我们几个核心成员如何分工问题，我认为我们应该派人到海外建立、发展"同盟"组织，与我们坚守国内的成员里应外合形成力量，核心成员中熊焱、连胜德应该想办法到海外去，我本人是要坚持在国内不去海外流亡的，要在中国团结各种进步力量，解决中国问题的。这是我们"组织"已经决定的事项，只是看时机把握。熊焱在 92 年"六四"三周年纪念活动过程中，能逃出中共抓捕，能成功出逃到香港，不但保全了熊焱自己，同时也保全了一些与他有直接联系的"组织"核心成员，我就是其中的一个。还有在 1992 年 6 月到 8 月之间，我被哈尔滨的公安几次传唤、讯问，因为我自 91 年 10 月、11 月离开北京回到了哈尔滨治病，这次"六四"三周年去北京也没有公开"大动作"，再有这个时期的我肺结核病反复发作仍在治疗，因以上几方面原因，我逃过这次中共对"华盟"和"中国自由民主党"的大规模镇压和牢狱之灾。

第四节 "华盟"被迫转入新战略，扎根中国，团结所有进步力量图谋变革和解决中国民主化问题

从 1990 年末筹备"华盟"和"中国自由民主党"起，到两个组织的成立、组建，这个时期形成了国内自八九六四被镇压后，最大规模自由民主的反对党活动。经过 1992 年纪念"六四"三周年活动被

中共破获和镇压，没有被抓捕和判刑的幸存成员转入更隐秘的方式，坚持长期抗争。此后，以我们为代表的"华盟"（包括"中国自由民主党"）成员，汲取这些年来在国内开展民运的经验教训，决心坚持"华盟"宗旨，扎根中国，团结所有进步力量，图谋东山再起，执着解决中国自由民主宪政问题。

第十章

从大学生到八九囚徒/金融家+AI 与科学家
与战略学者！五起五落、百炼成钢、传奇人生

（自 1989 年至今的民主抗争、经济自立发展与屡遭迫害纪实摘要）

本章引言：《外高联与八九中国民运》这本著述，大部分内容源自 2024 年—2025 年我在纽约哥伦比亚大学做访问学者的研究课题，指导教授是著名的政治学和中国问题专家黎安友（Andrew J. Nathan）教授。在课题研究过程中，黎安友教授特别提出：那些参加了八九民运的学生，在八九六四之后没有逃亡海外，而是留在中国大陆的那些学生，他们是怎么"活下来"和"成长的"，外界了解的不多，你作为这其中的典型人物，八九民运"外高联"组织的主要负责人，应该将你这三十多年起起落落的传奇，那些苦难和成长经历，特别是你八九民运之后持续遭受中共迫害，特别是后来经济刑事迫害的经历也要在这本课题专著中进行披露和总结，这也是与八九民运后续相关的经历和历史的一部分，应该是这个研究课题的组成部分。为此，遵照教授的指导意见，本章以纪实方式简要介绍我这三十多年，作为"留守"在中国大陆的八九同学，真实再现"五起五落"的民主抗争和金融家+战略学者成长历程与持续遭受中共各种迫害纪实。

第一节　大学生+八九学运组织者到囚徒
（1989 年—1990 年 6 月之第一起一落）

我出生于六十年代末的中国东北黑龙江省，自 14 岁从深山林区

家乡独自到林业局镇上住校、求学读书。作为初中一年级学生没有学校宿舍，没有资格住进高中生的宿舍，那最初的二年都是借住在同学家里。每天放学和节假日，学校教室开放就在教室学习，学校教室关闭就去镇上的图书馆，在春季和冬季那些寒冷时节，那些小饭店能容身的也是我经常自习的地方，遇见过很多的好心人提供自习空间和帮助。

镇上的图书馆是方正林业局唯一的图书馆，对外开放，可以办理图书证借阅图书。1983年到1985年，我读初中的那三年，我在学校的各科成绩名列前茅，课外读物自然成为我成长的给养，我是这个图书馆的忠实读者和利用率最高的读者了，只要不在学校上课，图书馆开放我一定就在这儿。这个图书馆1万多册书籍和杂志，我几乎阅览了一遍，如饥似渴，涉略了大量的科学、历史、社会、政治、财经、小说等方面的书籍，有些读来是懂非懂，有些书细读，有些书略看，那时电视都很少有，书籍是最大的外部知识来源。因没有住处，居无定所而"泡图书馆"反而是如获至宝啦，这是我少年时期对我产生很大影响的经历。

我的大学时代正赶上中国八九民主运动，此时的我是哈尔滨工业大学航天学院88级大一新生，作为当地重点大型企业委托培养的学生，担任班级班长和年级大班长，进入航天学院学生会和校学生会成员。1989年4月中旬北京爆发学生运动，在参与和组织了哈尔滨的游行、示威抗议活动后，1989年5月中旬，我从哈工大奔赴北京参与了外地高校学生自治联合会、天安门广场临时指挥部的成立并成为主要负责人之一，亲身经历了中国青年学生和民众追求自由民主的伟大抗争和血与火的洗礼，乃至被关押秦城监狱一年，被大学除名。中国八九民运影响了中国和世界，也改变了我的人生。坦诚的讲，八九学运民运期间的我，在思想上和三观方面（世界观、价值观、人生观）是正在形成、养成过程中，特别是在政治方面的知识、历史并不太专业和全面了解，当然更不是成熟状态。还有作为外地省份的学生群体的一份子，相比北京的一些优秀同学人物所在人文、自由民主抗争经历的累积，很多是我们外地学生学习的榜样。但是，从作为人的朴素、正直的、纯真的情操，从我们对自由民主的向往和追求，从八九学运民运重大、关键历史时刻爆发时不我待，让我们义无反顾的投身到八九学运民运中，也使我在八九学运民运以及此后的自由民主抗争中成长。

从所谓"天之骄子"的大学生，到秦城监狱的政治犯，这是一起一落。其中秦城监狱相关已经在前面章节做了详细介绍，这里就略过啦。

第二节　中华进步同盟+中俄边贸时期

（1990 年 6 月—1994 年黑龙江+北京，之第二起二落）

我出狱后继续进行民运，肺结核、风湿病折磨，并治疗没有钱，自身难保，自己有病都无法医治，自己生存生活都不能自理，如何干民运啊，有理想有理念，有仇啊也无法报啊！所以，思前想后，按照【中华进步同盟】的组织宗旨和精神：深入社会，扎根中国，在知识和经济等方面武装自己，因为没有经济基础支持和支撑是真不行啊，出狱后进行民主抗争的三年左右时间，对此理解的深刻和痛彻心扉啊！同时还有要团结中国各种进步力量，构建形成强大的同盟网络，等待时机，伺机而动，目标就是成就实现中国自由民主化的事业的理想。

经历了二十世纪九十年代初前几年的民主运动继续抗争和颠沛流离后，我主要转入经济领域发展，寄希望于学习掌握经济能量，团结各类进步力量，为未来民主中国积蓄力量。

彼时急于站稳脚跟+时代机遇与"出事有因：

1. 王醒自 1990 年 6 月从秦城监狱释放，历经哈尔滨、北京养病和继续民主斗争与"革命"。时至 1991 年底。

2. 哈尔滨的两家民营企业，从事企业发展研究和治病，1991

年 11 月—1992 年 1 月。

3. 1992 年 2 月—1992 年 7 月，受《科技日报》驻哈尔滨记者站站长张晔邀请和关照，担任编辑/记者.《科技日报》是八九民运期间最支持学生运动的主流媒体之一，在"六四"后被清算和打压。张晔是八九民运当时在哈尔滨最活跃的民主人士之一，因容纳我在报社工作，被黑龙江省和哈尔滨市当地公安部门骚扰、打击迫害，张晔和我因此都"被失业"丢了工作。

4. 1992 年 8 月开始——1992 年 12 月。王醒作为"哈尔滨周边国际贸易展销中心"项目策划人和运营实际主导者，是当时哈尔滨/黑龙江大型民间对外展销中心模式的主要开创者之一。

5. 1992 年 11 月——1994 年初月。上海二纺机黑河经贸有限公司，边境贸易；证券投资（上海/哈尔滨）。我作为公司主要负责人之一，独自第一线指挥，主力担负公司全面经营管理工作，是当时外省市到黑河地区开展中俄边境贸易的企业中，最年轻的公司负责人，22 岁啊！而且是上海市设立的 22 家从事中俄边境贸易的企业中，贸易规模和盈利最大企业。还同时参与运作证券投资，颇具风生水起之势！

6. 但是，好景不长，"出事有因"，经济事业一落千丈：边境贸易和证券投资都归零，我自身难保，那些汇集到我这里的十来个当年的同学只能另寻出路啦。

1）因宋立峰事件影响。宋立峰是清华大学研究生，是八九学运民运期间清华大学学生自治会骨干成员。1991 年毕业分配到哈尔滨市政府外国专家处，是我那时在哈尔滨时期聚合组织在一起的几个核心同学之一。1993 年随哈尔滨市政府代表团出访美国，脱离中共控制，奔向了自由世界，中国政府称其"滞留叛逃"。受其牵连，我被监控和没收护照，工作受到严重影响。

2）受美国的"中国人权"组织"慰问"影响。1993 年左右，在美国的"中国人权"组织邮寄给我一封联络慰问信函，表达对我在八九学运民运的作为钦佩和关心我从秦城监狱出来后的状况，并附 100 美元表示慰问。因此，黑龙江公安系统和安全系统对我进行了调查、监控和打击迫害。

第三节　成于技术，败于公安

（1994 年 7 月—97 年 6 月，哈尔滨+上海，之第三起三落）

边境贸易"不让干了"，我还得自谋生路啊。在一些老师同学和朋友们的协助下，我于 1994 年 7 月组建成立了哈尔滨埃比欧（ABO）经济技术协作有限公司（1994 年 7 月——1997 年 6 月），这是当时哈尔滨为数不多的私营企业。主要做证券信息技术和服务，以及联系一些大学合作进行科学成果转化。借助当时的证券市场发展契机，居然再次起死回生，企业经营运转起来啦，一年收入达到百万规模。还团结聚集了一批我在黑龙江的一些高校同学们，还暗自支持扶助了很多被当局迫害和打击的同学。为我们当年的民主社会理想和现在的经济现实赢得很多同学的赞许，很多老师同学评价："我们的学生领袖就是榜样！既能搞民主，还能几次从地狱爬起来实干搞经济，这么成功"。

在这段时期，我经常往来上海、北京等地。并且为了躲避哈尔滨的警方骚扰，我在 1994 年 8 月—1995 年底期间主要在上海串联业务和联络交往各界。哈尔滨和上海两地技术信息交流和合作模式本来挺顺利的，怎奈上海公安部门探知我"流串"到了上海，开始对我进行"摸底调查"。哈尔滨市和黑龙江省公安部门是我的户籍和"任务"管控单位，盯防是常态，每年一到"六四"前后都要打招呼和尽可能来"看望你"。

哈尔滨与上海公安部门彼此都对王醒"摸底调查"，这样互通情报啦，我在上海就又呆不下去啦，只能回哈尔滨，可是回到哈尔滨更是被当地公安折腾。那真正底牌的逻辑就是：就是你王醒这个"动乱分子""反革命"，如果还能在"他们的地盘"事业开展的很好，岂不是当地公安部门的失职嘛！明显管控不力！还有我全国各地"开展商业活动业务"，接触和接济一些"八九同学、战友"，公安也摸不准我都在干什么？钱从哪里来的？所以只能限制你做大，要么你就把户口迁走到别的省份，这个哈尔滨当地公安就可以把你"销户"不管你了。不堪骚扰，无法正常经营啊！经过这些年的斗争，这种明说暗示我也整明白了，没办法，只能再离开哈尔滨，远走他乡，再挪窝！这个三落啊，是不落也得落啦！

第四节　证券再起，受困于公安国安之危局

（1997 年—2008 年大连+广西+北京 之第四起四落）

1996 年底考察大连市。1997 年上半年正式从哈尔滨迁往大连市。1997 年 8 月王醒组建成立了民营企业——大连北部资产经营有限公司。此时正值中国证监会对中国证券市场的证券投资咨询行业进行规范，在全国范围进行整治"股评乱象"，对市场上符合条件的实力"股评机构"进行收编。在这个背景下，北部资产于 1998 年 4 月取得中国证监会首批核准的证券投资咨询许可证牌照。正是在有了这个基础，我把户籍迁移到了辽宁省大连市。同时重要的安排还有，为了降低公安部门对我的注意和招致再次经济挫折，我刻意从不亲自出现在公开媒体，并且聘用和培训了一批证券从业人员和证券分析师在全国开展证券投资咨询业务。这些举措让我和我的企业有了五年左右的缓冲期和发展期，算是第四起吧，北部资产在证券行业和全国有了一定知名度，业务和收入规模处于行业中等水平，不但解决了自己、家庭的温饱问题，还可以照顾家族亲人，同时，也接济、救助

和帮助支援了很多八九同学，尤其是联络上我的"外高联"同学，还有一些北京的同学，还有被牢狱和处分的一些同学。

2000 年左右，因当年八九民运期间的北京高校学生对话代表团副团长沈彤从美国派人联络我，这个从美国回到国内的女生电话联系到我，并转发沈彤等当年同学们的来信。这个信函事件影响不知怎么就被中共公安、国安都掌握了，我当时认为是我的电话和通信都是被暗中监听、监控的。这个事件导致我又开始被调查啦。

2002 年初，在美国的民主人士杨建利邮寄信函联络我，并寄送来 100 美元。好像我的联系方式是他从连胜德那儿获得，这可是一波未平，一波又起啊。本来上次那个沈彤来信还没完呢，这下又来建利啦！因为大连市公安局和辽宁省安全厅对我持续监控，派人来我单位调查和多次讯问。对我和我的企业造成严重冲击，公司再次陷入困境。还有就是当年沈彤从美国回到中国入境的那次事件，这个前后是否有联系？这次把我和我的企业很是一通审查和折腾，就差把我当"敌特"抓捕了。2002 年 5 月份，我通过朋友提醒告知，杨建利从美国入境中国推动民主、社会运动，被中国政府抓捕关押了。我当时特意到外网查询了解了此事件，并持续关注。我好像也是被公安安全部门给联系到一起啦，好在我当年没有与杨建利见面！这个事情国际社会和人权组织那些年一直在营救，但是还被中国当局判刑 5 年，一直到 2007 年 8 月杨建利被释放回到美国。

还有几个"八九同学、秦城监狱"的朋友来大连多次求助和谋生工作，我都给予了尽力支持帮助，其中在 2005 年就有一次被当地公安政保部门侦知并来我公司现场审查和威吓的，整的我和公司难以招架，我的那个秦城监狱同学只能又被迫离开大连。

我的企业北部资产到 2005 年中期因以上三个事件的影响，公司经营全面下滑，客户都给吓跑啦。经过几年的勉励维持，我只能还是走上那个避走他乡的老路，到其它省份去"念经"谋出路啦。正式在这些背景下，我在 2006 年末，到 2008 年中期，远遁和开辟了广西壮族自治区的新战场，主要从事把矿产资源项目与中国资本市场相结合的并购重组业务方面。这也是当年资本市场的热点。这次的大连被折腾，败走广西应该算是第四落啦！

第五节　金融家+金融行业领袖之崛起与魔难

（2009 年—2021 年之第五起五落/北京+全国）

2009—2018 年，建立以北京为总部，集团化和金融行业布局十年。2008 年前后，王醒把握中国举办奥运会前后出现的相对政经宽松窗口期，其创办的北部资产为核心企业的集团公司迅速发展，成长为中国证券行业的重要机构之一。以北部资产和禾银投资基金，以及合资的天治北部之金融机构为金融核心企业，以禾银信息技术公司为科技核心企业，成立禾银控股集团，成为金融证券行业龙头企业。王醒作为民营金融证券机构代表被行业推举，高票当选中国证券业协会副会长，同时兼证券投资咨询机构委员会主任。主持和参与几十项金融法规、规则的制定和修订，积极推进行业金融科技和国际合作交流。发起和带领金融资本市场开展【金融合力扶贫行动】：反贫困，树立社会良心，通过凝聚金融市场和行业、社会的进步力量，培育和聚集社会多元化民间力量，为今后中国的自由民主化变革做一些同盟军的必要准备。这是我在中国的经济领域事业顶峰的"第五起"。

2015 年"中国 2 股灾"之后，中共高层开始集中整治证券市场与行业——派驻公安部在中国证监会设立专门机构"抓坏人"。我被盯上是我的八九历史问题和公安部门持续盯防整理的案底，以及我事业和金融行业声名被各方面各部门引起关注。"事实"根据需要制造，逻辑已经运转，那我不能不是"坏人"啊！2018 年 11 月初起，被中共当局指派吉林省监委（我公司与吉林省有合资的机构）多次传讯，12 月 5 日以莫须有的经济罪名关押和迫害。2018 年 12 月中旬，监委调查人员查抄我的办公室，被搜出八九六四历史资料，以及后续民主活动材料、信件等。据专案组向我透漏：他们与公安部、秦城监狱等部门联合整出我的"黑材料"，"你这个反政府分子是跑不掉的"。

2021 年 12 月，王醒被中共上级机关指派吉林省监委和公检法审讯、审理，冠以四大重罪关押三年后，法庭当庭宣判"单位行贿罪"判处三年徒刑，并当庭释放。之后仍持续遭受政治、经济行政等各种压制和迫害。

王醒对遭受迫害的事实要点和核心权利宣告：

一、罗织罪名众多，仅勉强定制上一个："单位行贿罪"

我及所创办的北部资产企业成为中国金融与证券领域知名金融机构，并长期坚持依法经营，从未参与权钱交易，致力于以市场化方式推动金融创新与民营经济发展。然而，自 2018 年以来，针对我王醒的迫害明显升级。其因过往政治经历与作为金融行业及组织领军人物的广泛影响力而遭遇失实指控与不公对待，被以贪污、职务侵占、行贿、单位行贿等多项罪名长期羁押。最终，（2021）吉 2403 刑初 357 号判决仅以"单位行贿罪"对其定罪，并据此没收公司资金一亿元。该判决不仅与基本事实严重不符，在程序上亦存在重大缺陷，成为公权力对民营企业家合法权益实施系统性侵害的典型案例。

二、从王醒案洞察中国民营企业家面临的系统性风险与制度性迫害

在刑事、行政与民事错误处理的叠加效应下，王醒在这十余年设立的十几家民营企业，在这次被中共当局迫害过程中，在后续对我及我的这些企业的持续打击和迫害过程中，遭受毁灭性损失：企业资金一亿元被非法没收；证券经营许可证被取消，直接损失逾两亿元；持有的金融机构的牌照与股权价值损失约三亿元；长期投入开发的金融智能系统项目损失约五亿元；其他直接与间接损失数亿元。企业经营体系被整体摧毁，王醒的人身自由、职业生涯与财产安全均遭受不

可逆转的破坏。自 2021 年底王醒被释放后，持续向中共和中国政府最高当局实名举报、控诉中国公检法和监察委、中国证监会等相关部门和人员非法捏造罪名，罔顾事实，以政治、刑事、行政和民事等手段迫害公民、民营企业家。王醒和其所属企业要求纠正冤假错案，惩处执法犯法人员，赔偿损失。结果是根本就没有任何有权当局部门和人员搭理你，这就是中国最真实的司法环境和国人持续几十年的悲哀。在此列出王醒实名向中共当局各大最高机关及负责人进行举报、控诉名单：

北京市高级人民法院寇昉院长 ／ 北京市高级人民检察院　朱雅频检察长

中国最高人民法院　张军院长　／ 中国最高人民检察院　应勇检察长

国家信访局局长　李文章局长 ／ 北京市第四中级人民法院党组及监察委

全国人大法工委　沈春耀主任、信访局　杨晓丹局长

中共中央政法委　陈文清书记及举报中心主任

中共中央纪检委　李希书记及举报中心主任 ／ 国家监察委　刘金国主任及举报中心主任

中国民营经济主体及企业家是创造财富、价值、税收和就业的主力，为国家经济运行提供基础和关键支撑，并塑造社会结构的基本稳定性，是中国和中国人民的宝贵资产、资源。然而，这一国家发展不可或缺的力量，却长期处于高压与高度不确定的制度环境之中，其所遭遇的制度性迫害，正在对中国的经济前景与社会结构产生深远且持续的破坏性影响。当局强加给绝大多数民营企业家（真实民营企业）的"罪"，并非源自违法经营，而是因"他们"在政治上排除异己，经济上要严密控制生产关系和生产资料。王醒案正是这种政治、经济与资本关系的集中体现。法律在此被异化为掠夺工具，司法成为权力意志的延伸。王醒案不仅是个体冤假错案，也是中国民营企业家

群体的普遍性困境和系统性风险缩影，更是中国及其民营经济法治环境失衡的制度警示。

三、五起五落结案陈词

王醒，中国民营企业家、金融家与科学、战略研究学者。是中国金融业的重要领军人物之一，也是具有广泛影响力的民营企业家代表。20 世纪八九十年代，他曾是中国学生运动的重要组织者之一，先后担任全国性高校学生自治组织"外高联"副主席（副总指挥）兼秘书长，并兼任天安门广场临时指挥部秘书长，在当年的学生运动中发挥了关键的组织与协调作用。因参与学运，王醒被关押于秦城监狱一年余，并在羁押期间罹患肺结核、心肌炎等严重疾病，随后被大学除名。

出狱后，在历经上世纪九十年代初那些年的继续抗争与魔难后，王醒选择继续留在中国，希望以改革与改良的方式推动社会进步，尝试通过自由市场经济与法治路径促进中国社会转型，广泛团结社会中的进步力量，推动中国向真正的自由、民主与法治文明迈进，使中国社会与世界主流文明实现融合。此后，曾发起组织"中华进步同盟"并担任联席主席。几经魔难，王醒被迫转向经济领域发展，同时在各地同学中保持了广泛影响力，曾当选哈尔滨工业大学大连校友会和广西校友会副会长。并自学完成本科学历及在职硕士学位（战略管理与资本运营），一次性通过全部证券从业资格及证券经营机构高管任职资格考试，正式进入金融、证券与基金行业。

2008 年前后，王醒把握中国举办奥运会前后出现的相对政经宽松窗口期，其创办的北部资产企业迅速发展，成长为中国证券行业的重要机构之一。在行业机构的共同推举下，王醒作为民营金融机构董事长及行业内主要民营机构代表，以高票当选中国证券业协会副会长，长期主持并引领中国投资咨询及金融经济研究、金融创新、政策分析和国际合作等领域的发展。此后，王醒又被金融资管行业机构推选为中国基金资管联谊会执行会长，并作为行业组织负责人，会同全国性金融行业协会，发起面向广大农民与欠发达地区，为了广大农民脱贫、反贫困的"中国金融合力扶贫行动"。该行动汇聚了全国金融机构、上市公司及各类民营经济主体，推动大量民营企业与企业家积极履行社会责任，扶助弱势群体，王醒当选为理事长。

在金融资本、行业治理与公共责任领域，王醒以独立见解、家国情怀和制度改革意识著称，长期倡导自由市场经济，支持并推动金融证券、基金资管、保险行业的创新发展与民营经济成长。同时，他秉持普世价值理念，持续关注政治与社会文明进程，被视为中国金融界兼具金融经济研究与金融实务管理经验，以及公共关怀的代表性人物。

自"八九民主运动"以来的三十余年间，王醒的人生与事业多次遭受中共当局政治、经济，刑事、民事及行政打击迫害，其命运数度沉浮，历经重重磨难。"留守"在中国的八九同学王醒的遭遇不是个案，一方面是单纯"政治"因素迫害有很多典型案例，例如：刘晓波、胡石根、康玉春、赵昕、陈卫、李海等等。还有一个严酷的事实是：八九六四后"留守"在中国境内从商的民运人士很多人遭受迫害，比如"北高联"常委张铭（清华大学）、郭海峰（北京大学）、马少华（人民大学）等很多人被中共当局以"经济犯罪"等名义进行关押、刑事判刑等残酷迫害。这体现和证明了中共当局采用污名化和严密管控等方式对付民运人士异己分子，已经是不择手段这个事实。自2022年起，因持续遭遇不公对待及人身安全再次威胁，王醒被迫赴英美从事学术研究工作，在美国哥伦比亚大学与英国伦敦大学从事战略研究学者，并继续在金融和科技领域国际化发展方面布局。

第十一章

八九民主运动定性、时期阶段划分，历史评价

经我们"外高联"几位主要负责人与"北高联"体系主要负责人及代表性人物商讨、决定，在此代表八九学运民运两大全国性组织之一的"外高联"，以及"北高联"与"外高联"共同设立的"天安门广场临时指挥部"，对八九学运民运做出学生组织官方的定性与评价。

第一节　定义定性与时期阶段划分，以及运动主导组织

我认为可以定义为，广义上统一称为八九中国民主运动，或者广义上的六四民主运动。其中包括了学运、全民民运、六四大屠杀及抗暴革命。

八九民主运动是在中国历史上和世界范围的伟大民主运动和抗暴革命，是以大学生为先锋队和学生为主体的全民争取自由民主而进行的和平抗议运动，也是一场没有选票形式的、事实上的全民争取自由民主"选举"运动。是邓小平、李鹏代表的中共极权专制力量，动用正规野战军大规模的对中国学生、知识分子和民众等中国社会自由民主力量，包括中共党内赵紫阳代表的"在民主法制轨道上解决问题"改革和开明派，也可以称为改良派，在全国范围内进行的武力残酷血腥镇压。

八九民运是北京为中心，在全国各地省份都爆发了大规模学运民运，全国各地省份都有大学学生自治组织，以及社会组织的成立和主导当地运动发展，部分省份的中心城市还形成了区域学运民运中

心。所以，要从全国的学运民运大局势来进行客观分析研究和评价。

八九民主运动三个时期阶段与定性，以及影响运动全局的主导组织：

4月15日—5月12日，学生爱国民主运动，简称学运。

主体是学生，知识分子参与，得到了广大人民热烈支持和声援，主流诉求是"反官倒，反腐败"、要求民主法制、推进政治改革，以社会主义民主改良为目标；

中共官方以人民日报"四·二六社论"方式，将本次学运定性为动乱。事实是学生只是和平游行请愿，社会秩序维持良好，学生们的爱国行动获得北京市社会各界和全国各界、民众广泛支持。

此学运期间分两个时间段，主导学运的组织机构是：

1989年4月15日至4月23日，主导组织是北京大学团结学生会筹备委员会，简称"北大筹委会"；

1989年4月24日至5月12日，主导组织是"北高联"。

5月13日—6月2日，全民爱国民主运动+自由民主和平抗争运动。

主体是以学生为主导，知识分子精英、市民、工人和各界广泛参与，学生绝食请愿引发全国学生群起响应和参与，博得全国民众的同情和支持。主流诉求是宪政民主改良运动和以反对戒严和围堵戒严部队，标志性口号是打倒政府总理李鹏等反动政府，反对邓小平等老人独裁进行抗争为特征和目标；学生和民众此阶段大多把希望寄托在中共赵紫阳等领导层的改革进步派身上，希望他们以本次学运为契机从体制内部主导中国的进步变革。

中共官方继续坚持"四·二六社论"对学运民运的动乱定性，中共高层拖延对话，毫无诚意的应付对话，并实施军管戒严极端措施。学生在北京天安门广场及全国部分省市举行绝食行动，北京及全国的高校学生、民众继续和平游行请愿，支持学生爱国行动，这期间在北京和全国各省市开展的学运民运活动是和平、理性、非暴力的，总体社会秩序维持良好，没有发生所谓的"动乱"，学生们的爱国行动获得北京市社会各界和全国广泛支持。

此期间分三个时间段，主导学运民运的组织机构是：

1989 年 5 月 13 日至 14 日，主导组织是"北高联"及"绝食团"。

1989 年 5 月 15 日至 18 日，主导组织是"北高联"及绝食团指挥部。

1989 年 5 月 19 日至 23 日，主导组织是"北高联""外高联"，及天安门广场临时指挥部。

1989 年 5 月 24 日至 6 月 3 日，主导组织是"北高联""外高联"、保卫天安门广场指挥部和"首联"。

6月3日—6月下旬，六四大屠杀及抗爆革命。

中共动用正规军，也就是所谓的"人民解放军"对学生和市民等各界民主运动参加者、支持者，在全国范围内实施了武力残酷血腥镇压，并发生了六四大屠杀，以及反抗者被迫进行的自由民主抗暴革命，这是"六四"事件的真正性质。这期间的反抗暴政和反抗武力镇压，争取自由民主革命，主体是学生和正义民众，先遭到军队开枪和暴力镇压，后被迫在北京和全国进行局部反抗反击的，最终被独裁反动政府无情武力镇压和屠杀。中共所谓的"北京发生反革命暴乱"之说，是颠倒黑白，不但没有法理依据，更没有事实依据，是中共为了继续维持其中共政权专制统治，对学生和人民实施惨无人道的大屠杀。大屠杀粉碎了我们中国学生、民众对中共政权的幻想，让学生、民众和各界，以及国际社会看到了中共专政的残酷和邪恶真面目。

1989 年 6 月 3 日至 6 月 4 日，主导组织是保卫天安门广场指挥部，"北高联""外高联"。

1989 年 6 月 5 日至 6 月下旬，主导组织是"外高联""北高联"及全国各省份、各地进行抗爆斗争的学生自治组织和社会自治组织。

第二节　八九中国民运在世界范围和历史上的评价

　　站在二十一世纪的 2025 年当下时空，对八九中国民运作出正确和公正评价，无论是从过去历史上、现在和未来中国与世界，都具有必要性和现实意义。我代表当年的"外高联""天安门广场临时指挥部"和广大参与八九中国民主运动的学生和民众，以八九民运组织主体的身份做出评价和结论！

　　八九中国民主运动是以学生为主体，联合中国社会各阶层之社会自由民主力量，包括中共党内赵紫阳为代表的"在民主法制轨道上解决问题"改革开明派，以北京为中心，在全国范围内对阵邓小平、李鹏等为代表的中共极权专制派，为争取自由民主人权而进行的史无前例的政治、社会运动和伟大斗争。

　　八九民运是"反腐败""反官倒""反独裁"，要求进行政治改革，争取自由、民主和言论、集会结社等最基本人权的和平请愿，非暴力抗争运动。被中共为维护其极权独裁专政政权，在全国范围内实施了武力残酷镇压，并且在北京动用正规野战军，使用坦克、机枪等重轻武器大规模血腥屠杀和残酷镇压，发生了震惊中外的"六四"大屠杀。发生在军队开枪以后的所谓民众"暴力"行为，只是对军事暴力的被迫和有限反抗。事实证明，"六·四"血案，中共军事暴力和屠杀在先，学生和民众被迫和有限的反抗在后。中国当时没有动乱，不是学生民众的暴乱，而只有中共的屠杀。

　　八九民运为中国和世界留下了宝贵的政治遗产，对中国和世界产生深远影响。

　　其一，八九民运成为一座人类历史上争取自由民主的历史丰碑，向国人和世界展现中国自由民主抗争群体力量反对中共独裁专制政权的伟大斗争，绽放出中国人的人性光辉，促进了中国自由民主化进程。在推进中国自由民主人权的意识觉醒，唤醒国内外的良知，形成国内人权觉醒和国际社会对中国人权的持续关注及外交压力，共同促成了"官方价值贬值，民间价值升值的转折，从而形成道义在民间，以及持续的人权运动和民主运动格局"（刘晓波）。

其二，六四大屠杀导致了中共现行制度的道义合法性基本丧失，对中共一直以来固守的共产主义价值系统在中国人民的心中决定性的动摇和瓦解，让中国人民和世界人民看清了中共政权为了共产党内最为黑暗的政治势力，利用最残酷的手段维护统治阶级的利益，动用 20 万到 30 万正规野战军队，用枪炮、坦克镇压在北京进行和平抗议的、赤手空拳的学生和民众，在全国各大主要省市范围内动用军队、武警、警察进行武力镇压学生和民众的和平抗议运动，以及采用共产专政国家机器手段镇压和迫害民主运动的参与者。这暴露了中共赤裸裸的共产极权专制和残暴真面目；让国人和世界认识到只有推翻这个独裁专制政权，才能实现中国的自由民主化；

其三，在八九民主运动中的北京和全国各地，中国人，包括海外华人，所表现出的崇高、热烈、真诚、团结、勇敢精神和整体风貌，以及面对六四大屠杀和在抗暴斗争中所表现出的同仇敌忾、道义担当、勇于献身的英雄气盖，和那种极限的义愤与悲壮，更涌现出大量为救助、拯救参与运动和抗暴的伙伴，而置身危险和献出生命的英雄人物，所有参与者都值得和赢得了我们和后来人、世人的无上荣光的尊敬，以及永远纪念和精神传承。

其四，八九中国民运是争取自由民主的运动，是二十世纪反对共产主义运动最强先锋，最大规模、最大牺牲。八九中国民主运动对东德、罗马尼亚等中、东欧和苏联共产主义阵营产生震撼性影响，促进了其自由民主化进程，对苏联和东欧共产主义国家崩溃、垮台，柏林墙的倒塌，冷战结束，起到了不可磨灭的启发和示范作用和推波助澜的作用，产生了实质性的影响，苏东剧变起始于八九中国民主运动。

其五，在二十一世纪初的人类文明发展和世界格局中，中国人民和国际社会通过中共的一系列恶行，已经对其共产主义制度和极权专制政权本质、危害有了清醒的认知，深刻认清了中共祸国殃民和戕害人类文明的罪恶历史和现实危害。觉醒为时未晚，未来正在路上。

中共与中国人民为敌，与人类文明为敌，必将和已经导致中共国经济、社会和政治的倒退和崩溃在过程中。现在二十一世纪二十年代，中共政权的基因、制度、体制、统治结构及邪恶性质都没有任何改变，人类文明和历史又到了转折关头，包括"六四"大屠杀和抗暴斗争的八九中国民运就是当代历史最为关键的转折性事件，更是实现未来中国自由、民主、人权、宪政事业成功的最宝贵政治遗产和精神财富。

其六，"八九六四"导致两种中国命运及其定性：

1. "八九六四"事件（使得中国社会丧失了最好的进入文明世界的机会），以及苏东共产政体剧变，导致中国共产党政权主动放弃计划经济，并为公有制的瓦解和私人经济的发展敞开大门（严家祺《八九民运的世界历史意义》）。这是中共为制造其执政合法性，缓冲政权危机，而被迫对中国人民做出的让步。让中共被迫使中国转向经济发展和市场经济方向，以此缓解中国人民深受政治、经济、社会等各种压制的"怨气"，中共之后的一系列经济政策和对人民的经济宽松政策，取得的经济发展是"八九六四"的另一个代价。并且这个"中国经济发展"其中还有一个基本前提和基础，如果没有八九中国民运促使苏东"变天"和冷战结束的颠覆性世界格局，那么世界国际和中国国内环境将有质的不同，中国在"六四"之后所取得的现在这样的单一经济发展成绩和结果是不可能实现的，因为时代特征和国际形势是影响世界各国发展的重要因素。

2. 设想，如果中共没有实施"六四大屠杀"，中国八九民运没有被武力镇压，中国改良成功，中国按照经济改革开放和政治改革的进程发展，中国的政治、经济、社会转型将更早、更好，中共逐渐从马列专政之路向社会政党改良、转型，中华民族的文明进程将更正向，而不是继续走入邪魔之路。

3. 当然，如果八九中国民运一战而成功实现了中国自由民主宪政，将有机会结束中国人民在共产一党专政下的苦难，当今的中国和未来中国将会是更光明的和文明的中国。

4. 如果中共没有实施"六四大屠杀"，中国走向了民主宪政之路，重构了中国政治生态与文明，中华文明与以自由民主人权宪政为核心的现代西方文明更能融合，中国的经济和社会发展更能够与西方相融，并且能够长远和良性发展，真正迈向经济市场化和现代化道路，中国人民充分享有自由民主人权和私有财产权、私营经济自主权，成为世界和平与繁荣的重要力量，而不是现在的中国只是经济短期虚胖发展了，但确是不可持续的发展，并且中国人民没有与世界同比享受到真正的经济发展利益，而是被中共权贵阶层攫取了巨大的利益和摘得其成果，让中共从无产阶级通过武装斗争和共产邪说，打倒消灭了当年中国的资产阶级和地主阶层，骗取了中国政权，现在中共权贵阶层自己成为了最大的资产阶级和地主群体。这还导致是以更多代级的中国人民付出了没有真正的政治、经济和人权的权利，社会结构畸形，与人类文明价值观和国际主流文明无法融合和背道而驰的巨大代价，成为贻害中国和世界的共产专政畸形毒瘤。

这充分阐释明白两种中国命运的演进和逻辑，那些持有和宣示镇压八九六四是必要的、合理的、正当的，用中国后来表面上经济发展了、稳定了来证明中共动用军队武力镇压学生民众的和平抗议运动的合法性、正当性，以及其专政残暴与自肥统治的合法性和正当性，这样的观点及其逻辑之说法，是妄图混淆视听、摆脱历史罪孽责任和血债，是欲盖弥彰，助纣为虐，非蠢即坏！

对于八九民运人士的分类分阶段评价：

在八九民运期间，几乎所有参加的同学们的所作所为都是对中华民族和中国民主化进程的付出，八九一代无私无畏为民族争取民主自由，勇于挑战暴政的勇气和行动，是真正的没有私利，是真正的为民族的大义，这就是真实的历史。他们书写的历史在世界民主运动史上也是空前的，这是必须肯定的，也是世界公认自由民主正义事业。

八九学运民运中，作为学运、民运组织或者参加的同学不管是主张或实际撤离广场的，还是主张坚守或实际坚守到六四最后时刻的，都没有错。只是选择哪一种斗争方式更好的问题，以及居于每个参加者自身对这场民主运动及当时情况的认知程度、能力的问题。所有参加者，他们都是这场民主运动当之无愧的英雄。

至于在八九民运被镇压后，当年参与的那场伟大民运抗争的人，无论是被坐牢、受迫害的，选择留在在国内的，还是逃亡海外的，无论是继续坚持以各种方式进行民主斗争和理想的，还是选择退隐，或者放弃的，那只是八九民运之后的事情，并不影响对那些参与者在八九民运期间的行为、作用和英勇事迹的正向评价。至于在八九六四后逃亡海外的个别所谓民运人士涉及亲共投共的，那些放弃自己的八九六四过去，为了自己所谓的未来的，那些冠以个人选择的所作所为，褒贬自在人心，历史必会有公论和审判的。

第十二章

从八九民运主体论"罪"与"错"，

及五种叙事概述

第一节　关于八九民运争议的主体对象的"犯罪"与"错误"问题，"错误"与"失误""失策"问题

一、中共政府是犯罪

中共政府对学生、民众的和平请愿抗议活动，使用国家正规军队进行戒严，对赤手空拳的学生、民众使用枪炮、坦克进行残酷镇压，实施了以北京为中心，全国各地的大屠杀；

中共政府的极权、专政统治，漠视人民对"反腐败"、发"反官倒"，争取最基本的自由民主人权的请愿要求，错误的将其定性为"动乱"，没有及时、认真的履行政府职责进行真正的对话，没有采取在法治的轨道上进行解决的决策和措施，导致学生从游行、静坐抗议，到大规模绝食抗议，以及爆发持续的全国性民主运动抗争。中共这种以一党私利，以中共邓小平、李鹏、杨尚昆一伙寡头的私利为考量和非法作为，武力维护一党专政独裁和寡头个人独裁，这就是要继续奴役人民，以人民为敌，中共不但应当承担责任，更是对人民的犯罪。

中共政府在八九六四期间使用坦克、枪弹武力残暴打死打伤数万学生、民众，并在其后长期对参加八九民运的人士进行了大规模的抓捕、坐牢监禁、死刑等残酷迫害，导致大规模人道和人权灾难，导致中国社会文明的全面倒退。中共政府不但不反思、改正平反六四，反而进行更邪恶统治，这是对全体中国人民的持续性犯罪，对人类和

世界文明的戕害和犯罪。

二、相对于中共政府，八九民运的学生自治组织和组织者，民众各类组织和组织者，都没有原则上的错误

1. 有统治和强力权力的是中共政府和军队，实质决定权在中共政府。学生和民众进行的是和平理性非暴力运动，民运组织和负责人的行为是在人民受到长期以来的严重压迫，而用尽所有和平的游行、示威、对话、"下跪请愿"、绝食、静坐抗议等方式，没能得到中共政府的正确回应和解决。

2. 从八九民运的各个阶段中，中共政府对学运、民运的错误定性，错误戒严、错误的不认真对话和法治方式解决，到错误、残暴的开枪镇压等，在中共所有的这些错误中，民运组织及负责人如何能去有能力去纠正中共这些错误呢？民运组织和负责人采取的所有应对中共这些错误和丧失人性的请愿抗议行动，都不能称其为错误。

三、相对于八九学生自治组织、民众各类组织整体，有些民运组织和负责人在某些方面是犯有错误和责任的，有些不是错误，而只是"失误""失策"。但是，这是对八九学生自治组织、民众各类组织整体所犯的错误，而不是对中共政府犯的错误，这是民运组织内部需要进行经验教训总结的，而不能与中共政府所犯的罪和错误进行混同，这是必须厘清所谓错误是什么主体对什么主体的错误，这个逻辑关系非常清晰。

1. 八九学运民运中，学生自治组织在组织建设上，在组织合作与决策方面，统一行动、运作协调方面的问题是影响整个学运民运发展和走向的关键节点。比如"北高联"与"外高联"共同建立的联合指挥执行机构——天安门广场临时指挥部体系，被错误的改变，后续成立的保卫天安门广场指挥部形成事实上脱离"北高联"和"外高联"统一协同管理问题，这是从民运组织内部所反思的组织错误和战略错误。

2. 比如在撤离天安门广场还是坚守天安门广场问题上，无论是"北高联""外高联"，从当时对中共邓小平、李鹏等一伙已经控制了中共内部局势，赵紫阳等改革开明派不掌握军队，并且已经被内部免职、边缘化了是有所了解一些的。对李鹏等党内的"专制保守派"多次有意地激怒学生，希望发生真正的动乱和做实李鹏一伙炮制的"四·二六"社论动乱定性，以使达到他们自保的图谋得逞，一再破坏党内"改革开明派"与请愿抗议学生们，以及体制外民主知识分子和市民达成的一定程度的谅解。当时，虽然因各种消息的冲击无法完全确定中共内部真实状况，也囿于局势紧迫当局者迷。但是从学运全局和与中共博弈战略方面，"外高联""北高联"学生组织内部做过多次讨论，对此也有一些清醒认识的。根据以上综合情势、时局分析，和我们这些涉世未深，但是已经迫于形势担负责任的同学们，必须做出艰难的判断和决定。撤出天安门广场或许会有回旋余地，可以进行长期的和全国民主运动发展进行考量。

"外高联"作出了撤出天安门广场的决策。我和连胜德在"外高联"5 月末的内部会议中，当时就分析和提出过关于天安门广场进退策略，按照上中下三策来说，上策是六四前撤出了天安门广场，中策是广大学生民众都撤出天安门广场，只留下十来个学生领袖和知识分子在天安门广场坚守，下策是广大学生、民众一直坚守保卫天安门广场，以流血牺牲，被军队残酷镇压。那么，当年保卫天安门广场指挥部作出的、选择的是上面说的下策。那么这个选择，相对于中共政府来讲并不是错误，更不是"罪"，不管是对中共政府，还是相对于民运组织整体而言，这只是这个保卫天安门广场指挥部的"失误""失策"。但是，中共强硬拒绝请愿抗议学生和民众的所有诉求，并坚持使用军管武力解决，这才是导致学生无法退场的根本原因，也是历史真相和正确的历史观。

35 年后，总结经验教训，站在 2025 年回望八九民运。现在有一点是确定的，学生在"六四"镇压前撤出天安门广场是正确的，这样我们正义的学生和民众就不会付出那么巨大惨烈的代价。还有一点是有一定机会，可以预期的，但是不能证实的，就是如果学生撤出天安门广场，中共军队没有实施武力镇压，那么还能因此有机会实现中国的渐进式政治改革和民主化变革，中国的政治改革和自由民主化将有较大进步空间和更快的进程，让中共专制政权尽早倒下或尽早在中国实现自由民主宪政。

八九民运中，对学运民运组织和中共国家政权的各个主体，对和错（罪）的主体必须分明，正确认知，这些已经是历史评判。但是，时间也在印证，物是人非啊！试问，我们当年的民运参加者和国内外社会各界人士，如果历史给我们可以重来一次的机会，人们已经知道如何做出正确策略选择和选择正确的民运领导者了吧？那么当年的那些"领袖"谁还会被认同，可以再站在下一次的中国民主化运动高处呢？

四、我特别引用中国著名科学史和思想家徐良英先生所著《八九民运与中国民主化进程》中的一段评述，与各界共勉。

八九中国民运及"六四"悲壮结局，无论对于中国历史还是对于世界历史，都是一个重大事件，值得深入讨论、研究。特别是有志于中国民主事业的朋友们应该可以从中吸取宝贵的经验和惨痛的教训。

要研究这段历史，首先要尽可能全面了解当时的实际情况，特别是要搞清楚一些关键性的情节。近年来海外出现了一些有关这段历史的回忆，多数是有价值的，有助于这段历史的研究。但有些作者缺乏实事求是的态度，甚至是有意歪曲事实，颠倒是非，显出一副令人作呕的奴才相。

第二节　五种八九民运叙事概述

对于八九民运历史的叙事，中共当局自然是为其维持专政统治而书写宣传八九民运是"动乱""反革命暴乱"官方叙事，国内外各界相关人士也都有不同的叙事版本。这方面具有代表性的是八九民运的学生领袖之一封从德所提出的八九民运三种叙事，即"中共叙事、统战叙事和勇武叙事"。封从德所论对国内外社会上现有对八九民运的叙事状况进行区分、甄别是具有必要性和积极意义的。对此，我与封从德本人就此做过充分的交流，我也与当年八九民运组织的一些主要成员和研究学者进行了讨论，在此基础上，我总结提出"五种八九民运叙事"。

中共官方叙事。也就是中共及其政府官方撰写和编撰的相关宣传资料，和对外公开宣传叙事。都是歪曲事实，颠倒是非，公开为统治狡辩、宣传和服务，不具有真实性，无任何历史价值。

中共统战叙事。中共的高层当事人（例如李鹏及其《李鹏日记》）言论、著述，中共明的暗的各种人物和机构的叙事。虚假叙事，混淆视听，隐蔽性和欺骗性极强，使用各种手段抹黑、渗透民运，涂抹"八九六四"真实历史，无任何历史价值。（"中共叙事"和"统战叙事"除了有些可以作为史料研究的以外，都是虚假叙事）

学术叙事。与天安门运动有关联的研究者和其他独立学者的研究著作，还有学者甚至匿名者汇集出版的相关文献、报告和编年（吴国光教授在相关文章中提出过）。这其中很多著述具有学术价值和历史价值，具有积极意义。

民运人士叙事。主要是来自包括天安门运动学生领袖的八九学运民运领袖的回忆录，八九民运抗议活动的其他参与者的相关回忆与记录，以及其它的相关回忆与记录（包括中共党内民主与改革派人物）。在关于一九八九年"八九六四"的历史研究中，具有一定的影响。八九民运的亲历者当事人的叙述和意见，无疑具有重要的历史价值。某位（甚至多位）当事人的叙述和意见，却不可能等同于历史的真实。但是，具有一定的历史价值。

八九民运组织叙事。有的以八九学运民运主要组织为中心开展的研究和记录，具有学术价值和历史价值。其作用和影响是还原历史，正本清源。真实性最高，具有极高的公信力和历史价值。

　　不明真相的中国民间民众被动受到以上"八九六四"叙事影响，其影响力首先取决于这五种八九六四叙事哪一种叙事占据公开传播信息途径资源和信息量的多少。其次，取决于哪一种叙事更客观、真实的还原历史和公正的评价。其三，取决于哪一种叙事及其当事人与信奉群体能够在与其它叙事的博弈中，用历史事实、真相，持续战斗并战胜之。其四，八九六四历史事实与评价已经在文明世界是中国人民争取自由民主的运动的定性，虚假叙事不会长久，假的真不了，历史终究还是会给出公正和公义的答案。

第十三章

追查八九六四真相与目标，八九一代历史使命

经原"外高联"几位主要负责人与"北高联"体系主要负责人及代表性人物商讨、决定，在此代表八九学运民运两大全国性组织之一的"外高联"，以及"北高联"与"外高联"共同设立的"天安门广场临时指挥部"，发布八九学运民运学生组织官方的"追查'八九六四'真相与目标，八九一代历史使命"宣言。

第一节　八九六四真相追查与目标

对于八九民主运动，包括八九学运民运、六四大屠杀以及自由民主抗暴革命，八九一代和中国人民，以及全世界正义、自由民主世界力量应努力实现真相追查与目标。自"八九六四"事件以来，包括民运人士在内各界和国际社会对"八九六四"的真相已经揭示出大量的事实、记录，在西方国际社会和海外对"八九六四"正义事业的积极评价，对中共使用军队残酷镇压民主和平请愿的事实真相有明确结论和普遍共识。我们还有继续追查"八九六四"的未尽真相和目标，在中国大陆地区实现"八九六四"全面、公正恢复和正确评价。为此，作为八九学运民运主要学生组织，发布此"八九六四"真相追查与目标：

一、查明八九民运及六四大屠杀真相。邓小平、李鹏、杨尚昆等人为维持中共极权专政统治，维护统治者自身利益，动用军队镇压学生运动，达到（1）压制和扼杀中国学生和民众追求自由民主的大规模运动；（2）震慑、排除整肃党内异己，捆绑整个中国共产党为自身

利益和自身保障目的，唯有采用这种极端大屠杀手段方能达成以上目的，这正是邓李等中共顽固派能求自保的必要选项。中共根本不是为了国家、民族和人民。这就是真相，这也将是世界和历史公论。

二、惩治凶手，清算中共相关组织和个人。要审判凶手，惩治凶手，以反人类罪清算武力镇压、屠杀和平请愿的学生和民众的中共组织和个人。

三、为八九六四死难者伸张正义，为死伤者和受迫害者正名授勋，并对本人和亲属进行三、国家、赔偿和抚恤。

四、为八九六四的参加者和支持者多年以来遭受的迫害和不公正对待进行拨乱反正，进行国家赔偿。为那些千千万万当年付出巨大代价，待我们如亲人的北京市民和全国支持学运民运的民众给予表彰和补偿。

五、停止对人民政治迫害和各种不公正待遇，对于因迫害而身处不幸状况的受害人予以救济和补偿；我们同时要求保障人权，建立自由民主宪政，从制度上确保不再发生这类悲剧。把中国建设成一个公民享有安全、尊严、正义和自由民主人权的文明社会。

六、在北京天安门广场建立八九六四纪念碑，公开祭奠、纪念和缅怀那些为了中国人民的公平、正义、自由、民主而献身的志士仁人。

七、中共必须无条件接受"天安门母亲"群体提出的所有诉求和声明，我们坚决和永远支持其这个正义行动！

八、在未来中国历史进程中，中国人民及其各种自由民主等文明进步力量，将继往开来的持续进行中国自由民主宪政事业。在世界和中国局势的演变中，如果中共在近年内，通过中共党内改革开明派掌握中共主导权，进行自身政治变革，改弦易辙，可以做到以上六项，我们可以与中共进行政治和解。否则，未达到以上目标，我们不会静态等待，我们将团结联合各种进步力量，中国人民有权利推翻中国共产党一党专制独裁统治政权，建立自由民主人权宪政和真正实现私营经济和自由市场经济的中国，以实现上述目标。

第二节　八九一代历史使命

"八九六四"这事儿、这笔血债未完待续，中共自建政以来对中国人民犯下的邪恶罪行必须被审判和清算，中国人民自由民主事业必须得到真正的实现。这项使命由"八九六四"未亡人——"八九一代"进行推进和完成，应是最优解，是历史责任和中国未来迈向文明国度的召唤！

"八九一代"不应该是狭义的小圈子，本应就是广义范围。凡是参加、支持了八九学运民运及其后相关抗争行动的广大学生和民众，以及广大的海外华人华侨群体，是当代中国精神独立、思想自由和觉醒的一代，是争取中国自由民主人权宪政事业中最执著和荣耀的一代。他们精神上经历过"八九六四"运动的洗礼，结下了共同的"八九六四"情结，认清了中共政权欺世盗国和残暴、邪恶的性质，抛弃了对共产制度的幻觉。"八九一代"的特征就是拥有八九学运民运所追求的理想和信仰，拥有共同的"八九六四基因"。

"八九六四"之后，一些民运人士被迫流亡海外，其中一些人历经三十几年仍坚守自由民主信念理想，海外民运持续至今与中共抗争。

但是，"八九六四"之后，绝大多数的参加者留在了中国国内。无论是选择主动或者被动留在国内的，他们经历三十几年的忍辱负重，以各种方式关心中国命运、自由民主人权事业，坚守和保存自己理想信念。自由民主运动更加依赖于参与其中的人士有坚定的自由民主信念，并且有较强的组织和活动能力。期待和促进决定中国前途命运的自由民主浪潮再次风起云涌之际，再次团结和凝聚在一起，为推翻中共极权专制统治，建立自由民主人权的中国，贡献力量。同时，我们八九一代担负不忘八九民运抗争历史，告慰六四英灵，要紧密联系、团结，争取和捍卫我们本应该拥有的自由和民主并为之奋斗。我们还要上承前辈民主人士，连接下一代年轻志士，传递自由民主人权精神向年轻一代，再一代的薪火相传承续。与世界自由民主阵营、人类进步文明和普世价值相融、合作，争取在我们八九一代有生之年实现中国的自由民主化。

八九一代应该始终坚持不忘八九六四历史和我们的使命，继续对中国自由民主运动作出建设性的贡献。特别是那些八九民运当年的幸存下来的学生组织的组织者和各类民运组织的组织者，也就是通常称为"领袖、黑手"的八九一代，我们、你们和他们在今后的人生中的所作所为，应该以能够得到那些在因八九民运而殉难、死难、牺牲的学生和民众的认可为标准。

我们要在思想与理论方面、战略规划方面、组织建设方面和执行团队方面构建科学和完整的"解决中国民主化问题"的战略和体系。我们既要在思想与理论上等战略方面进行的研究和突破，也要在对自由民主运动的策略和具体操作方面，以及科学运用 AI 人工智能等新科技，制定和实施具备可行性的、可以实际付诸于行动的解决方案。

当然，还要在我们八九一代中能够产生制定战略和执行运作的组织者，俗称领袖人物，培养培训年轻世代的传承体系。未来的中国自由民主运动，需要一批既具备领袖能力，又具备领袖的责任心，在任何困境中都不言放弃的真正的领袖人物来领导。我们不但要具备政治的知识与智慧，还要在我们团队中拥有具备经济、社会、科技、文化、军事等各专业领域才能的复合型组织者。

我们八九一代还要与中国人民达成既对揭示、追查八九民运历史真相，又对中国现实状况真相的共识与清醒的认识：中共以牺牲中国人民的自由民主和人权为代价，施行的经济改革开放，经济上暂时的和表面上的进展，没有真正的政治改革和自由民主宪政相匹配，人民的生命和财产权利将无法得到真正的保护。中国当前经济现实和状况不是真正意义上的市场经济体，其经济运作、治理和现代化性质及程度不符合中国人民的根本利益，这个经济发展的利益和成果主要是被中共权贵阶层所攫取，被中共政党利益榨取和消耗，导致中国经济和社会结构不断恶化，这样的中国与中国人民的根本利益和人类主流文明背道而驰。特别是习近平执掌中共政权后，实施的"党政军民学，东南西北中，中国共产党管理一切"和国民经济中大规模的国进民退，种种共产专政独裁恶法恶行已经对中国和世界产生深重危害。只有彻底根除中共对中国的统治，才能结束中国人民的苦难和困境，中国才可能进入世界主流闻之列，才是中国人民最根本的文明前途和保障！

我们还要与广大的国内和海外各类民运组织、各界民众，包括华人华裔的共同加入、参与，团结所有进步力量，共同合力促进中国当下和未来问题的解决，实现我们"解决中国人民困境，解体中共"和自由民主化的愿景和目标。当然，我们还必须与国际自由民主世界建立普世价值同盟，倡导和践行"中西融合"，把中共与中国人民分开，把中共与中华文明分开，让中国真正融入人类主流文明之中。

我们八九一代，我们全体中国人民，包括海内外华人，面对的根本困境问题和追求的根本目标都是一致的，我们的历史使命是明确的！那就是解体共产专政的中国共产党，无论是让其改弦易辙，还是彻底打倒推翻，只有如此才能真正解决和实现中国的自由民主人权宪政。真正实现权力公有，财产私有。真正在中国实现自由市场经济，真正实现中国民营企业为主体，以及公民私人财产的安全、保障和发展。真正实现中华文明与西方文明的融合发展，让中国回到人类世界主流文明的正确方向和道路上。让我们永远铭记八九中国民运历史，秉持八九民运精神，持续推进和实现中国的自由民主化。这是八九一代殉难者的遗愿，是幸存者和全体正义国人的责任和使命，也是中国未来之希望！

参考资料与文献

撰写本专著过程中，参阅和使用了相关资料，一并致谢。

连胜德、郑旭光等多位同学参与回顾和核对本书籍主要章节，并对他们的著述参阅使用。

《火与血之真相》——中国大陆民主运动纪实（1989），出版者为台湾的中共研究杂志社。

《八九中国民运纪实》，吴牟人等著。

《人民不会忘记》——八九民运实录，六十四名香港记者编著。

《六四屠杀内幕解密：六四事件中的戒严部队》等多部书籍，吴仁华著述。

《天安门文件》，张良编著。黎安友（Andrew J. Nathan）林培瑞（Perry Link）共同编辑并出版。

《八九民运史》，陈晓雅著。

《六四镇压受害者状况民间报告》，江棋生编著。

《"六·四"事件民间白皮书》，李进进等人编著。

赵紫阳《改革历程》，鲍朴整理出版。

姚监复对赵紫阳的访谈回忆，宗凤鸣著的《赵紫阳软禁中的谈话》。

《〈李鹏"六四"日记〉初读》等，吴国光，著述参阅当年八九一代王丹、吾尔开希、王超华、封从德、郑旭光、熊焱等同学的著述和文章。

严家淇《八九民运的世界历史地位》，徐良英《八九民运与中国民主化进程》，苏绍智《六四与大陆政治改革》等著述。

哥伦比亚大学、哈佛大学、斯坦福大学胡佛研究所、加州大学洛杉矶分校等大学的图书馆关于中国民主运动相关资料。

2024 年 2 月 15 日，美国纽约/哥伦比亚大学【外高联与八九中国民运】
研究课题开题研讨会，哥伦比亚大学资深政治学和中国问题研究　教授
黎安友 ／ 胡平、王艾

连胜德【八九民运】「外高联」主席/天安门广场临时指挥部副总指挥
　　/保卫天安门广场指挥部副总指挥

周锋锁【八九民运】「北高联」常委/天安门广场学运之声广播站首任
　　站长

郑旭光【八九民运】「北高联」常委/天安门广场临时指挥部总指挥

王　醒【八九民运】「外高联」副主席兼秘书长/天安门广场临时指挥
　　部秘书长/【外高联与八九中国民运】研究课题作者

连胜德寄语：

【外高联与八九中国民运】研究课题和专著的研究，和未来出版面世，是对八九中国学运民运历史的正本清源，填补八九民运历史的重大空白。王醒作为当年【外高联】和天安门广场临时指挥部的主要负责人之一，在八九学运民运期间发挥了重要和关键作用，是重要组织者和历史见证者。由王醒来研究撰写【外高联与八九中国民运】是最佳人选，也是王醒同学再次做出的历史性贡献。我参与了【外高联与八九中国民运】初稿及主要事件的回顾和核对，其中很多历史事实是首次披露，相信【外高联与八九中国民运】会带给世人真实的八九民运和八九人物，其意义重大和深远！